为了人与书的相遇

儒家与康德

增订版

李明辉 著

广西师范大学出版社
·桂林·

图书在版编目(CIP)数据

儒家与康德 / 李明辉著. — 桂林：广西师范大学出版社, 2021.1

ISBN 978-7-5598-3336-5

Ⅰ. ①儒… Ⅱ. ①李… Ⅲ. ①儒家 – 伦理学 – 研究
②康德(Kant, Immanuel 1724–1804) – 伦理学 – 研究
Ⅳ. ①B82②B222.05③B516.31

中国版本图书馆CIP数据核字(2020)第202595号

广西师范大学出版社出版发行

广西桂林市五里店路 9 号　邮政编码：541004

网址：www.bbtpress.com

出 版 人：黄轩庄

责任编辑：马步匀

装帧设计：彭振威

内文制作：陈基胜

全国新华书店经销

发行热线：010-64284815

山东韵杰文化科技有限公司

开本：880mm × 1230mm　1/32

印张：9.625　字数：210千字

2021年1月第1版　2021年1月第1次印刷

定价：48.00元

增订版序言

如果不算译作，《儒家与康德》是笔者于 1986 年从德国返台任教后的第一部著作。此书出版于 1990 年，迄今已逾二十七个年头了。此后，“儒家与康德”这个主题依然是笔者的研究重点，并为此陆续发表了不少著作。其中，以专书形式发表的有《康德伦理学与孟子道德思考之重建》（台北：中研院中国文哲研究所，1994 年）与《四端与七情——关于道德情感的比较哲学探讨》（台北：台湾大学出版中心，2005 年）[1] 二书，均可视为《儒家与康德》一书的续篇。此外，在笔者的下列著作中亦可见到与此相关的篇章：

《当代儒学之自我转化》，台北：中研院中国文哲研究所，1994 年 [2]。

《儒家视野下的政治思想》，台北：台湾大学出版中心，

1 【简体字版】上海：华东师范大学出版社，2008 年。

2 【简体字版】北京：北京大学出版社，2005 年；【韩文版】译者李敬焕，首尔：全南大学出版部，2013 年。

2005 年[1]。

《儒学与现代意识》，台北：台湾大学出版中心，2016 年增订版。

Konfuzianischer Humanismus. Transkulturelle Kontexte. Bielefeld: transcript, 2013.

Confucianism: Its Roots and Global Significance. Edited by David Jones, Honolulu: University of Hawai'i Press, 2017.

因此，如果说："儒家与康德"这个主题贯穿着笔者多年来的哲学研究，亦不算夸张。

在这段时间内，笔者除了在台湾的大学授课之外，近年来经常应邀到中国大陆的大学（如广州中山大学、武汉大学、山东大学、上海华东师范大学）讲学，难免会涉及"儒家与康德"的主题。不少学生都希望参阅此书。因此，几年前联经出版公司就希望笔者修订并扩充此书的内容。但因笔者的研究工作繁重，加上健康出了问题，此事便耽搁下来。

直到 2016 年 6 月，美国卫斯理大学（Wesleyan University）哲学系教授安靖如（Stephen C. Angle）来信告诉我：他在他的"比较哲学"的课程中让一位华裔学生余景聪（Maxwell S. Fong）评论我这本书，并写成一篇评论文章。安靖如教授将这篇文章收入他所编的电子书 *Comparative Philosophy: Reviewing the State of the Art*。我看了余景聪的评论之后，觉得很难简单回应。因为《儒家

1 【简体字版】北京：中国社会科学出版社，2001 年；【越南文版】河内：河内国家大学，2014 年。

与康德》出版之后，在中文学术界引起了一些讨论与批评。针对这些讨论与批评，笔者在其后发表的著作中陆续有所回应与补充。但余景聪的评论并未考虑这些著作。这凸显西方汉学研究中存在的一个很奇特的现象：除了少数的例外，上一代的西方汉学家几乎不参考中文的二手资料，只是在西方文献（特别是英文文献）里打转。这种心态实在很奇怪。因为笔者研究德国哲学时，不会不参考德文的二手资料，为什么研究中国哲学的西方学者就可以不参考中文的二手资料呢？安靖如教授让他的学生评论《儒家与康德》，表示他已意识到这个问题，而开始改变态度，并愿意与中文世界对话。这是值得肯定的。

2016 年 11 月笔者应武汉大学国学院之邀，2017 年 10 月应华东师范大学思勉人文高等研究院之邀，担任讲座教授。为了让研习中国哲学与西方哲学的学生都能受益，笔者在两校都以“儒家与康德”作为讲座的主题。由于这些机缘，笔者深深感受到增订此书的迫切需要。最近笔者特别腾出时间,对此书作了全面的修订。此书的主体部分原先包含五篇论文，增订版增加两篇尚未收入笔者其他著作的论文,即《从康德的实践哲学论王阳明的“知行合一”说》[1] 与《从康德的“道德宗教”论儒家的宗教性》[2]。笔者的修订主要着重于体例的统一、小标题的拟订、措辞的修饰与引用资料的更新,

1　此文原刊于《中国文哲研究集刊》，第 4 期（1994 年 3 月），页 415—440;亦刊于韩国《中国学报》,第 34 辑（1994 年 7 月）,页 25—43。修订版刊于王中江主编:《中国观念史》（郑州：中州古籍出版社，2005 年），页 507—529。本书采用修订版。

2　此文先后收入哈佛燕京学社编:《儒家传统与启蒙心态》(南京:江苏教育出版社,2005 年),页 228—269；李志刚、冯达文主编：《从历史中提取智慧》（成都：巴蜀书社，2005 年），页 1—49；李明辉、林维杰主编：《当代儒家与西方文化：会通与转化》（台北：中研院中国文哲研究所，2007 年），页 15—70。

在内容方面基本上保持不变。笔者在修订本书的过程中得到王又仕先生的协助，在此谨致谢忱。

正如上文所述，要完整了解笔者关于“儒家与康德”这个主题的观点，还得参阅笔者上述的其他著作。此书已有金基柱与李基熏的韩文译本（首尔：Yemoonseowon，2012 年），希望增订版之出版可进一步促进中外哲学界的交流与对话。

李明辉

2018 年 2 月于台北

原序

这五篇论文是笔者于1986年自西德返台任教以来的一点研究成果，由于它们均直接涉及儒家与康德的观点之比较，故辑为一册，名为《儒家与康德》。笔者有这一点小成果，受到两位恩师——牟宗三先生与黄振华先生——的启发极大。黄先生是知名的康德专家，曾在西德康德研究的重镇波恩大学研究康德哲学，于1974年以《论康德哲学中理论理性与实践理性之联结》的论文取得该校哲学博士学位。据笔者所知，他似乎是中国人在德国攻读康德哲学而取得博士学位之第一人。笔者在台湾大学哲学研究所攻读硕士学位时，曾修过黄先生的"康德哲学"课程，并且在他的指导之下撰写关于康德哲学的论文。从他那里，笔者领略了德国学术界的严谨作风。也由于他的鼓励，笔者才决心赴西德波恩大学攻读康德哲学。

牟先生对康德哲学之阐扬亦不遗余力，曾翻译《纯粹理性批判》、《实践理性批判》和《道德底形上学之基础》三书，目前又在翻译《判断力批判》。但他并非以康德专家的身份，而毋宁是以哲学家的身份阐扬康德哲学。他的目的不在于对康德哲学作专家式的研究，而在于以康德为桥梁，会通中西哲学，并借此重新诠释中国传统哲学（尤其是儒家哲学）。他一向主张中国哲学应透过康德融摄西方哲学，并且根据这项构想，在《心体与性体》（三册）、《智的直觉与中国哲学》、《现象与物自身》、《从陆象山到刘蕺山》、《圆善论》诸书中对儒家哲学作了极具创造性的诠释，胜义迭出。

今天是西方文化当令的时代，无论我们愿不愿意，都得面对西方文化的挑战，而无由回避。在笔者心智开始成长的阶段，我们的知识界弥漫着一股强烈质疑并反对中国传统的风气，知识分子在五四新文化运动的后续影响下，毫无批判地向往西方文化。但在笔者今天看来，当时知识分子心目中的西方文化往往不是真实的西方文化，而只是其补偿心理的投射下的产物，故不免是片面的、一厢情愿的。笔者当时在心智尚未成熟的年纪，已隐约对这股风气感到不以为然，但因学力与识见之不足，亦无法确切指出其问题之所在。其后笔者偶尔读了梁漱溟先生的《中国文化要义》一书，深为所动。此书令笔者大开眼界，发现中国传统文化在西化派的质疑与批评下并非毫无招架的余地，反倒有许多值得保存与发扬的价值。梁先生在当时一片反传统声中，能坚持所信，异军突起，实不容易，诚属孟子所谓的“豪杰之士”。笔者因此发心探索中国传统文化的价值与内蕴，并以此为终身志业。今日笔者对中国文化的理解在许多方面或许已超越了梁先生在此书中的见解，但对此书的启发仍深怀感激之情，对梁先生的孤怀弘愿亦长存敬佩之心。

其后笔者在大学时代接触了熊十力、唐君毅、牟宗三、徐复观诸先生的著作，在研究所时代更有幸亲炙牟先生门下，得以一窥中国哲学之堂奥。由于牟先生的教诲，笔者领略到：我们今日阐扬中国哲学，决不能回避西方哲学之挑战；中国哲学不能停留在传统的形态中，而须与西方哲学相照面、相摩荡，始能开出新局面；而在这两大传统彼此会通的过程中，康德哲学据有一个关键性的地位。

牟先生这种看法曾受到许多质疑与批评。以他对儒家思想的诠释来说，最常受到的批评有两种：有人认为牟先生将康德哲学的概念硬套在儒家头上，其实是曲解了儒家。这些人一贯提出的问题是：儒家哪有“物自身”、“自律”、“定言令式”等概念？反之，另一些人则认为牟先生所理解的康德是“牟氏的康德”、“英文的康德”，而非康德之原貌，讥其不通德文，无法对康德哲学作专家式的研究。提出第一种批评的人大概不了解概念与思想内涵之分别。譬如，传统儒家自然没有“自律”的概念，但这决不表示儒家义理中不包含康德以“自律”概念所表达的思想。我们在孟子的“仁义内在”说之中可见到康德的“自律”概念所包含的全部思想，这决不是比附。这类批评者有时故作学者的谨慎态度，以“不轻下断言”的姿态自喜。若其说为然，则不但中西哲学不可能相互比较，甚至在同一文化中不同的哲学系统亦不可能相互比较；因为在哲学的领域里，不但每个系统各有不同的概念，甚至同一个概念在不同的系统中也不会有完全相同的涵义。对于这类批评者，我们只能要求他们深入了解儒家与康德的思想；透过深入的了解，不但可见两者之同，亦可见其异。牟先生在其书中对儒家所进于康德者，有极透辟而周详的分析，这决不是一句“硬套”或“比附”就能抹杀的。

提出第二种批评的人则不了解哲学思考与专家研究之分别，或者说，不了解康德所谓“理性知识”与“历史知识”之分别。

康德在《纯粹理性批判》的《先验方法论》中指出：一个人纵然学得某位哲学家（譬如伍尔夫）的整个哲学系统，牢记其全部原理、解说和证明，甚至其整个系统的划分，而至了如指掌，仍只能说是拥有伍尔夫哲学的“历史知识”；因为这些知识并非由他自己的理性所产生，即非由原则所产生，故尚不是“理性知识”。若从“历史知识”的角度来看，牟先生的康德学自然有所不足，但我们决不能以此抹杀他在“理性知识”方面对康德学的贡献。提出这种批评者徒然斤斤于某一概念是否符合康德之原意，其实不知哲学思考为何物；更何况他们在历史知识方面亦不见得超过牟先生！就康德对休谟（David Hume，1711—1776）哲学的了解而言，他大概不能成为休谟专家，因为他主要系透过德文译本了解休谟哲学。但谁能否认他在因果律问题上对休谟所作的回应是真正的哲学思考呢？当然，笔者无意否定专家研究之价值；反之，笔者亦反对有些人假哲学思考之名掩饰其基本知识之贫乏。一人而能兼备这两项条件，固然是最理想之事。但我们决无理由将哲学思考与专家研究混为一谈，因为这两项工作各有其规范。

德国哲学家尼采（Friedrich Nietzsche，1844—1900）在《超乎善与恶之外》（*Jenseits von Gut und Böse*）一书中称康德为“哥尼斯堡的伟大中国人”，虽是戏言，却也无意中道出康德与中国哲学（尤其是儒家哲学）在精神上的血缘关系。本书也为这句话提供了一个脚注。因此，笔者要强调：若非牟先生的启发，决不会有本书之出现。

本书的第一篇论文《儒家与自律道德》，即是针对黄进兴先生的质疑为牟先生的观点辩护。此文最先于 1986 年 9 月 28 日在第六届台北“鹅湖论文研讨会”中发表，其后刊载于《鹅湖学志》

第 1 期（1988 年 5 月）。笔者后来间接得知：黄先生读了此文之后，不但不以为忤，反而向他的学生推介此文。他这种磊落的胸襟，在目前台湾漫无是非的学术环境中弥足珍贵。本书的第二篇论文《孟子与康德的自律伦理学》原系应天主教利氏学社之邀于 1988 年 4 月 23 日在台北“自律与他律研讨会”中发表，其后刊载于《鹅湖月刊》第 155 期（1988 年 5 月）及《哲学与文化》第 169 期（1988 年 6 月）。第三篇论文《再论孟子的自律伦理学》则是就孙振青先生对笔者第二篇论文的评论而作的回应。笔者在此愿意强调：当年笔者在台湾政治大学求学时，曾修过孙先生的“康德哲学”课程，受益匪浅。笔者在此文中虽对他的观点作了坦率的辩驳，但丝毫不减笔者对他的敬意与感激之情。第四篇论文《孟子的四端之心与康德的道德情感》最初于 1989 年 7 月 25 日在美国夏威夷州希罗“国际中国哲学会”第六次国际会议中宣读，其后刊载于《鹅湖学志》第 3 期（1989 年 9 月）。最后一篇论文《从康德的“幸福”概念论儒家的义利之辨》则曾于 1989 年 8 月 17 日在中国文化大学主办的台北“国际东西哲学比较研讨会”中宣读。

本书中这五篇论文可能有不少疏漏之处，切盼高明之士不吝指正。因为笔者深信：真诚的对话与讨论是学术进步的真正动力。我们的学术界亟须建立德国哲学家哈贝马斯（Jürgen Habermas, 1929—　）所谓“理想的言说情境”或阿佩尔（Karl-Otto Apel, 1922—2017）所谓的“理想的沟通社群”。笔者愿借这本论文集出版的机会，表达这份衷心的期望。

李明辉

1990 年 3 月于台北

本书引用康德著作缩写表

KGS = *Kants Gesammelte Schriften* (Akademieausgabe).

KrV = *Kritik der reinen Vernunft*.

KpV = *Kritik der praktischen Vernunft*.

MS = *Die Metaphysik der Sitten*.

GMS = *Grundlegung zur Metaphysik der Sitten*.

Rel. = *Die Religion innnerhalb der Grenzen der bloßen Vernunft*.

目 录

导　论

在西方如此多哲学家当中，特别挑出德国哲学家康德与儒家相比较，这决不是出于一时的兴会，亦非出于个人的偏好。对西方哲学稍有了解的人大体都知道：康德在西方哲学中有其独特的贡献与地位，因为正如他自己所言，他在知识论中造成一种思考方式的根本转向，类乎哥白尼在天文学中的贡献[1]，故这种转向被称为"哥白尼式的革命"。这场革命使康德以后的西方知识论不能不正视知识的"主体性"问题。但康德在这方面的贡献与传统儒家思想并无直接的相切点，因为知识论并非传统儒家思想的重点。不但是传统儒家，甚至整个中国传统文化均以实践哲学为其胜场，而在理论哲学方面则极为虚歉。这点与西方哲学正好形成一个鲜明的对比。我们固然不能说：传统的西方哲学家不重视实践哲学；但是在康德以前，西方的实践哲学（尤其是道德哲学）多半是理论哲学之延伸，其本身无独立的地位。过去的西方哲学家在

---

1 请参阅：*Kritik der reinen Vernunft*（以下简称 *KrV*），hrsg. von Raymund Schmidt (Hamburg: Felix Meiner, 1976)，BX Ⅵ & BXX Ⅱ Anm.。(A = 1781 年第 1 版，B = 1787 年第 2 版）

建立其哲学系统时，并不以道德哲学为其基础或核心。斯宾诺莎（Baruch de Spinoza，1632— 1677）虽然将其主要著作名为“伦理学”，但这基本上是一部形上学著作。直到康德建立“道德底形上学”（Die Metaphysik der Sitten），提出“自律”（Autonomie）的原则，这种情形才有了根本的扭转。康德在《道德底形上学之基础（*Grundlegung zur Metaphysik der Sitten*）及《实践理性批判》（*Kritik der praktischen Vernunft*）二书中对过去西方的伦理学系统作了全面性的批判，一概归之于“他律”（Heteronomie）的原则；可见他也意识到自己在伦理学方面造成了一场革命，美国学者西尔柏（John R. Silber，1926—2012）独具慧眼地称之为“伦理学中的哥白尼式革命”[1]。正由于他在伦理学思考中造成的这种革命,康德哲学与儒家思想才有接榫之处。

这种“伦理学中的哥白尼式革命”实具有多方面的涵义，这些涵义可以显示康德哲学与儒家思想间的本质关联。首先，笔者要指出：康德是西方哲学史中第一个建立“道德底形上学”的哲学家。根据康德的构想，道德底形上学其实就是“纯粹道德学，其中并无人类学（无经验条件）作为基础”[2]。康德建立道德底形上学，并非要提出一套独特的伦理学系统，以与其他的伦理学系统相竞争，而是要说明道德的本质。道德的本质不是任何哲学家所能规定的，而是已经隐含在一般人的道德意识中。但一般人并不能以反省的方式说明其实际秉持的道德法则；借匈牙利裔英国哲

1　John R. Silber: “The Copernican Revolution in Ethics: The Good Reexamined”, in: Robert Paul Wolff (ed.), *Kant: A Collection of Critical Essays* (Notre Dame: University of Notre Dame Press, 1967), p. 266.

2　*KrV*, A841f./B869f.

学家波兰尼（Michael Polanyi，1891—1976）的用语来说，一般人对道德法则的意识只是一种“隐默之知”（tacit knowing）[1]。康德将这种存在于一般人的意识中的道德法则称为“纯粹实践理性底事实”（简称“理性底事实”）[2]。道德底形上学旨在借哲学性反省抉发“理性底事实”之内涵，以确定道德的本质。因此，康德的伦理学系以“通常的人类理性”（gemeine Menschenvernunft）为出发点。故他在《实践理性批判》一书中针对提泰尔（Gottlob August Tittel，1739—1816）的批评写道：

> 一位想对本书有所责难的评论家说：在本书中并未提出一项新的道德原则，而仅提出一项新的程式；当他这么说的时候，他比他自己可能想要说的还更中肯。但是，有谁真的想为一切道德引进一项新的原理，并且仿佛首度发现道德，就好像在他以前，整个世界对于义务为何物一无所知或者全都弄错了？[3]

同样的，儒家讲仁义道德，总不离人伦日用之间，决不抽象地、悬空地说。借用王船山的话来说，儒者必须“即事以穷理”。儒家

---

1 Michael Polanyi: “Tacit Knowing”, in: idem, *The Tacit Dimension* (Garden City/N.Y.: Anchor Books, 1967), pp. 1-25.

2 见 *Kritik der praktischen Vernunft*（以下简称 *KpV*), *KGS*, Bd. 5, S. 31 & 47；*Die Metaphysik der Sitten*（以下简称 *MS*), *KGS*, Bd. 6, S. 252；*Opus Postumum*, *KGS*, Bd. 21, S. 21；参阅拙著 Ming-huei Lee: *Das Problem des moralischen Gefühls in der Entwicklung der Kantischen Ethik* (Taipei: Institute of Chinese Literature and Philosophy, Academia Sinica, 1994), S. 218-228. (*KGS* = *Kants Gesammelte Schriften*, Akademieausgabe)

3 *KpV*, *KGS*, Bd. 5, S. 8 Anm.

的圣人制礼作乐，亦本乎人心。圣人不过是“先得我心之所同然”。一般人的道德意识正如孟子所说的，“行之而不着焉，习矣而不察焉，终身由之而不知其道”。圣贤不过是能自觉到此“道”之本乎人心而贞定之，且将之落实于生活世界中。这种特色表现在思想方式上，即是偏重具体性解悟。孔、孟在与弟子或时人对谈时，多随事指点之，此即具体性解悟之表现。孔子答弟子问仁，常针对不同的情境提出不同的答案。今人对西方思想略知皮毛者，往往视之为“仁”的定义，而不知唯有在抽象性解悟中始有定义可言。定义而可变换内容，焉得为定义？又如孔子修《春秋》，寄道于史，依事显理，亦是具体性解悟之表现。在具体性解悟中所显的事理即宋明儒所谓的“实事实理”，亦即康德所谓的“理性底事实”。

依康德之见，“理性底事实”包含“道德之善”与“自然之善”的区别，借西尔柏的用语来说，即“善之异质性”（the heterogeneity of the good）[1]。换言之，一般人只要以有理性者自居，决不会混淆道德意义的“善”与非道德意义的“善”。道德意义的“善”是绝对的、无条件的“善”，即无法化约为其他价值的“善”。康德在《道德底形上学之基础》第一章的开头就指出：“在世界之内，甚至根本在它之外，除了一个善的意志之外，我们不可能设想任何事物，它能无限制地被视为善的。”[2]这句话与《孟子·梁惠王》篇首章论义利之辨的话实有异曲同工之妙，均表现出最纯粹的道

1　John R. Silber, op. cit., p. 278ff.

2　*Grundlegung zur Metaphysik der Sitten*（以下简称 *GMS*), *KGS*, Bd. 4, S. 393. 此书有笔者之中译本《道德底形上学之基础》（台北：联经出版公司，1990 年）。由于此中译本在边页中附有德文原版之页码，读者不难据此找出引文所对应的译文，故笔者不另注明中译本之页码。

德意识。东西两大圣哲可谓莫逆于心！由康德这句话引申出另一项结论："善的意志之为善，并非由于其结果或成效，即非由于它宜于达成任何一项预定的目的，而仅由于意欲〔……〕"[1] 故康德的伦理学属于德国哲学家所谓的"存心伦理学"（Gesinnungsethik），而非"功效伦理学"（Erfolgsethik）。同样的，如果我们将"义利之辨"、"义命之分"及"尊王黜霸"之说视为儒家的基本思想，儒家的伦理学无疑也属于"存心伦理学"。

康德透过哲学性反省分析我们的道德意识中所隐含的"理性底事实"，发现道德的最高原则为"自律"，即道德主体之自我立法。无独有偶，孟子亦有"仁义内在"说，此说所表示的基本意涵即是道德主体之"自律"[2]。康德的分析充分显示出："存心伦理学"必为"自律伦理学"所涵。牟宗三先生即以朱子所倡者为他律道德，判定朱子学非儒学之正宗，而是"别子为宗"。康德伦理学实有助于澄清这段学术公案。

再者，尽管一般人在其道德意识中隐然含有这项"理性底事实"，但在"百姓日用而不知"的情况下，其道德意识往往不能免于康德所谓"自然的辩证"，亦即"一种癖好，以诡辩反对那些义务法则，怀疑其有效性（至少怀疑其纯粹性和严格性），并且尽可能使之顺应我们的愿望和爱好，也就是说，从根败坏之，且剥夺其全部尊严"[3]。因此，建立一门道德底形上学，不仅有思辨上的需

---

1 同上注，S. 394。

2 请参阅牟宗三：《圆善论》（台北：台湾学生书局，1985 年），页 12—27〔22：11—26〕。本书依单行本引用牟先生的著作，但将《牟宗三先生全集》（台北：联经出版公司，2003 年）的册数及页码附于其后。例如，〔22：11—26〕表示：第 22 册第 11—26 页。

3 *GMS*, Bd. 4, S. 405.

要，而且有其重要的实践意义。康德在《道德底形上学之基础》中写道：

> 〔……〕一门道德底形上学是不可或缺而必要的，这并非仅出于思辨底动因，以便探索先天地存在于我们的理性中的实践原理之根源，而是因为倘若我们欠缺这项导引及用以正确地评断道德的最高规准，道德本身就会不断受到各种腐蚀。[1]

他在《道德底形上学》一书中也写道："〔……〕拥有这样的一门道德底形上学本身便是义务，而且每个人自身也拥有它（尽管通常是以隐晦的方式）；因为若无先天原则，他如何能相信自身拥有一种普遍的立法呢？"[2] 换言之，建立道德底形上学不只是理论之事，而是实践工夫的一部分。

同样的，儒家的义利之辨也需要道德底形上学来证成。但儒家并未像康德那样，发展出一套完整的论证策略，来证成道德法则的有效性[3]。先秦儒家多采"当机指点"的方式来纯化道德意识，孟子且提出"扩充"、"养气"等工夫论。至宋、明儒学（尤其是王学），更发展出各种精微的工夫论。在另一方面，《孟子》、《中

1　同上注，S. 389f.。

2　*MS*, *KGS*, Bd. 6, S. 216. 此书亦有笔者之中译本《道德底形上学》（台北：联经出版公司，2015 年）。此中译本在边页中亦附有德文原版之页码。

3　关于康德的论证策略，请参阅拙作：《独白的伦理学抑或对话的伦理学？——论哈贝马斯对康德伦理学的重建》，《科学发展月刊》，第 18 卷，第 1 期（1990 年 1 月），页 40—41；亦见拙著：《儒学与现代意识》（台北：台湾大学出版中心，2016 年增订版），页 363—367。

庸》、《易》传亦各自包含一套基于道德主体而建立的形上学，牟宗三先生特别称之为“道德的形上学”（moral metaphysics），以别于“道德底形上学”[1]。其实依康德对哲学（理性知识之系统）的构想，牟先生所谓“道德的形上学”应可归入“道德底形上学”中。因为康德将形上学理解为“纯粹理性之系统”，而依理性之运用将形上学二分为“自然底形上学”与“道德底形上学”[2]。康德虽然未像儒家那样，根据道德主体发展出一套形上学（他仅据此建立一套道德神学），但康德哲学实包含这种发展的可能性；后来费希特（Johann Gottlieb Fichte，1762—1814）根据“绝对自我”（道德自我）而建立的理念论系统即证明了这种发展的可能性。儒家的工夫论与其“道德的形上学”其实是一体之两面，均是以人的道德意识为出发点。有些学者认为：宋、明儒所发展出来的“道德的形上学”是受到佛、老的刺激而产生，并不合先秦儒学（他们喜欢使用“原始儒学”一词）所代表的基本方向。宋明儒学受到佛、老的刺激固是事实，但这不表示它偏离先秦儒学的基本方向；因为宋、明儒的“道德的形上学”主要是承自《孟子》、《中庸》、《易》传，佛、老的刺激仅是一项外缘。这些问题的内在关联均可透过康德哲学得到相当程度的澄清。

康德在《纯粹理性批判》一书中对传统的思辨形上学（spekulative Metaphysik）作全面性的批判，证明其不可能性，而传统形上学的重要问题（上帝之存在、灵魂之不灭及意志之自由）也再度受到质疑。但康德对传统思辨形上学的批判只是其哲学工

---

1 请参阅牟宗三：《心体与性体》，第1册（台北：正中书局，1973年），第1部，第3章。

2 *KrV*, A841/B869；参阅 A845/B873。

作的一面（消极面），其目的在于为建立实践哲学铺路。依其“理体”（Noumenon）与“事相”（Phaenomenon）的两层存有论，人类知识仅以“事相”为其范围，而无权延伸到“理体”。上帝之存在、灵魂之不灭及意志之自由均属“理体”，故非人类知识的对象，亦即非思辨理性所能把握。但思辨理性所不及之处，却是实践理性之胜场。他在《实践理性批判》中便根据道德法则的实在性重新证成上帝之存在、灵魂之不灭及意志之自由，此无异肯定实践理性对于思辨理性的优先性。唯有在实践理性的优先性之前提下，“道德底形上学”、甚至“道德的形上学”才有可能成立。故在康德哲学的基本架构下，知识与道德判然而异，各有分际，但两者之关系亦有合理的说明。

传统儒家的“道德的形上学”显然属于“理体”的范围，也肯定道德主体（实践理性）的优先性。但他们未尝不意识到道德与知识间的分际，如《中庸》的“尊德性”与“道问学”、宋儒的“德性之知”与“见闻之知”，均有分辨道德与知识的意味。例如，王阳明在解释《论语 · 八佾》篇中“子入太庙，每事问”一语时，便反对朱注引尹焞“虽知亦问，谨之至”之说，而认为：“圣人无所不知，只是知个天理。〔……〕圣人于礼乐名物，不必尽知。”[1] 可见王阳明对道德与知识的分际有清楚的意识，反倒是朱子混淆了道德与知识，不能赋予知识独立的意义。但目前有些指摘儒家的“泛道德主义”的学者却对朱子情有独钟，希望根据朱子学建立独立的知识传统，岂不怪哉！因为纵然说儒家有“泛道德主义”，也

1　陈荣捷编：《王阳明传习录详注集评》（台北：台湾学生书局，1983 年），卷中，第 227 条，页 303。

正是在伊川、朱子这一系表现得最显著。想以朱子学来建立学统，岂非缘木求鱼？尽管传统儒家欠缺一套知识论，对道德与知识的关系未能提出深入的说明，但他们对道德的本质有深刻的了解（至少就其主流而言）。在这方面，同样肯定道德主体之优先性的康德哲学实可帮助儒家厘清道德与知识的关系，使中国传统文化中所欠缺的学统有独立发展的余地。

以上所论，主要在于强调康德哲学与儒家思想之相同点；但两者在其哲学人类学的架构方面却有根本的差异。按照传统儒家的说法，这属于心性论的问题。晚期的康德在构想道德主体性时，系采一个情感与理性二分的架构，将道德主体仅视为理性主体，而将一切情感（包括道德情感）归诸感性，排除于道德主体之外。按照宋、明儒的说法，这是个心、理二分的间架。但儒家由孟子开始，便明显地采取一个心、理为一的间架，象山、阳明倡"心即理"之说，即是直接承自孟子。在另一方面，朱子倡"性即理"，采取一个心、理二分的义理间架，反倒接近康德的立场。有人可能会问：既然朱子心性论的义理间架近乎康德的主体性架构，何以朱子的伦理学反而属于他律伦理学呢？其理并不难明白，因为在康德的系统中，道德主体虽仅是理性主体，这个理性主体却也是道德法则的制定者；但在朱子的理、气二元的间架中，性只是理（道德法则），心则旁落于气，只能认知地赅摄理，而不能规定之。再者，纵然在康德的伦理学系统中，其情感与理性二分的间架也具有无法化解的矛盾。笔者在以德文撰写的专论《康德伦理学发展中的道德情感问题》（*Das Problem des moralischen Gefühls in der Entwicklung der Kantischen Ethik*）中，已对康德的这个主体性架构作了一项内在的批判，并且显示出修正这个架构的必要性。这无异是从反面证明了“心即理”说的必然性。事实上,康德以后的德国伦理学（包括席勒、费希特、黑格尔，以及现象学伦理学）之发展也显示出这种趋向。因此，儒学与康德哲学之比较不但有助于了解儒学的问题，亦有助于了解康德伦理学的限制，而为之定位。笔者将在以下各篇论文的讨论中设法证明这点。

儒家与自律道德

一、前言

1984年10月20日出版的《食货》月刊第14卷第7/8期合刊登载了黄进兴先生的一篇大作《所谓“道德自主性”：以西方观念解释中国思想之限制的例证》。黄先生此文旨在检讨台湾学者借用康德的伦理学概念解释儒家思想之得失，特别是针对这个问题：康德伦理学中的“自律”（或译为“自主性”）概念能否说明儒家伦理学之本质？台湾学者中以“自律”概念来说明儒家伦理学之本质者，黄先生举出牟宗三、林毓生两位先生为代表，但其文主要是针对牟先生而发。

黄文发表时，笔者正在西德求学，无缘拜读此文。1986年夏笔者返台，始闻友侪谈及此文。据友侪称，此文一出，在台湾史学界颇受重视；甚至有人认为此文是台湾近年来在思想史研究方面的一篇难得的杰作。但由于忙于教学工作，直到近日，笔者始有暇拜读此文。拜读之后，笔者发现：此文的论点基本上建立在三重的误解上：对康德伦理学的误解、对儒家的误解，以及对牟先生的观点的误解。身为康德研究者、关心儒家学术者及牟先生的弟子，笔者深觉有义务对此文作一回应，澄清其中所牵涉的问题。

牟先生近二十年来先后发表了《心体与性体》、《从陆象山到刘蕺山》、《智的直觉与中国哲学》、《现象与物自身》、《中国哲学十九讲》及《圆善论》，并且译注康德的《道德底形上学之基础》和《实践理性批判》，合为《康德的道德哲学》一书。在这些著作中，牟先生以康德的"自律"概念为判准，来说明并分判儒家的伦理学系统。根据这个判准，他判定儒学在基本形态上属于"自律伦理学"；而朱子系统不在此列，而是"他律伦理学"（Ethik der Heteronomie），是"别子为宗"。对于牟先生的这套诠释，各方反应极为分歧。誉之者目为当代中国思想界对儒学最具开创性的诠释。反对者则认为这是把康德哲学硬套在儒家身上，反使儒学的本质湮而不彰。当然，亦有半信半疑者。面对这些分歧的反应，重新厘清康德的"自律"概念，以决定儒家伦理学之基本性格，纵使在黄文发表后近三年的今天，仍然不失其意义。因此，笔者的目的不在批评黄文，而在澄清问题。在以下的篇幅中，笔者不拟对黄文作一全面的批评，而仅就与"自律"概念相关的问题作一分疏。

为了讨论之方便，笔者先将黄文的要旨在此作一撮要的叙述。黄先生承认：儒家学说中的确有某些部分可与康德的道德哲学相通；譬如孟子的性善说支持康德把道德的根源置于个人的内在抉择，而孔、孟对道德行为的推崇也可彰显康德反复强调道德善与幸福不能等同之义[1]。但黄先生进一步指出：以孔、孟为代表的儒家伦理学与康德道德哲学之间，二者相异之处并不下于其相似之处。黄先生说："儒家伦理基本上是以'"道德情感"为出发点，孟子的"四端说"'把此一特色表现得最清楚。"[2] 又说："'四端'并非形而上的抽象观念，乃是具有经验意义的'道德感'。孟子的'四端说'实为以后儒家伦理哲学的主流，尤以宋明理学中陆、王一系为是。"[3]

此处所提到的"道德情感"(mora1feeling/moral sentiment)或"道德感"（moral sense）乃是英国哲学家沙夫茨伯里（Anthony Ashley Cooper Shaftesbury，1671—1713)、哈奇森（Francis Hutcheson，1694—1747)、休谟和亚当·斯密（Adam Smith，1723—1790）等人的概念；他们以此概念作为道德的"判断原则"(principium dijudicationis)或"践履原则"(principium executionis)，史称"道德感学派"。黄先生发现：康德在他1764年发表的应征论文《关于自然神学及道德学底原理之明晰性的探讨》("Untersuchung über die Deutlichkeit der Grundsätze der natürlichen Theologie und der Moral"）中，曾采取道德情感说的立场；但在其批判期的伦理学著作中，他已全然放弃旧有的立场，而自行建立道德的理性主义[4]。因此，黄先生认为："与其说儒家道德哲学与康德哲学相通，毋宁说与康德所对反的赫

1 黄进兴：《所谓"道德自主性"：以西方观念解释中国思想之限制的例证》，见《食货》，复刊第14卷，第7/8合期(1984年10月)，页80〔10—11〕。此文后收入其《优入圣域——权力、信仰与正当性》(台北：允晨文化出版公司，1994年)。本文引述此文时，以〔〕将《优入圣域》的页码附于《食货》的页码之后。

2 同上注，页80〔11〕。

3 同上注，页80〔12〕。

4 同上注，页80—81〔12—13〕。

京生〔哈奇森〕、休谟诸人的学说较为类似〔……〕”[1]。

基于上述的看法，黄先生对牟先生的儒学诠释作了如下的评断：

> 〔……〕牟宗三先生以朱熹主张“性即理”，陆九渊主张“心即理”，即判定朱熹的说法为“道德他律”，陆九渊为“道德自律”，皆不无商榷余地；其中的关键并不在朱熹必须引进“敬”的德性功夫来涵摄“理”，而是从康德的观点视之，朱、陆二位仍不出孟子“道德情感说”的藩篱，因此皆为“道德他律”。倘若不从康德之界义而只取“道德自主性”的字面涵义，意谓“为德性而德性”，则陆九渊固为如此，朱熹又何尝相异？这从朱氏之明斥永康学派陈亮的“义利双行，王霸并用”之说，可以略见一斑，又朱熹平生不甚取董仲舒，独推崇其“正其谊不谋其利，明其道不计其功”的名言亦足可确证。因此不论就广义或狭义而言，以“道德自主性”阐释儒家哲学都不得当〔……〕[2]

要决定这项评断是否公允，我们必须考察“自律”概念的涵义及康德伦理学的基本形态。

1　同上注，页 81〔14—15〕。
2　同上注，页 81—82〔15—16〕。

二、康德的“自律”概念

在西方伦理学之发展中，康德的伦理学被视为“自律伦理学”的代表。但若问到何谓“自律”，在什么意义下康德伦理学是“自律伦理学”，台湾一般学哲学的人恐怕不甚了了。笔者在此节中拟先说明“自律”概念在康德伦理学中的涵义，然后在下节中就此概念与康德其他伦理学概念（尤其是“道德情感”概念）的关联来决定康德伦理学之基本性格。

“自律”一词本是政治学术语，意指一个政治团体或国家为自己制定法律并依法律行动的权利。这个概念结合“自由”与“服从”这两个表面上相互矛盾的要求，因而产生以下的问题：我们在一政治团体中如何能服从法律，而又同时保有自由呢？对于这个问题，法国哲学家卢梭（Jean-Jacques Rousseau，1712—1778）的《社会契约论》（*Du Contrat Social*）提出了一个极有意义的答案：一个共和国的法律建立在社会契约上，这意谓：我们每个人都以其自身及其全部力量共同置于“共同意志”的最高指导之下，并且我们在共同体中接纳每一成员作为全体之不可分割的一部分[1]。在此意义之下，共和国中的每一成员都有双重身份：“每个个人在可以说是与自己缔约时，都被两重关系所制约着：即对于个人，他就是主权者的一个成员；而对于主权者，他就是国家的一个成员。”[2]因此，在卢梭的共和国中，每一成员都有义务以臣民的身份服从

1　卢梭著、何兆武译：《社会契约论》（北京：商务印书馆，1990年），第1卷，第6章，页24—25。

2　同上书，第1卷，第7章，页26。

法律；但就他透过社会契约而成为主权者的一分子而言，他同时也是立法者。简言之，共和国中的立法乃是其公民之自我立法，他们只服从自己所制定的法则。在此意义之下，他们都是自由的，因为他们并未受到外来意志之限制。

康德借用卢梭“共和国”的模式（而非内容）[1]，首度将“自律”概念引入伦理学中，用以说明道德之本质。在《道德底形上学之基础》第一、二章中，康德分析我们一般人的道德意识。康德发现：我们的道德意识中包含了“自然之善”与“道德之善”的区别，也就是美国学者西尔柏所谓的“善之异质性”[2]。道德之善是绝对的、无条件的善，它的价值就在其自身，而不在于它之能实现或助成另一项目的；换言之，它具有内在价值，而不只是工具价值。反之，一般意义的善只是自然之善，均是有条件的善，只具有工具价值；我们通常归诸“幸福”（Glückseligkeit）概念之下者，均属此类。因此，一个行为之所以有道德价值，并非由于它所达成的目的，而是由于它所根据的格律（Maxime）；换言之，并非因为它有助于实现某一对象，而是因为决定它的存心（Gesinnung）本身就是善的。是故，一个道德行为并非只是合乎义务（pflichtmäßig），而必须也是出于义务（aus Pflicht）；否则它只有合法性（Legalität），而无道德性（Moralität）。这决定了康德伦理学之基本性格：用后来德国哲学家舍勒（Max Scheler，1874—1928）在《伦理学中的形

---

1 关于康德的“自律”概念与卢梭的“共和国”之比较，请参阅 Klaus Reich: *Rousseau und Kant* (Tübingen: J.C.B. Mohr, 1936)。

2 John R. Silber: “The Copernican Revolution in Ethics: The Good Reexamined”, in: Robert Paul Wolff (ed.), *Kant: A Collection of Crtical Essays* (Notre Dame: University of Notre Dame Press, 1967), pp. 278ff.

式主义与实质的价值伦理学》（*Der Formalismus in der Ethik und die materiale Wertethik*）一书中的术语来表达，它是一套“存心伦理学”，而非“功效伦理学”。由以上“道德之善”的概念，康德进一步决定道德法则（moralisches Gesetz）的概念。一切实践的法则对我们人类的现实意志而言，均表示一种限制或“应当”（Sollen），因为我们的意志受到感性生命之牵制，不必然遵守法则。因此，实践法则对人类而言，是一种命令；表达这种命令的程式称为令式（Imperativ）。既然道德之善并不建立在手段对目的之关系上，道德法则只能以定言令式（kategorischer Imperativ）而非假言令式（hypothetischer Imperativ）来表达，因为假言令式只表示：如果你要达到某一目的，就应当如此去做。一个行为所依据的法则若可以用这种令式来表达，它就必须以所设定的目的为条件，因此没有真正的道德价值，而只有相对的价值。唯有定言令式能表达道德法则之绝对性（无条件性）。是故，道德法则必须抽去一切意志的对象（质料），而为纯形式的原则。换言之，道德法则不预设任何特定的目的，而只包含一项形式的要求：普遍化。于是他得到定言令式的第一个程式：“仅依据你能同时意愿它成为一项普遍法则的那项格律而行动。”[1]

康德进一步分析道德法则的概念，确定它是个理性原则，因为普遍性是理性原则之一项特征；而实践的理性原则也就是对一切有理性者均适用的原则。因此，在道德法则的意识中已涵蕴着“有理性者”的概念，因为有理性者是道德法则之依据（主体）。就此

1　*Grundlegung zur Metaphysik der Sitten*（以下简称 *GMS*）, *Kants Gesammelte Schriften*（以下简称 *KGS*）, Bd. 4, S. 421; 参阅 S. 402.

而论，每个有理性者——我们通常所谓的“人格”（Person）——均有其无可替代的价值，亦即尊严（Würde）。由于人格之尊严，它不能仅仅被当做工具来使用，其存在自身必须就是目的；因此，康德把人格称为“目的自身”（Zweck an sich selbst）。由此他得到定言令式的第二个程式：“如此行动，即无论在你的人格还是其他每个人底人格中的‘人’（Menschheit），你始终同时当作目的，决不只当作工具来使用。”[1] 在《道德底形上学》（*Die Metaphysik der Sitten*）一书中，康德进一步推衍出两种“同时是义务的目的”（Zwecke, die zugleich Pflichten sind），即自己的圆满性和他人的幸福[2]。这两项义务涵蕴于“目的自身”的概念中，因为两者皆所以成全人格（不论是我们自己的还是他人的）[3]。

在此我们必须澄清一个对康德伦理学常有的误解。康德的伦理学经常被称为“形式主义伦理学”（formalistische Ethik）或“形式伦理学”（formale Ethik），以别于“实质伦理学”（materiale Ethik）。不少人因此误以为康德的道德原则完全不考虑意志的特定目的（质料），因而是个空洞的抽象原则。但由以上所述，可知这种理解是错误的。康德伦理学中的形式原则本身虽仅包含一项普遍化之要求，但可以决定义务之具体内容，甚至它本身就涵蕴（而非预设）“自己的圆满性”和“他人的幸福”这两个目的。因此，康德伦理学之所以为形式的，并非由于它不考虑意志的特定目的，

1　同上注，S. 429。

2　*Die Metaphysik der Sitten*（以下简称 *MS*），*KGS*, Bd. 6, S. 384ff.

3　关于康德如何由其形式原则推衍出这两个实质原则，请参阅 Josef Schmucker: “Der Formalismus und die materialen Zweckprinzipien in der Ethik Kants”, in: Johannes B. Lotz (Hg.), *Kant und die Scholastik heute* (Pullacher philosophische Forschungen, Bd. 1, Pullach bei München: Verlag Berchmanskolleg, 1955), S. 186ff.

而是由于其道德法则除了一项形式的要求外，不预设任何目的。此即他后来在《实践理性批判》一书中所强调者：作为纯粹实践理性之对象的“善”、“恶”概念不能先于道德法则，而须后于且透过道德法则而被决定[1]。当他依据道德法则决定实践的对象（目的）时，他的伦理学并不因之而成为实质伦理学。甚至他承认两个“同时是义务的目的”，也无碍于其伦理学为形式伦理学，因为这两项目的均涵蕴于道德法则之中，并非先于道德法则而被预设。

在定言令式的第一个程式中，康德点出了道德法则之普遍性。在第二个程式中，他又点出这种普遍法则的主体是有理性者。综合这两点可知：道德法则是有理性者自定的普遍法则。于是康德得到了一个足以说明道德之本质的理念，即“作为一个制定普遍法则的意志的每一个有理性者底意志”之理念[2]；此即“自律”的理念。因此，康德把意志之自律视为“道德底最高原则”，并说明：“意志底自律是意志底特性，由于这种特性，意志（无关乎意欲底对象之一切特性）对其自己是一项法则。”[3]换言之，意志之自律就是意志之自我立法。依照前面的惯例，康德也曾用一个定言令式的程式表达“自律”的理念[4]。但值得注意的是：他另外用一个“目的王国”（Reich der Zwecke）的程式来表达这个理念：“一切格律由于自我立法，应当与一个可能的目的王国相协调，如同与一个自然王国相协调。”[5]这“目的王国”的概念显然脱胎于卢梭“共和

1　*Kritik der praktischen Vernunft*（以下简称 *KpV*), *KGS*, Bd. 5, S. 62f.

2　*GMS*, *KGS*, Bd. 4, S. 431.

3　同上注，S. 440。

4　同上注，S. 434。

5　同上注，S. 436。

国”的概念。因为“目的王国”是“有理性者借共同的客观法则所形成的一个有秩序的结合”[1]。在这个王国中,每一成员（有理性者）均是普遍法则之制定者,但自己也服从这些法则,一如卢梭“共和国”中的公民。

康德进而把这个“目的王国”理解成“智思世界”（mundus intelligibilis/intelligible Welt）[2],而把“自律”学说与其“双重世界”和“人的双重身份”之理论联结起来。在《纯粹理性批判》（*Kritik der reinen Vernunft*）一书中,康德把对象区分为现象（Erscheinung）与物自身（Ding an sich），把世界区分为感性世界（Sinnenwelt）与知性世界（Verstandeswelt）或智思世界。我们的主体一方面作为现象而属于感性世界，因此具有经验的性格；另一方面，它作为物自身而属于知性世界,因此具有智思的性格[3]。在《道德底形上学之基础》第三章中，康德便透过这双重身份说来说明自律之可能性：在道德之自律中，作为现象的我服从作为物自身的我所颁布的法则。因此，道德之自律乃是自我立法、自我服从。在此意义之下，我们仍是自由的，因为我们并未受到外来法则之约束。

以上对于“自律”概念的说明乃是基于对“道德”概念的分析。康德认为：道德之自律已经隐含于一般人的道德意识中，而为“理性底事实”(Faktum der Vernunft)[4]。一般人不一定意识到这个事实，正是所谓“百姓日用而不知”，但我们可以借苏格拉底之诘问法使

---

1 同上注，S. 433。

2 同上注，S. 438。

3 *Kritik der reinen Vernunft*, hrsg. von Raymund Schmidt (Hamburg: Felix Meiner, 1976), A538f./B566f. (A = 1781 年第 1 版，B = 1787 年第 2 版）

4 *KpV*, *KGS*, Bd. 5, S. 42.

之注意到这个事实[1]。因此，任何人只要承认自律道德，就必须同时接受以上的内涵。任何形态的自律伦理学都包含这套内涵，作为其理论之核心。因此，道德的自律决非如黄先生所说的，仅意谓“为德性而德性”而已。这样说，实失之宽泛。然而，仅就以上内涵而言，我们尚看不出康德的自律伦理学之特性。要对此作一决定，就得进一步探讨“自律”概念与康德其他伦理学概念之关联。

三、康德的自律伦理学

康德的自律伦理学之特性表现在其关于“道德主体”的理论当中。道德主体在康德称为“意志”(Wille)。意志与“意念”(Willkür)有别。意志是道德法则之制定者，属于智思世界；意念则是道德法则之服从者，属于感性世界[2]。但康德在行文中并不严格遵守这种区别；他往往在该用“意念”一词时使用“意志”，以致造成混淆[3]。这个作为道德主体的意志在康德是指“实践理性本身”[4]。在道德主体中，一切感性的成分均被排除。因为康德认为：道德法则具普遍性，而为先天的（a priori）法则，因此只能建立在理性的基础上；若道德主体不是纯理性的，将损及道德法则之普遍有效性。

---

1 *GMS*, *KGS*, Bd. 4, S. 403f.

2 *Vorarbeiten zu Die Metaphysik der Sitten*, *KGS*, Bd. S. 248f.；参阅 *MS*, *KGS*, Bd. 6, S. 213 & 226.

3 参阅 Lewis White Beck: *A Commentary on Kant's Critique of Practical Reason* (Chicago: The University of Chicago Press, 1963), p. 180；亦参阅 Beck: “Kant's Two Conceptions of the Will in Their Political Context”, in: idem, *Studies in the Philosophy of Kant* (Indianapolis: Bobbs-Merrill, 1965), p. 217。

4 *MS*, *KGS*, Bd. 6, S. 213.

同样的，道德主体也不能包含情感（包括道德情感），因为他把情感看成感性之特殊形态。因此，在道德主体的问题上，康德预设了理性与情感二分的架构。

但根据笔者对康德早期伦理学著作的研究，康德并非自始就采取这个哲学人类学的架构。这个架构毋宁是在 1769 年左右开始形成[1]。从 1760 年代初期到 1769 年左右的这段时间内，康德先后受到英国道德感学派及卢梭之影响，而采取一个与日后非常不同的伦理学观点。黄先生文中提到的 1764 年发表的应征论文（事实上完成于 1762 年底）即属于这段时期的作品。但黄先生所不知道的是：康德在此文中并未完全采取“道德情感说”的立场，而是想调停此说与伍尔夫（Christian Wolff, 1679—1754）的理性主义伦理学。在此文中，康德把伍尔夫的“圆满性”（Vollkommenheit）原则视为决定义务的形式原则，道德情感则是决定义务的实质原则[2]。在道德判断中，他同时承认理性与情感之作用；换言之，道德善系由理性和情感所共同决定。若把道德善归诸先天的领域，则这个领域并不完全排除情感的成分。用日后现象学伦理学的术语来说，此时康德承认一个“情感先天性”（das emotionale Apriori）的领域[3]。依晚期康德的观点而论，“情感先天性”是个矛盾的概念，因为情感的必为感性的，因而不属于先天的领域。

---

1 参阅拙著 Ming-huei Lee: *Das Problem des moralischen Gefühls in der Entwicklung der Kantischen Ethik* (Taipei: Institute of Chinese Literature and Philosophy, Academia Sinica, 1994), S. 126ff.

2 “Untersuchung über die Deutlichkeit der Grundsätze der natürlichen Theologie und der Moral”, *KGS*, Bd. 2, S. 299f.

3 Nicolai Hartmann: *Ethik* (Berlin: Walter de Gruyter, 1962), S. 116ff.；参阅 Max Scheler: *Der Formalismus in der Ethik und die materiale Wertethik* (Bern: Francke, 1966), S. 82f., 248 & 259ff.

但康德在1760年代的伦理学观点也不同于道德感学派的观点，因为后者仅依工具主义的意义来理解理性在实践领域中的运用，而完全否定它在道德判断中的作用[1]。康德当时的观点，与其说是接近道德感学说，毋宁说是接近现象学伦理学——包括布伦塔诺（Franz Brentano，1838—1917）、胡塞尔（Edmund Husserl，1859—1938）、希尔德布兰德（Dietrich von Hildebrand，1889—1977）、尼可莱·哈特曼（Nicolai Hartmann，1882—1950）和舍勒。因此，希尔德布兰德在康德此文中看到日后现象学探索价值认识之独立根源的滥觞[2]，殆非偶然。

康德伦理学在1770年代以后的发展，系走向一种伦理学的理性主义。但这并不等于回到伍尔夫的理性主义伦理学。因为在康德看来，伍尔夫的"圆满性"原则原是个形上学概念，引进实践领域后，只是个空洞的形式原则，其本身不足以决定具体的道德义务[3]。而康德自认他在《道德底形上学之基础》中所提出的"自律"原则虽也是形式原则，但却足以单独决定具体的道德义务；因此在道德之判断问题上，道德情感不再具有共同决定的作用。但是，道德情感在晚期康德伦理学中仍占有极重要的地位：它不再是道德之判断原则，而是践履原则。道德问题不仅是判断问题，也牵涉到实践问题——用康德的术语来说，它牵涉到"兴趣"（Interesse）或"动机"（Triebfeder）的问题。"我们对道德法则有一兴趣"这

1　参阅拙著 Ming-huei Lee: *Das Problem des moralischen Gefühls in der Entwicklung der Kantischen Ethik*, S. 24ff.

2　Dietrich von Hildebrand: *Die Idee der sittlichen Handlung/Sittlichkeit und ethische Werterkenntnis* (Darmstadt: Wissenschaftliche Buchgesellschaft, 1969), S. 78ff. Anm.

3　参阅拙著 Ming-huei Lee: *Das Problem des moralischen Gefühls in der Entwicklung der Kantischen Ethik*, S. 20ff.

个命题即等于说：我们有一道德的动机。依康德的用法，“兴趣”和“动机”这两个概念均只能应用于有限的存有者，亦即就有限存有者具有感性生命而言[1]。康德把这种兴趣在我们内部的基础称为“道德情感”（moralisches Gefühl），而道德情感是“法则加诸意志的主观结果”[2]。

“道德情感”这个概念在康德伦理学中是个极其复杂的概念；它在康德伦理学发展的每一阶段均有不同的涵义和作用。因此，这个概念成为我们理解其伦理学的发展趋向之主线索，而在其最后完成的伦理学系统中，我们可透过这个概念充分把握此一系统的性格。笔者在此无法详论这个概念所牵涉的种种问题，而只能就以下讨论之所需，简略说明一下这个概念在晚期康德伦理学中的涵义，并指出其中所包含的理论困难[3]。

由于日常用语之歧义，康德在使用“情感”一词时包含三义：（1）自然禀赋、（2）习性及（3）情感状态[4]。而作为情感状态的道德情感在晚期康德伦理学中包含两组意识内容：

A. 对道德法则或义务的敬畏（Achtung）；

B. 与德行意识相联结的愉快或满足之情，以及与罪恶意识相联结的不快或痛苦之情：

I. 因意志活动符合或抵牾道德法则而有的愉快或不快；

1 *KpV*, *KGS*, Bd. 5, S. 79.

2 *GMS*, *KGS*, Bd. 4, S. 460.

3 欲进一步了解此问题，可参阅拙著 Ming-huei Lee: *Das Problem des moralischen Gefühls in der Entwicklung der Kantischen Ethik,* Kap. 5.

4 参阅同上注，S. 212。

II. 因实际服从或违背义务而有的愉快或不快。

以上的分类是笔者根据康德晚期的著作归纳出来的[1]。康德本人并未如此分类，甚至他在言辞之间似乎只承认有一种道德情感，而非多种[2]。至于这三种道德情感之关系如何，目前暂不讨论。

现在我们再回到“道德动机”的问题上。在《实践理性批判》中有一章题为《论纯粹实践理性之动机》。康德将此章比拟为“纯粹实践理性之感性论”，以讨论道德情感为主[3]。因此，在此章中康德说：“〔……〕对道德法则的敬畏是唯一的且确实的道德动机〔……〕”[4]，似是顺理成章之事。但是在同一章的开头，他却强调：“行为底一切道德价值之本质在于：道德法则直接决定意志。〔……〕人类意志（与一切有理性的受造者之意志）底动机决不能是道德法则以外的事物。”[5] 这些文辞上的矛盾是由于康德在使用“动机”一词时涉及两层不同的意义。他在《道德底形上学之基础》中说得很明白：“欲求底主观根据为动机，意欲（Wollen）底客观根据为动因（Bewegungsgrund）。”[6] 依照这里的定义，康德应当说：意念（而非意志）之动机是对道德法则的敬畏。其动因是道德法则。前者是一种心理学的关系，属于“自然底因果性”（Kausalität

1 参阅同上注，S. 213f.。

2 康德有时表示：只有 II 的道德情感配得此名（*KpV*, *KGS*, Bd. 5, S. 38.）；有时对 I 类及 II 类的道德情感不加区别（*MS*, *KGS*, Bd. 6, S. 211.）；但又说：“对义务的敬畏”是“唯一真正的道德感”（*KpV*, *KGS*, Bd. 5, S. 80）。亦参阅拙著 Ming-huei Lee: *Das Problem des moralischen Gefühls in der Entwicklung der Kantischen Ethik*, S. 214ff.

3 *KpV*, *KGS*, Bd. 5, S.90.

4 同上注，S. 79。

5 同上注，S. 71F；参阅 S. 88。

6 *GMS*, *KGS*, Bd. 4, S. 427.

der Natur)。后者则涉及"借由自由的因果性"(Kausalität durch Freiheit),其原因在知性世界,结果发生在感性世界。由于康德不承认人有智性直观(intellektuelle Anschauung),因此他认为:道德法则何以会引起道德情感,这个问题永远无法为我们所理解,因而是在实践哲学的极限之外[1]。康德在《纯粹理性批判》一书的《先验辩证论》中已证明:这两种因果性分属于两个不同的层面,它们之间并无矛盾。

由此可知:作为道德情感的敬畏之情在康德的伦理学系统中是被排除于道德主体(人格性)之外。在《道德底形上学》中,康德把道德情感与良心、对邻人的爱、对自己的尊敬并列为"心灵对于一般而言的义务概念的感受性之感性的预备概念",并且加以说明:"〔……〕它们系作为对于义务概念的感受性之主观条件,却非作为客观条件而为道德之根据。它们均是感性的与预存的但却自然的心灵禀赋,即为义务概念所触动的心灵禀赋。"[2]因此,道德情感并非道德之根据,而是我们对道德的感受性之人类学根据。我们若无道德情感,便不会感受到道德法则之强制力,而为它所推动。在《单在理性界限内的宗教》一书中,康德论及三种"在人性中向善的原始禀赋",其中一种为"关于人(作为一个有理性且同时能负责的存有者)底人格性的禀赋",亦即"对道德法则的敬畏之感受性"[3]。这种感受性康德并不归诸"人格性"的概念,而仅视之为"助成人格性的禀赋"或"人格性之附加物"[4]。这与他在

1　同上注,S. 459f.。
2　*MS*, *KGS*, Bd. 6, S. 399.
3　*Die Religion innerhalb der Grenzen der bloßen Vernunft*, *KGS*, Bd. 6, S. 26f.
4　同上注,S. 28。

《道德底形上学》中的观点一致。总之，康德哲学中的道德主体是道德法则之制定者，而道德情感（至少就其晚期的系统而言）并不参与法则之制定；它只是我们对道德法则的感受性之主观的人类学条件，因而不属于道德主体。

现在我们回到道德情感所包含的意识内容上。既然道德情感是道德法则加诸心灵的结果，这结果究竟是敬畏之情，还是愉快之情呢？这两种说法事实上并不冲突。在《道德底形上学之基础》中，康德把敬畏之情描述成一种复合的情感：就我们必须不顾及我爱而服从道德法则而论，这种情感类乎恐惧；就道德法则是我们加诸自己的法则（自律底法则）而论，这种情感又类乎爱好[1]。在《实践理性批判》中，康德分别从积极面和消极面去描述敬畏之情：在消极方面，由于道德法则限制我们的感性生命，因此产生一种“痛苦”之情[2]；在积极方面，由于道德法则是我们自己制定的法则，服从道德法则即是提升自我，所以由此产生的情感不只是痛苦，而也是敬畏[3]。如果依《道德底形上学之基础》中的说法，我们似乎可以说：这积极的情感就是一种愉快之情，而敬畏乃是消极的痛苦之情与积极的愉快之情混合而成的情感。事实上，就在第二批判的《纯粹实践理性之辩证论》中，康德承认：德行之意识必然会产生一种“欣悦”（Wohlgefallen）或“自我满足”（Selbstzufriedenheit）[4]；这种情感类乎最高存有者（上帝）所独享的

1　*GMS*, *KGS*, Bd. 4, S. 401 Anm.

2　*KpV*, *KGS*, Bd. 5, S. 72f.

3　同上注，S. 78f.。

4　同上注，S. 117。

"极乐"（Seligkeit）[1]。因此，康德本可直截了当地把敬畏之情中的积极情感描述为一种愉快之情,但他似乎故意不如此说。揆其用心,似乎着眼于教育的目的,以防止所谓"道德的狂热"[2]。因为在他看来，对道德法则的敬畏正可显示出我们人类所处的道德阶段；盖此种情感系产生于感性我和理性我之间的紧张关系，为有限存有者所独有。若人不出于对道德法则的敬畏，而出于愉快之情来服从道德法则，即是以无限存有者自居，此之谓"道德的狂热"。实则这些考虑并无碍于我们承认道德情感中包含一种愉快之情，因为这种愉快之情并非产生于两重自我之间的紧张关系，而是产生于道德主体（意志）之自我关系。因此，我们可以把 B 类的道德情感解释成 A 类的道德情感之积极面。只要将层次弄清楚，文辞表面的矛盾自然迎刃而解。

但现在仍有一个问题：在 B 类的道德情感中，Ⅰ类与Ⅱ类乃是两种在本质及作用上均完全不同的情感，Ⅰ类的道德情感是因意志符合或抵牾道德法则而生的愉快或不快之情，无论在逻辑上或时间上均先于道德行为，而为其动机；反之，Ⅱ类的道德情感乃是在实际行为中因服从或违背义务而生的愉快或不快之情，无论在逻辑上或时间上均后于道德行为，而为其结果[3]。严格而论，后者并不属于道德动机，因为它只是事后的结果。然则，康德如何能把这两者同称为"道德情感"，而不加分别呢？笔者曾综合康德

1　同上注，S. 118。

2　同上注，S. 84。

3　参阅拙著 Ming-huei Lee: *Das Problem des moralischen Gefühls in der Entwicklung der Kantischen Ethik*, S. 214ff.

著作中有关的文献，提出一个可能的解释[1]。解释的关键在于"作为习性的道德情感"这个概念上。康德本人虽未明白提出这个概念，但他提到道德情感之可陶冶性时，却隐含此概念。康德在《道德底形上学》中明白地主张：我们虽无义务拥有或取得道德情感，却有义务去陶冶自己的道德情感[2]。作为自然禀赋的道德情感当然是不可取得的；若我们天生无此禀赋，任凭后天的努力亦无法获致。因此，康德说：

> 没有人完全不具有道德情感；因为一个人若对这种感觉完全无动于衷，他在道德上便等于死了；而且如果（以医生底用语来说）道德的生命力不再能对这种情感产生刺激，那么"人"就（仿佛按照化学定律）化为纯然的动物性，而与其他自然物底群类泯然无分了。[3]

然而，我们有此禀赋，仍须随时陶冶之、涵养之，以强化我们对于道德法则的感受性。一个人的道德之高下就反映于他在涵养工夫上所达到的程度；我们可借汉利希斯（Jürgen Heinrichs）的用语，称之为"习性的道德性"（habituelle Sittlichkeit）[4]。因此，如果一个人经常依道德法则而行为，他将因此而得到某种满足或愉快（Ⅱ类的道德情感）；这种经验将强化其作为习性的道德情感，而使道

1　参阅同上注，S. 286ff.

2　*MS*, *KGS*, Bd. 6, S. 399f. 参阅 S. 387；亦参阅 *KpV*, *KGS*, Bd. 5, S. 38。

3　*MS*, *KGS*, Bd. 6, S. 400.

4　Jürgen Heinrichs: *Das Problem der Zeit in der praktischen Philosophie Kants* (Bonn: Bouvier, 1968), S. 52.

德法则更容易在他的心中引起敬畏或愉快之情（A 类及 I 类的道德情感）。透过这种“作为习性的道德情感”的概念，上述两种在本质及作用上完全不同的道德情感（I 类及 II 类）得以联结起来，而可视为一体。

四、“自律”概念之开展

在康德的“道德情感”概念中事实上包含极大的理论困难，这困难主要在于其理性与情感二分的主体性架构。由于他把道德情感排除于道德主体（在此，道德主体只是实践理性）之外，他在描述敬畏之情时首先便遭遇到困难。上文提到：敬畏之情包含一项积极的要素和一项消极的要素。这项消极的要素（痛苦之情）是道德法则加诸情感的直接结果；这我们不难了解，因为它产生于理性我与感性我之间的紧张关系。但问题出在积极的要素上。这项积极的要素是道德法则加诸情感的间接结果[1]；换言之，道德法则消除了感性之障碍，使道德主体得以提升，由此间接产生愉快或自足之情。但问题是：既然康德把一切情感均归属于感性，何以在此不见理性我与感性我之间的紧张关系呢？这个问题席勒（Friedrich Schiller，1759—1805）当时便已注意到了。他在《论魅力与尊严》（“Über Anmut und Würde”）一文中写道：

> 如果在道德中感性的本性始终只是被压制的一方，而决非共事的一方，它如何能将其全部情感之火委诸一场胜利，

1 *KpV*, *KGS*, Bd. 5, S. 79.

> 这场胜利乃是针对它自己而受到庆贺？如果感性的本性与纯粹的精神间终究无如此密切的关系，以致连分析的知性非凭暴烈手段都无法把感性的本性从纯粹的精神中分开来，感性的本性如何能如此活泼地分享纯粹精神之自我意识？[1]

在康德的情感与理性二分之主体性架构中，理性我与感性我之间的紧张关系属于有限存有者（如人类）的本质，而敬畏之情的积极要素却要求这两重自我之统一；这真是康德的难题。康德也不可能为了闪避这个难题而否定这项积极要素之存在；因为这样一来，我们便只能出于恐惧或痛苦而服从道德法则，则其"道德兴趣"、"道德动机"的概念将完全落空。

海格勒（Alfred Hegler）也看出康德伦理学中的这种两难之局。他在论及康德对此积极情感（愉快或自我满足）的说明时写道：

> 康德回答道：这种情感是可能的，因为那摧折爱好的法则正是**我的**法则〔……〕然而这项法则之根源在于智思我，而且我们无法立刻明白：何以这个在感性上被决定的自我能够意识到其与智思我的同一性。在这里只有一个办法，即诉诸统一的自我，这个自我并不把感性我和理性我看成两个不同的自我。这个办法在任何其他的系统中都比在康德更有可能。康德先前竭力将整个伦理学建立在这种对立上，现在这

1　Friedrich Shiller: "Über Anmut und Würde", in: Eduard von den Hellen (Hg.), *Shillers Sämtliche Werke* (Säkular-Ausgabe, Stuttgart/Berlin: Cotta, 1904/5), Bd. 11, S. 220f.

两方面的统一如何能用明白的概念去理解呢？[1]

由这个难题便引发了康德与席勒间关于“爱好与义务”（Neigung und Pflicht）的著名论战。席勒完全接受康德的“道德”概念。像康德一样，席勒承认：一个行为之道德价值不决定于其外在的合法则性，而决定于存心之道德性；而且感性因素并不能充分而有效地决定道德判断[2]。但他接着强调：虽然在纯粹理性的领域及道德立法中我们毋须考虑感性因素，但是在现象领域及义务之践履中，感性应当具有作用[3]。换言之，席勒与康德间的争论仅限于哲学人类学之层面，而不涉及伦理学的原则论（ethische Prinzipienlehre）之层面。对于康德的“道德”概念及“道德之本质在于自律”的观点，席勒并无异议。

然而，如果我们承认：道德问题不单是个判断问题，也是个践履问题，道德主体不单是判断的主体，也是行动的主体，那么康德的伦理系统就有所不足了。康德自己也承认：道德法则与幸福底诫规之不同，在于我们每个人均有能力满足前者的要求[4]；换言之，道德的“应当”（Sollen）必然涵着“能够”（Können）。但问题是：康德的道德主体（严格意义的“意志”）只是实践理性；这个主体虽是道德法则之制定者，它本身却无执行道德法则的力量；

1　Alfred Hegler: *Die Psychologie in Kants Ethik* (Freiburg i. Br.: J.C.B. Mohr, 1891), S. 223. 类似看法亦见 Dieter Henrich: “Ethik der Automie”, in: idem, *Selbstverhältnisse* (Stuttgart: Reclam, 1982), S. 36f.。

2　Shiller: “Über Anmut und Würde”, op. cit., S. 216；参阅拙著 Ming-huei Lee: *Das Problem des moralischen Gefühls in der Entwicklung der Kantischen Ethik*, S. 294.

3　Shiller: “Über Anmut und Würde”, op. cit., S. 217.

4　*KpV*, *KGS*, Bd. 5, S. 36f.

这种力量落在“道德动机”（即道德情感）上[1]。因此，康德的道德主体若无感性之助，其自身是虚歉无力的。这对于康德的“自律”概念（意志对其自己是一法则）是不够的，因为道德法则并非外来的法则，而是意志自己制定的法则；意志能制定之，却不能实践之，这是说不通的。

针对康德伦理学的这项弱点，席勒提出了“对义务的爱好”(Neigung zu der Pflicht) 这个概念[2]。席勒打破康德的理性与情感二分之人类学架构，而主张：我们可以出于爱好去服从义务，而不致使我们的行为失去道德价值，因为我们的本性即要求爱好与义务之协调。如果说:康德的敬畏之情表现于两重自我的紧张关系中，那么席勒的“对义务的爱好”即是道德主体自我伸张、自我实现的方式。后者并不等于前者的积极面，因为康德仍然是从两重自我间的关系来理解敬畏之情中所包含的愉快或满足（尽管他的解释有问题)。因此，席勒的“对义务的爱好”这个概念包含一个新的哲学人类学之架构，而为现代的现象学伦理学所大加发扬。但这并非回到英国道德感学派的传统，因为这个学派不能正视理性在道德活动中的作用与地位。

此外，黑格尔早年已注意到康德的道德情感理论中所包含的困难。他在一则手稿中写道：

> 康德底实践理性是普遍性底能力，亦即排拒的能力；动

---

1 参阅拙著 Ming-huei Lee: *Das Problem des moralischen Gefühls in der Entwicklung der Kantischen Ethik*, S. 313ff.。

2 Shiller: “Über Anmut und Würde”, op. cit., S. 217.

> 机是敬畏；在恐惧中压制这个被排拒者——一种解体，对一仍然统一者的排拒；被排拒者并非一被扬弃者，而是一被分开而仍存在者。命令固然是主观的，即人类底法则，但却是一种与其他存在于人类之内者相抵牾的法则，即一支配的法则；它只下令，敬畏推动行为，但敬畏是行为所依据的原则之反面；原则是普遍性；敬畏则不是普遍性；对于敬畏而言，命令始终是一既与者。[1]

这种反省形成黑格尔伦理学发展之起点。事实上，如亨利希（Dieter Henrich）所指出者，这“敬畏”的概念是康德伦理学与德国理念论（Deutscher Idealismus）的伦理学间之承接点，而连贯这两者的便是“自律”的概念[2]。我们甚至可以说：“道德情感”的概念乃是康德伦理学之结论，但却形成其后德国伦理学（包括现象学伦理学）的发展之起点，而这种发展预设了康德的“自律”概念。譬如，舍勒虽然大肆批评康德伦理学中的形式主义，却保留“自律”的概念。然而，他以“人格底自律”（Autonomie der Person）来取代康德伦理学中的“理性底自律”，以为这样才能极成“自律”的概念[3]。因此，虽然康德最先在伦理学中提出“自律”的概念，以之说明道德之本质，但我们仍可将此概念与康德自己的伦理学系统分别开来；换言之，康德的伦理学并非自律伦理学的唯一形态。弄清这点后，我们才能决定：儒家伦理学是否自律伦理学？

---

1 Herman Nohl (Hg.): *Hegels theologische Jugendschriften* (Tübingen: J.C. B. Mohr, 1907), S. 388.

2 Dieter Henrich: “Ethik der Autonomie”, op. cit., S. 34 & 42f.

3 Scheler: *Der Formalismus in der Ethik und die materiale Wertethik*, S. 486ff.

五、在什么意义下儒家伦理学是自律的？

儒家开宗于孔子，但孔子对日后儒家所争论的重要问题（尤其在心性论的范围内）并未有明确的决定；不过，此中似乎涵着一定的方向。《论语 · 述而》篇第 30 章："子曰：'仁远乎哉？我欲仁，斯仁至矣！'"（7.30）又《颜渊》篇第 1 章："颜渊问仁。子曰：'克己复礼为仁，一日克己复礼，天下归仁焉。为仁由己，而由人乎哉？'"（12.1）[1] 这两段话中即涵着"自律"的概念，因为唯有建立在自律原则上的道德法则才能符合"应当涵着能够"的要求。此点在上一节中已提过，但为了更加显豁起见，我们不妨在此引述康德的说明：

> 满足道德底定言命令，永远是每个人力所能及；满足幸福之以经验为条件的诫规，则不常见，并且决非对每个人均是可能的（甚至仅就单一目标而言）。此其原因在于：前者仅牵涉到必然真实且纯粹的格律，但后者却牵涉到实现一个所欲对象的力量和自然能力。[2]

道德法则既然建立在自律原则之上，而为意志之自我立法，则遵行道德法则应在意志的力量之内；此属于孟子所谓"求则得之，舍则失之；是求有益于得也，求在我者也"的范围。反之，幸福

---

1 以下引用《论语》时，均依据杨伯峻《论语译注》（北京：中华书局，2006 年），并将其篇章编号直接附于引文之后。

2 *KpV*, *KGS*, Bd. 5, S. 36f.

底诫规系指示达成一项特定目的的手段，在此永远须考虑到意志之外的自然力量；此属于孟子所谓“求之有道，得之有命；是求无益于得也，求在外者也”的范围。用康德的术语来说，前者属于“借由自由的因果性”，后者属于“自然底因果性”。唯有在借由自由的因果性之领域中，道德主体的概念才能挺立起来。

准此以观孟、荀，则孟子真能把握住此一基本方向，荀子则为歧出。因为荀子论性系着眼于自然之性（动物性），而所以治之者为“虚壹而静”之心。此心基本上是认知心，以思辨认识为主。此心应用到实践领域，只能建立他律原则，亦即康德所谓“在道德底原则中的实践的实质决定根据”[1]。凡是以认知心来建立实践法则者，均属于他律道德，在此并无独立意义的道德主体可言。反之，孟子真能依自律原则说道德。他当然未提出“自律”的概念，但康德由分析“道德”概念而有的一切洞见大体均包含在其“仁义内在”说之中。牟先生在《圆善论》一书中对《告子上》篇的相关章节作了极精要的疏解。读者可自覆按，此处不赘述。

孟子言性，不由自然之性说，而是由恻隐、羞恶、恭敬、是非四端之心说。所以，孟子是即心言性。但我们千万不可像黄进兴先生一样，把这四端之心理解成哈奇森等人的“道德感”，也不能理解成晚期康德的“道德情感”。哈奇森等人的“道德感”是经验的，晚期康德的“道德情感”则只是义务意识之主观的（人类学的）根据；两者均属感性层面，而不出自然之性的范围。若由此说道德之客观根据，则道德之普遍性与绝对性无从保证；孟子也无法在本质上超出告子“生之谓性”的观点，而主张“仁义内在”。

1　同上注，S. 40。

不论哈奇森等人的“道德感”，还是晚期康德的“道德情感”，均不出“自然底因果性”之范围。《孟子 · 告子上》：“仁义礼智，非由外铄我也，我固有之也，弗思耳矣。故曰：求则得之，舍则失之。”(11.6)[1] 若把四端之心理解成上述意义的“道德感”或“道德情感”，这段引文将成为不可解，因为在自然底因果性中实不能说：“求则得之，舍则失之。”换言之，在此实无道德之自律可言。因此，我们只能从智思世界的层面来理解四端之心；用牟先生的话来说，这是“超越的本心”。

在此我们可以看出：孟子学事实上打破康德伦理学中情感与理性二分的架构。在康德伦理学中，一切情感均被排除于道德主体之外，而道德主体（严格意义的“意志”）只是实践理性。但在孟子，道德主体（本心）是理（仁义礼智），也是情（四端之心），这无异承认现象学伦理学所谓“情感先天性”的领域。我们不妨说四端之心是情；但并非一说到情，就得归诸感性层。鉴于德文的 Gefühl（情感）一词之多义性，舍勒特别用 Fühlen 一词代之，而论及所谓“价值感”(Wertfühlen)。一般所谓的“情感”(Gefühl)系建立于在肉体中有确定位置的感性状态上，而舍勒的“价值感”却是一种先天的意向性体验[2]。套用舍勒的术语，我们可以说：四端之心是一种 Fühlen，而非 Gefühl。它事实上表现道德主体自我实现的力量，而不只是一种被动的感受性。

道德主体之具有这种自我实现的力量，可由“理义之悦我心，

1　以下引用《孟子》时，均依据杨伯峻《孟子译注》（北京：中华书局，1960 年），并将其篇章编号直接附于引文之后。

2　参阅 Scheler: *Der Formalismus in der Ethik und die materiale Wertethik*, S. 77ff., 261ff., 335ff.

犹刍豢之悦我口”（《告子上》第7章）这句话看出来。此“心”不像康德的“意念”，落于感性层面上，故应属于智思层面，而与康德的“意志”属于同一层面。但它不像“意志”，只是立法者；它本身也是活动原则，有自我实现的能力。这个“悦”表示“心”与“理义”（道德法则）之不二，相当于席勒所谓“对义务的爱好”。但在康德，活动原则只落在意念上，由于理性我和感性我之间的紧张关系，意念和道德法则之间只能言“敬畏”，而不能言“悦”；一言“悦”，便成了“神圣意志”（heiliger Wille）。对康德而言，唯有上帝才具有神圣意志，因为上帝无感性之带累，其意志必然符合道德法则，而毋须命令[1]。康德认为：就我们人类而言，神圣意志只是个永远无法达到的理想：“意志与道德法则之完全契合是神圣，是感性世界中的一切有理性者在其有生之年所无法达到的理想。”[2]但问题是，意志与道德法则之契合可从两方面来说。首先，由心与理义之不二，我们即可说两者在本质上是契合的；在这个意义下，心之神圣性是个事实，表现在“理义悦心”之中。这时，主体本身是否有感性之带累，并不相干。其次，纵使把这种神圣性视为我们人类的道德修养之理想，儒家亦承认其可实现性；此即孔子自言“七十而从心所欲，不逾矩”的境界。在此境界中，不单是孔子的一言一行，而是其全幅生命均契合于道德法则，而使感性生命不再成为道德实践之障碍。此一境界亦包含于席勒所谓“优美心灵”（schöne Seele）的概念中。他在《论魅力与尊严》中写道：

---

1 *GMS*, *KGS*, Bd. 4, S. 414 & 439.

2 *KpV*, *KGS*, Bd. 5, S. 122；参阅 S. 32。

> 本来意志与感觉底能力，较诸与认知底能力，有一项更直接的关联；而且，如果意志必须首先遵循纯粹理性，则在多数情况下，这是不好的。如果某人不能太信赖欲望底声音，而不得不每次均先聆听道德底原理，则我对此人不会有好感。如果他以某种自信信任欲望，而无被误导的危险，我反而会敬佩他。因为这证明：这两项原则已在他身上产生一种协调，这种协调是完人底印记，也就是所谓的优美心灵。[1]

但在康德，这却是所谓"道德的狂热"。

关于孟子与康德之间的这种差异，牟先生在《心体与性体》、《康德的道德哲学》及《圆善论》中曾一再论及，尤其是在他对康德《实践理性批判》的《论纯粹实践理性底动机》章的注解中；兹引一段，以为证明：

> 依孟子学，**道德的必然性**是性分之不容已，此不容已不是强制，是从"本心即性"之本身说，不是关联着我们的习心说，"由仁义行"之义务亦是如此。自愿、悦，是这本心之悦，不是感性的喜爱或性好之倾向。心悦理义，心即理义，此心与理义（道德法则）为**必然地一致**。一说法则**不函**恐惧或违犯法则之顾虑。如康德所说，那是**关联着习心说**，因为感性的习心不必愿服从此法则。但就本心即理说，则不如此。本心即理亦非即不戒惧，但此时之戒惧**上升**而自本心说，转为**即戒惧即自然**，即**惺惺**即**寂寂**，勿忘勿助长，**亦自然亦戒惧**，

1　Shiller: "Über Anmut und Würde", op. cit., S. 221.

此即从**本心上**（从本体上）**说的敬**，而明道即以此**敬**说**於穆不已**，“敬则**无间断**”，在人之**本心**是如此，在**道体**亦是如此，此即是我们的性，因而也就是性体之**神圣性**，意志之**神圣性**。此时法则**亦命令**亦**非命令**。命令是性分之不容已之自命自令，“非命令”意即此本心之自愿如此，自然流行，所谓“尧舜性之”。此即“心即理”之义。康德不承认此义。因为他一说法则即是**关联着**我们的**习心之意说**，但是他亦说意志之自律。意志之自律即是**全意是理**。它既是自律，此意志本身不函有可从可不从此理之**或然性**。如果有此或然性，其自律**亦不必然**。那就根本不会有**自律之意志**。今既有自律之意志，则必即立此理，即**从**此理，不，即**是**此理，不但如此，而且**必悦**此理，不得有不悦之可能。但是康德既不在此自律之意志上说它是本心，而只把它看成是**理性**，又把这只是理性的自律意志（自由意志）看成是个**必然的预设、设准**，而无**智的直觉**以**朗现之**，如是，它不但不是我们的性，而且有不有亦不能定知，只是分解的必然上的一个预设；如是，一说自律所律的法则，便只**关联着**我们的**习心底作意**说，好像我们的意志即是这感性层上习心的意志（所谓人心），而那个自律的意志摆在那里忘记了，好像与我们完全无关似的，好像完全无用似的，而只是当作纯粹的实践理性以摆在一切有限存有之上而命令着我们，使我们对之生敬心。彼千言万语只环绕此中心而说。若知**意志自律**即是**本心**，则其为**朗现**而非只是一预设，乃是**必然的**。如是，不但它必然地与理一致，而且它本身即是理，这**神圣性**也是**必然的**。如是，进而视之为我们的**性**，这也是

必然的。此即孟子学之所至。康德未能至此。[1]

准此而言，孟子与康德间的根本歧异在于其主体性架构之不同:孟子肯定心、理为一,康德则强分二者。据此心、理为一的架构,牟先生亦论及孟子的“四端之心”：

> 〔……〕这一切转而为孟子所言的心性：其中恻隐、羞恶、辞让、是非等心，是情，也是理。理固是超越的、普遍的、先天的，但这理不只是抽象地普遍的，而且即在具体的心与情中见，故为具体地普遍的；而心与情亦因其即为理之具体而真实的表现，故亦上提而为超越的、普遍的、亦主亦客的，不是实然层上的纯主观，其为具体是超越而普遍的具体，其为特殊亦是超越而普遍的特殊，不是实然层上的纯具体、纯特殊。[2]

类似的说明在牟先生的著作中尚有不少，此处无法具引。笔者之所以不嫌麻烦，引述这两段文字，乃是为了指出：黄先生所发现康德与孟子伦理学之歧异，牟先生早已了然于心，而且早已在其著作中有所分辨。孟子之所以异于康德者，并不在“自律”的概念上，而在于主体性的架构上。如上一节所言，这种歧异并不会使孟子的伦理学成为他律伦理学，反而表示“自律”概念之

1 牟宗三：《康德的道德哲学》（台北：台湾学生书局，1982 年），页 261—262〔15：284—285〕。

2 牟宗三：《心体与性体》（台北：正中书局，1973 年），第 1 册，页 127〔5：131—132〕。

进一步开展。总之，我们得把康德的“自律”和其所完成的伦理学系统分别看待。孟子学固然不同于康德的伦理学，但这无碍于其为自律伦理学。就此而言，黄先生对牟先生的批评乃成无的放矢。

明白了这些分际之后，再看伊川、朱子与陆、王之争论，便不难了解：何以伊川、朱子只能成就他律道德。《朱子语类》：“孟子言：‘恻隐之心，仁之端也。’仁，性也；恻隐，情也，此是情上见得心。又曰‘仁义礼智根于心’，此是性上见得心。盖心便是包得那性情，性是体，情是用。”[1] 又曰：“性即理也。在心唤做性，在事唤做理。”[2] 总括而言，朱子心性论的纲领是：性情二分，性即理，心统性情。性情二分即是情理二分；在这点上，朱子与康德一致，故仍不能断定朱子学必属他律道德。这只能从其“主体”（心）的概念上看出来。在朱子，道德活动之主体落在心上。《朱子语类》：“问：‘灵处是心，抑是性？’曰：‘灵处只是心，不是性。性只是理。’”[3] 又曰：“问心之动、性之动。曰：‘动处是心，动底是性。’”[4] 心是活动原则，故曰灵处、动处。朱子说性是“动底”，并非意谓它本身有活动，而只是意谓它是活动所依之理。故在朱子理、气二元的形上学架构中，心属于气，不属于理，而与康德的“意念”在同一层面上。因此，朱子不能说“心即理”。他虽然也有“心与理一”[5] 的话，但这是就心在认知意义下赅摄理而言，而非就心为理之制定者而言。此即所谓“心者，人之神明，所以具众理而应万

1　《朱子语类》（北京：中华书局，1986 年），第 1 册，卷 5，页 191。
2　同上注，页 82。
3　同上注，页 85。
4　同上注，页 88。
5　同上注，页 85。

事者也”[1]之义。这是从主智论(intellectualism)的观点来理解“心”。此点由接下去的一段话而益形显豁：“性则心之所具之理，而天理之所从以出者也。人有是心，莫非全体。然不穷理，则有所蔽，而无以尽乎此心之量。故能极其心之全体而无不尽者，必其能穷夫理而无不知者也。既知其理，则其所从出亦不外是矣！”[2]

因此,在“心统性情”的纲领中,心与性、情二者的关系并不同。“心包万理,万理具于一心。”[3]这“包”或“具”是一种知识论的关系。“性者,心之理;情者,心之动。”[4]心与情之关系则是心理学的，因为二者同属于气。康德的“意念”固然亦属于气（感性)，但他不在此处说道德主体，道德主体是严格意义的“意志”。但在朱子，除了这个以认知为主的“心”之外，别无独立意义的道德主体。因此，尽管朱子说：“理不是面前别为一物，即在吾心。”[5]心仍然不是理之制定者。所谓“即在吾心”，意谓为吾心所认知、所赅摄，不可理解成康德所谓的“意志之自我立法”；盖朱子之“心”只属于气，根本不能为立法者。对于此“心”而言，理必然为外铄的。这使得朱子学在基本形态上类乎康德所批评的莱布尼兹（Gottfried Wilhelm Leibniz，1646—1716)、伍尔夫一系的理性主义伦理学。此种形态的伦理学之特色在于把自然形上学的原则（伍尔夫的“圆满性”原则、朱子的“太极”）借用为道德原则,而成为康德所谓“在道德底原则中的实践的实质决定根据”。是故，朱子所能成就者只

1 朱熹：《四书集注》（台北：台湾中华书局，四部备要本)，《孟子集注》，卷 7，页 1 上。
2 同上注。
3 《朱子语类》，第 1 册，卷 9，页 155。
4 同上书，卷 5，页 97。
5 同上书，卷 9，页 155。

是他律道德。准此而言，牟先生判定："康德乃朱子系与孟学系之间的一个居间形态。"[1] 实为精到之论。其判定朱子为"别子为宗"，亦非武断。至于伊川、朱子何以同属一系，牟先生在《心体与性体》之相关章节中已有详细分疏，此处不复赘言。

走笔至此，我们似乎已无必要再详论：何以宋明理学之另两系——五峰、蕺山系与陆、王系——属于自律伦理学。千言万语，其关键问题只在于：他们是否承认孟子的"本心"义，而接受"心即理"的义理架构？如果是的话，则必属于自律伦理学。不接受此义理架构，但有一个独立意义的"道德主体"概念，仍不失为自律伦理学；此如康德所表现的形态。若连"道德主体"的概念亦不能挺立起来（如朱子），便只能归诸他律伦理学。本文的目的仅在提出决定此问题的标准；至于针对儒家之各派学说，一一决定其性质，自非一篇文章之篇幅所能处理。

1　牟宗三：《康德的道德哲学》，页 266〔13：292〕；亦见页 285〔13：318〕及 453〔13：520〕。

孟子与康德的自律伦理学

一、前言

不久前笔者在第六届“鹅湖论文研讨会”发表了一篇论文，讨论以“自律”概念解释儒家伦理学的合宜性问题[1]。笔者在该文中试图证明牟宗三先生的论断：在儒家主流（孔、孟及宋明儒中的陆、王系与五峰、蕺山系）中的伦理学基本上属于自律伦理学，而荀子和伊川、朱子为歧出，只能成就他律伦理学。这个论断近年来引起了不少批评与质疑[2]。这些批评者多半强调儒家伦理学与康德伦理学之间的差异，以此证明康德的“自律”概念不宜用来解释儒家思想。儒家思想（即使就其主流而言）与康德伦理学是由不同的文化根源发展出来的两个系统，在不同的文化背景之中

1 此文收入《鹅湖学志》，第1期（台北：文津出版社，1988年5月）及本书，题为《儒家与自律道德》。

2 最明显的例子是黄进兴先生的论文：《所谓“道德自主性”：以西方观念解释中国思想之限制的例证》，《食货》，复刊第14卷，第7、8期（1984年10月），页77—88；后收入其《优入圣域——权力、信仰与正当性》（台北：允晨文化实业公司，1994年），页3—24。

各有其特殊的问题与关切，自然不可能完全相同。但光是列举出一些差异，不足以推翻上述的论断，因为这些差异可能只是由于特殊的文化条件而产生，在整个学说系统中只居于边缘的地位。这点一般人并不难了解。但这些批评者往往忽略：纵使在儒家与康德的伦理学系统间有基本的差异，这仍不足以证明儒家伦理学（至少就其主流而言）不是自律伦理学。因为这类基本差异中有些是属于系统之特殊形态者，未必影响到一伦理学系统之为自律的与否。

由于康德首先在伦理学中使用“自律”的概念，以说明道德之本质，因此一般人在谈到“自律”的概念时，常以康德的伦理学系统为标准，以决定那些系统属于自律伦理学。但他们却忽略了一项区别：康德用以说明道德之本质的“自律”概念是一回事，而他根据此概念所建立的伦理学系统是另一回事。康德由一般人的道德意识之分析发现道德之基本原则，即“意志底自律”。但这并未显示出康德伦理学系统的独特形态。任何人只要具有纯粹而真切的道德洞识，便会接受在其“自律”概念中所包括的一切内涵。但一般所谓“康德式的伦理学”（Kantische Ethik）并不只包括这些内涵而已，它还包括一套独特的系统，这套系统预设一种关于道德主体性的特殊架构。简言之，康德伦理学预设理性与情感二分的架构，其道德主体（严格意义的“意志”）只是实践理性，一切情感（包括道德情感）均被归诸感性，而排除于道德主体性之外[1]。接受康德以自律为道德之本质的观点者，不必然接受其全部伦理学系统，以及其道德主体性的架构；这点由康德以

1 参阅拙文：《儒家与自律道德》，前引书，页12—13〔本书，页26—27〕。

后德国理念论之发展可以证明。康德的后学——如席勒、费希特、黑格尔（G. W. F. Hegel，1770—1831）——以及现代的现象学伦理学对于康德以自律为道德之本质的观点均无异议，但却不接受其道德主体性的架构。这证明：我们实有必要将康德的“自律”原则与其基于此原则而建立的伦理学系统分别看待，并且承认自律伦理学的可能形态不止一种。因此，决定一套伦理学系统是否属于自律伦理学的，并非康德的整个伦理学系统，而是其“自律”原则。

在前面提到的那篇论文中，笔者详细阐述康德的“自律”概念中所包括的内涵，并且据此分判儒家各系的伦理学之基本形态。但笔者的分判只是就各系的纲领而说，在其学说的细节方面着墨不多。本文的目的是要就细节方面进一步说明：何以孟子的道德哲学是自律的？而笔者所依据的标准即是康德的“自律”原则。但为了避免重复，笔者不再详述康德的这个原则之内涵，而只在讨论孟子的相关学说时随文提及。读者若欲知康德的“自律”原则之详细内容，可自参阅该文。

二、道德之绝对性

康德在一般人的道德意识中首先发现：一项道德的要求之所以异于其他实践的诫规者，在于其绝对性，亦即无条件性。在《道德底形上学之基础》一书中，他在第一章便开宗明义说道：

> 在世界之内，甚至根本在它之外，除了一个善的意志以外，

> 我们不可能设想任何事物，它能无限制地被视为善的。[1]

而一个善的意志之所以为无限制地善的，是因为它所体现的善不以其他意义的“善”为条件。所以，康德说：

> 善的意志之为善，并非由于其效果或成就，即非由于它宜于达成任何一项预定的目的，而仅由于其意欲，也就是说，它自身就是善的〔……〕[2]

换言之，善的意志具有绝对的价值，而不只是相对的价值。康德发现：这个“善的意志”之概念早已存在于“自然的健全知性”中[3]。事实上，这即是道德的意志，而这种绝对的价值即是道德的价值。

由于我们人类有感性生命之带累，道德的要求对于我们的现实意志（意念）而言，具有强制性，因而是一种命令。康德借用文法学的术语，把表达这种命令的程式称为“令式”[4]。由于道德要求之无条件性，它宜于用定言令式来表达，例如：“你应当诚实！”因为“定言令式是这样的令式：它表明一个行为自身（无关乎另一项目的）在客观方面是必然的”[5]。其他的诫规均须预设另一项目

---

1 *Grundlegung zur Metaphysik der Sitten* (以下简称 *GMS*), *Kants Gesammelte Schriften* (Akademieausgabe, 以下简称 *KGS*), Bd. 4, S. 393.

2 *GMS*, *KGS*, Bd. 4, S. 394.

3 同上注，S. 397。“自然的健全知性”即指一般人的意识，相当于英文中的 common sense。

4 同上注，S. 413。

5 同上注，S. 414。

的，因而是有条件的；所以，它们只宜于用假言令式来表达，例如："如果你想痊愈，就应当吃药！"在一个假言令式中，主句与副句的关系正是一种条件关系或者手段与目的之关系。所以，"假言令式表明一个可能行为之实践必然性，而这个行为是达成我们所意愿的（或者可能意愿的）另一事物的手段"[1]。总而言之，定言令式与假言令式之分别正是无条件的道德要求与有条件的实践诫规之分别。

孟子固然未使用"善的意志"、"定言令式"等概念，但其肯定道德之绝对性，则无二致。《孟子 · 公孙丑上》：

> 所以谓人皆有不忍人之心者，今人乍见孺子将入于井，皆有怵惕恻隐之心——非所以内交于孺子之父母也，非所以要誉于乡党朋友也，非恶其声而然也。（3.6）[2]

"乍见"二字表示这是在一切现实的考虑尚来不及发生作用时本心之直接呈现。此种"怵惕恻隐之心"的发用，以及由此而产生的救援行动，均不预设任何进一步的目的。这种目的即是"内交于孺子之父母"、"要誉于乡党朋友"、"恶其声"（厌恶孺子的哭声而欲消除之）等，当然还可以无穷尽地列举。因此，我们可以借用康德的术语而说：此种"不忍人之心"或"怵惕恻隐之心"所发出的道德要求只能用定言令式来表达，因为它是一种无条件的要求。

1　同上注。

2　以下引用《孟子》时，均依据杨伯峻《孟子译注》（北京：中华书局，1960 年），并将篇章编号直接附于引文之后。

三、存心伦理学

由以上定言令式与假言令式的分别，我们也可区别两种意义的“善”：“道德之善”与“自然之善”。前者即“善的意志”之善，是绝对的、无条件的善；其价值在于它自身，而非在于它之能实现或达成另一项目的。反之，后者是一种相对的、有条件的善；其价值仅在于它之能实现或助成所预设的目的。因此，康德说：

> 一个出于义务的行为之道德价值，**不在**于由此而会达到的**目标**，而在于此行为据以被决定的格律；因此，不系于此行为底对象之实现，而仅系于**意欲**底**原则**（该行为根据这项原则发生，而不考虑欲求能力底一切对象）。[1]

此所谓“出于义务的行为”（Handlung aus Pflicht）系相对于“合乎义务的行为”（pflichtmäßige Handlung）而言。后者系指仅在外表上合于道德之条文、但未必体现道德之精神的行为。譬如，一个商人为了谋取更大的利益而遵守“童叟无欺”的信条，即属此类。这类行为只具有“合法性”，而未必有“道德性”。唯有出于义务的行为才具有真正的道德性，因为在这种行为中，我们是为义务而义务，是以义务为“存心”，而非为了其他目的才遵守义务。因此，唯有出于义务的行为才能体现道德之绝对性。套用后来舍勒的术语来说，康德这种伦理学是一种“存心伦理学”，而非“功效伦理学”。

1 *GMS*, *KGS*, Bd. 4, S. 399f.

孟子的伦理学也属于“存心伦理学”，这由《孟子 · 离娄下》篇的两段话可以证明：

> 人之所以异于禽兽者几希！庶民去之，君子存之。舜明于庶物，察于人伦；由仁义行，非行仁义也。（8.19）
>
> 君子所以异于人者，以其存心也。君子以仁存心，以礼存心。（8.28）

此处的“存心”一词正可恰当地表示康德所谓 Gesinnung 之涵义。在这两段话中的“君子”显然是指有德者。“人之所以异于禽兽者”即是“君子所以异于人者”，均是就其生命中所表现的道德性而言。而今孟子明言：此道德不在于他处，而在于其存心。“以仁存心，以礼存心”即是为义务而义务，为道德而道德。“由仁义行”是出于义务而行为；“行仁义”则是只求行为合乎义务。正因此故，孟子才能说：“君子所性，虽大行不加焉，虽穷居不损焉，分定故也。”(13.21)“分定”，犹言“义务”(Pflicht) 也。义务之所以为义务，并非由于行为之结果（“大行”或“穷居”）。行为之结果对于其道德性无所增损。由是观之，孟子必然主张“存心伦理学”。

四、形式主义伦理学

自从舍勒在其名著《伦理学中的形式主义与实质的价值伦理学》中称康德的伦理学为“形式伦理学”，而批评其“形式主义”以来，“形式主义伦理学”几乎成为“康德伦理学”的同义语。但是在伦理学讨论中使用“形式主义”一词者，不论是为了维护康德，还是为了批评他，都未注意到：在康德的伦理学中，我们可以就两个不同的意义层面使用这个语词。由于忽略了这种区别，遂产生许多无谓的纠葛。

康德本人并未在伦理学中使用“形式主义”一词。但在《道德底形上学之基础》中，他把一切实践原则区分为“形式原则”与“实质原则”两种。他说：

> 欲求底主观根据是**动机**，意欲底客观根据是**动因**〔……〕如果实践的原则不考虑一切主观目的，它们便是**形式的**；但如果它们以主观目的、因而以某种动机为根据，它们便是**实质的**。一个有理性者随意选定为其行为底**结果**的那些目的（实质的目的），均是相对的；因为唯有它们对主体底一种特殊欲求能力的关系能予它们以价值。所以，这种价值无法提供对一切有理性者、也对每个意欲均有效且必然的普遍原则，亦即实践法则。因此，这一切相对的目的只是假言令式底根据。[1]

由此可知：康德所谓的“实质原则”即是可以用假言令式来表达的实践诫规；它们预设某种目的，故其有效性是相对的。反之，“形式原则”不以任何目的为前提，故可以用定言令式来表达；此即真正的道德原则。道德的意志即是以形式原则（道德法则）为格律的意志。但康德的意思并不是说：道德的意志不具有任何目的。此种意志既是实践的，焉能不具目的？道德法则之所以为形式的，是因为它不预设任何目的（质料）：它可以决定目的，却不能为任

1 同上注，S. 427f.。

何目的所决定。以康德在《实践理性批判》中的话来说：

> “善”与“恶”底概念不能先于道德法则（表面看来，这种法则甚至必须以“善”与“恶”底概念为基础）而被决定，却是必须只〔……〕后于且透过道德法则而被决定。[1]

“善”、“恶”是纯粹实践理性之对象（质料）；若依之以决定实践原则，这种原则便是相对的，因而不是真正的道德法则。因此，道德法则只能由道德主体提供，而不能求之于对象。这里包含对西方传统伦理学之思考方式的一个大扭转，美国学者西尔柏很恰当地称之为“伦理学中的哥白尼式革命”[2]。如果我们把这种新的思考方式称为“形式主义”，那么凡是接受自律原则为道德之基本原则者，不论其最后建立的伦理学系统属于什么形态，均必须接受这种“形式主义”。这是“形式主义伦理学”之第一层（也是基本的）意义。

然而，由于康德将道德主体只看成实践理性，将一切情感因素排除于道德主体性之外，故其形式原则只能是理性原则，并且我们对道德法则的把握也只能出之以理性底活动，而不能出之以一种像舍勒所谓的“价值感”[3]。再者，由于这种理性与情感二分的主体性架构，康德的形式原则本身只是“判断原则”，而非“践履

1　*Kritik der praktischen Vernunft*（以下简称 *KpV*）, Bd. 5, S. 62f.

2　John R. Silber: “The Copernican Revolution in Ethics: The Good Reexamined”, in: Robert Paul Wolff (ed.), *Kant: A Collection of Critical Essays* (Notre Dame: University of Notre Dame Press, 1967), p. 266.

3　参阅 Sheler: *Der Formalismus in der Ethik und die materiale Wertethik* (Bern: Francke, 1966), S. 262ff.。

原则”；其道德主体只是立法者，本身不含实现道德法则的力量，此种力量落在感性层面的道德情感上[1]。这是“形式主义伦理学”的第二层意义，系基于康德伦理学的特殊形态，而非一切自律伦理学所共有者。舍勒所批评的“形式主义”主要是就这一层意义而言。

就“形式主义”的第一层意义（这属于自律伦理学的核心思想）而言，我们可以断定：孟子的伦理学是一种形式主义伦理学。这点直接证之于其“仁义内在”说，间接证之于其性善说。孟子的“仁义内在”说见于《告子上》篇第四、五章中孟子与告子、公都子（代表孟子）与孟季子（代表告子）间的辩论。孟子主“仁义内在”说，告子主“仁内义外”说。双方所提的论证虽有引喻失当、甚至不合逻辑之处，但其基本立场甚为清楚[2]。告子之所以主张“义外”，是因为他把道德法则（义）看成由客观事实（对象）所决定者。“彼长而我长之，非有长于我也；犹彼白而我白之，从其白于外也，故谓之外也。”（11.4）在另一章中，孟季子也呼应此说：“所敬在此，所长在彼，果在外，非由内也。”（11.5）依告子和孟季子的立场，我们之所以有“敬兄”的义务，是基于“兄长于我”这个客观事实；若无此事实，“敬兄”的义务亦不存在。纵使孟子驳之以：“弟为尸（代神主之位），则谁敬？”他们仍可回答道：在此情况下，我们有“敬弟”的义务，正是基于“弟为尸”这个事实。用康德的话来说，告子和孟季子是根据对象来决定道德原则，故只能建立实质的原则。

在这两章中，孟子虽未提出正面的论据，但由其反对“义外”，

1　参阅拙著 Ming-huei Lee: *Das Problem des moralischen Gefühls in der Entwicklung der Kantischen Ethik* (Taipei: Institute of Chinese Literature and Philosophy, Academia Sinica, 1994), S. 265ff.

2　这两章的详细疏解，请参阅牟宗三：《圆善论》（台北：台湾学生书局，1985 年），页 12—19〔22: 11—19〕。

即反显出他系站在康德的形式主义（就第一层意义而言）之立场。如佐之以其性善说，我们即可知道他反对“义外”的理由在于：道德法则（仁义）系出于道德主体性（性），而非由对象所决定。所以，他说：“仁义礼智，非由外铄我也，我固有之也。”(11.6)

孟子论性，是就“人之所以异于禽兽者”而言，即从人之道德主体性来说；这相当于康德所谓“智思的性格”(intelligibler Charakter)[1]。告子论性，则是就“生之谓性”的层面而言，即从人之动物性来说，故曰：“食色，性也。”(11.4) 这属于康德所谓“经验的性格”(empirischer Charakter)[2]。若从道德主体性说“性”，则决定“道德之善”的道德法则（仁义）必然出于此性；孟子即因此而主“性善”说。由此观点而论，告子实亦不能主张“仁内”。告子既不能肯定人之道德主体性，则仁之德何由而发而可谓之内？其所以主“仁内”之理由在于：

> 吾弟则爱之，秦人之弟则不爱，是以我为悦者也，故谓之内。长楚人之长，亦长吾之长，是以长为悦者也，故谓之外也。(11.4)

告子认为：在义之德，决定此德的是“年长”的事实，故无论是楚人之长者，还是我家之长者，均应敬之；这是由于其“年长”之事实使我愿意敬之（“以长为悦者”），故谓之外。但在仁之德，

---

1 *Kritik der reinen Vernunf*, hrsg. von Raymund Schmidt (Hamburg: Felix Meiner, 1976), A539/B567. (A = 1781 年第 1 版，B = 1787 年第 2 版)

2 同上注。

似不如此。同样基于“为人之弟”的事实，我却只爱吾之弟，而不爱秦人之弟，这显然是由于我的主观态度使我愿意如此（“以我为悦者”），故曰“仁内”。其实这种区别毫无意义。因为我们也可顺着告子的思路而说：我之所以爱吾弟，而不爱秦人之弟，正是基于“他们与我的亲疏远近关系不同”这个事实，故亦可说“仁外”。如果只因仁之德与某种情感（爱）相联结，便谓之内，那么义之德又何尝不与敬之情相联结，而可谓之内？由此可知：仁义之为内在抑或外在，并非取决于其是否与某种主观的情感相联结，而是取决于其是否出于作为道德主体性的“性”。因此，告子其实只能主“仁义外在”说。“仁义内在”说与“仁义外在”说是两个既穷尽又排斥的立场，并无第三种可能性。“仁内义外”云者，不过是由于思想不透彻而产生的不一贯而已。

五、道德之普遍性

既然康德所谓的“形式原则”不预设任何质料（目的），则其为道德法则，事实上只包含一项形式的要求:普遍化。因此，他说:

> 如今，若我们从一项法则抽除一切质料，亦即意志底每一对象（作为决定根据），那么除了一个普遍立法底纯然形式以外，就一无所剩了。[1]

康德认为：这个形式的要求隐含于一般人的道德意识中，因此我

1　*KpV*, *KGS*, Bd. 5, S. 27.

们只要分析“道德法则”的概念，便可抉发出这项要求来。这点不需要教导，只需要加以指点，使人注意到它[1]。因此，康德提出定言令式的第一个程式，即是：

> 仅依据你能同时意愿它成为一项普遍法则的那项格律而行动。[2]

同样的，孟子也肯定道德法则之普遍性。《告子上》篇有一段话可以为证：

> 〔……〕故曰：口之于味也，有同耆焉；耳之于声也，有同听焉；目之于色也，有同美焉。至于心，独无所同然乎？心之所同然者何也？谓理也，义也。圣人先得我心之所同然耳。（11.7）

此“心”即“不忍人之心”或“怵惕恻隐之心”，亦即所谓“本心”，也就是指道德主体本身。以味觉、听觉、视觉之普遍性来推想理、义（道德法则）之普遍性，当然只是一种类比而已。事实上，感官知觉并不能有绝对的普遍性，至多只有相对的普遍性（盖然性）。但依孟子之见，道德主体所规定的道德法则必然有绝对的普遍性。这不能以一般人未必皆依道德法则行事为由而加以怀疑。我们也不能因有人不承认道德法则之有效性而对其普遍性打折扣。

1 *GMS*, *KGS*, Bd. 4, S. 403f.

2 同上注，S. 421。

因为在道德实践中固有先知与后知、先觉与后觉之分，人之本性却无不同。圣人不过是能先证得此普遍之“性”的先知先觉者而已。道德法则系出于我们的本性，虽圣人亦不能在此教导我们，而只能以先知觉后知，以先觉觉后觉。此无他，因我们有共同的本性，故能证知普遍的法则。因此，《告子上》篇云：“人性之善也，犹水之就下也。人无有不善，水无有不下。”（11.2）

六、人格之尊严

康德既然肯定道德法则的普遍性，则此种法则必然为理性原则，因为绝对的普遍性是理性原则之特征。而道德法则之为理性原则，即意谓它适用于一切有理性者。因此，道德法则即是有理性者的法则，以有理性者为其有效性的根据。康德把有理性者亦称为“人格”[1]。既然道德价值是绝对的，则决定道德价值的主体（人格）也必然有无可替代的价值，即尊严。因此，我们不能把人格贬抑到工具的地位，而得承认它本身就是目的。所以，康德把人格称为“目的自身”或“客观目的”[2]。于是，他提出定言令式的第二个程式：

> 如此行动，即无论在你的人格还是其他每个人底人格中的“人”，你始终同时当作目的，决不只当作工具来使用。[3]

1　同上注，S. 428。

2　同上注。

3　同上注，S. 429。

但我们不可误会，以为康德承认人格为“目的自身”或“客观目的”，有违其形式主义的立场。因为在此并非道德法则预设目的自身，而是“道德法则”的概念本身便涵蕴着“目的自身”的概念。承认道德法则之普遍有效性，而又否定人是目的自身，对康德而言，是自相矛盾的。

孟子亦肯定人格之尊严；这点直接见于其“天爵”说之中。《告子上》篇云：

> 孟子曰：“有天爵者，有人爵者。仁义忠信，乐善不倦，此天爵也；公卿大夫，此人爵也。古之人修其天爵，而人爵从之；今之人修其天爵，以要人爵；既得人爵，而弃其天爵，则惑之甚者也，终亦必亡而已矣！”（11.16）

“爵”本是政治上的一种地位，如公、卿、大夫等。有此地位，即受到某种程度的尊重；地位愈高，愈显其尊贵。因此，“爵”涵有“价值”之义。但政治上的爵位系由居上位者所授与，其价值亦由此授与者决定，故均是相对的。一般人所看重的价值，大抵皆属此类；故孟子在下章中接着说：

> 欲贵者，人之同心也。人人有贵于己者，弗思耳矣！人之所贵者，非良贵也。赵孟之所贵，赵孟能贱之。（11.17）

所以，人爵所显示的价值并非绝对价值（“良贵”），以其价值由他人所决定也。由此可知：绝对价值只能由自己创造、由自己决定，而这只能是我们借由道德实践（仁义忠信，乐善不倦）加诸自己的尊严；此即“天爵”也。故人之尊严显示于其道德性，亦即上文所提到的“人之所以异于禽兽者”或“君子所以异于人者”。

与“天爵”相对，“人爵”属于“幸福”的概念。故“天爵”与“人爵”的关系即相当于康德在《实践理性批判》的《辩证论》中所讨论的道德与幸福之关系[1]。此处的“古之人”与“今之人”之对比，并非就历史事实而言，而是表示“理想状态”与“现实状态”之对比。这是古书中常见的用法。“古之人修其天爵，而人爵从之”意谓：就理想状态而言，天爵应为人爵之前提（虽然事实未必如此）。康德也认为：在“最高善”的概念中，道德与幸福这两个性质完全不同的要素之结合必须以道德作为幸福之条件，而不能以幸福作为道德之条件[2]。因为康德在《实践理性批判》的《分析论》中的“定理二”已证明：

> 一切实质的实践原则就其自身而言，均属同一类，并且隶属于我爱或个人幸福底普遍原则。[3]

因此，以幸福作为道德之条件，只能建立实质原则，而成就他律道德。唯有以道德为幸福之条件，才能建立真正的道德原则，而成就自律道德。既然孟子认为天爵应为人爵之前提，其伦理学自应属于自律伦理学。

再者，天爵与人爵之分亦即《梁惠王》篇第一章中的义利之

---

1 参阅牟宗三：《圆善论》，页 56—58〔22: 53—55〕。

2 参阅 *KpV*, *KGS*, Bd. 5, S. 114ff.

3 同上注，S. 22。

辨。孟子答梁惠王以：“王何必曰利？亦有仁义而已矣！”并非反对谋利，而是反对“后义而先利”。苟能以义为先，利亦非不可求。“未有仁而遗其亲者也，未有义而后其君者也”。“不遗其亲”、“不后其君”虽属于“利”，亦须以仁义为前提。此不可以功利主义解之。此处的问题并非：利可不可求？而是：义、利二者，孰先孰后？用康德的话来说：到底应以道德为幸福之条件，还是应以幸福为道德之条件呢？只要承认义、利分属不同的领域，则义与利之结合只有这两种可能性，并无第三种可能性。南宋陈同甫主“义利双行”，只是漫混，根本不成其为论点。就此点而言，孟子与康德的立场一致。

孟子既然在人的道德性中看到人的尊严，则他必须也承认作为道德主体的人格具有不可替代的价值，而不可被贬抑为工具。所以，他在《公孙丑上》篇强调：“行一不义，杀一不辜，而得天下，皆不为也。”(3.2) 以康德的用语来说，每个人就其为道德主体而言，均是目的自身；因此，若他非因道德的理由应受惩罚，我们便不可牺牲他，以他作为达成其他目的（即使是为了得天下）的工具。其肯定人格之尊严，无以加矣！

七、道德之自律

在定言令式的第一个程式中，康德发现道德法则之形式：普遍性。在第二个程式中，他发现道德法则之质料：作为道德主体的“目的自身”。综合这两个面向，便可得到定言令式的第三个面向：道德法则是道德主体自定的普遍法则；此即“自律”的概念。他把道德主体（严格意义的“意志”）之自律视为“道德底最高原则”，因为这个原则显示出道德之本质。他解释道：

> 意志之自律是意志底特性，由于这种特性，意志（无关乎意欲底对象之一切特性）对其自己是一项法则。[1]

简言之，意志之自律即意志之自我立法。

但要完全了解康德的“自律”概念，我们还得了解他的“双重世界”与“人的双重身份”之理论。在《纯粹理性批判》中，他承袭传统哲学中“智思世界”与“感性世界”（mundus sensibilis）之分别，将所有对象区分为“物自身”（Ding an sich）与“现象”（Erscheinung），或“理体”与“事相”。现在他把智思世界理解为由一切有理性者（目的自身）依据道德法则共同组成的“目的王国”[2]。我们的自我一方面是道德主体，以物自身的身份隶属于智思世界；另一方面，它是感性存有者（Sinnenwesen），以现象的身份隶属于感性世界。如此，我们才能理解自律之可能性。因为在此，作为现象的我服从作为物自身的我所颁布的法则；我自己一方面是立法者，另一方面又是服从者，故是自我立法、自我服从。

如上所述，孟子亦承认这样一种能立法的道德主体，即所谓“本心”；而仁、义、礼、智均是本心所制定的法则，非由外面所强加。其“性善”说必须由道德主体之自我立法去理解。告子由“生之谓性”的层面说人性，其实只肯定人的自然生命或动物性。人的自然生

1　*GMS*, *KGS*, Bd. 4, S. 440.

2　参阅同上注，S. 433f. & 436。

命是中性的，其本身不含道德法则，以决定道德之善、恶。故在告子，道德法则只能由外在的事实或对象来决定，故他只能主张“仁义外在”说。道德法则既非内在于性，则性之本身自然无所谓善恶，故他必主“性无善无不善”（11.6）之说。他说：

> 性犹杞柳也，义犹桮棬也。以人性为仁义，犹以杞柳为桮棬。（11.1）
>
> 性犹湍水也，决诸东方则东流，决诸西方则西流。（11.2）

这两个譬喻均证明：告子之所谓“性”是中性的，故非道德法则之根源。反之，孟子的“本心”是能自定法则的道德主体。“虽存乎人者，岂无仁义之心哉？”（11.8）“仁义之心”即是能立法的道德主体。孟子即由此说“性善”。故性善说之中即涵着道德主体之自我立法，亦即自律。

前面提到：康德的“自律”概念与“人的双重身份”之说不可分。孟子亦肯定人的双重身份，此即其“大体/小体”之说。在“鱼与熊掌”之喻中已涵有大体、小体之分。孟子说：

> 鱼，我所欲也，熊掌亦我所欲也；二者不可得兼，舍鱼而取熊掌者也。生亦我所欲也，义亦我所欲也；二者不可得兼，舍生而取义者也。（11.10）

躯体之存在（“生”）为自然生命之最后基础，故孟子以之代表自然生命（“小体”）。道德（“义”）为精神生命之本质，故他以之代表精神生命（“大体”）。当我们的自然生命与精神生命不可得兼时，我们应当舍弃前者，以保全后者，因为后者是我们的人格尊严之所在。人格尊严之可贵已隐含于一般人的道德意识中；用康德的术语来说，此即“理性底事实”。故孟子说：“非独贤者有是心也，人皆有之，贤者能勿丧耳！”（11.10）若有人竟然为了维持自然生命而牺牲其人格之尊严，则是不知轻重，而“失其本心”。

因此，人的精神生命与自然生命实有轻重、贵贱之分，不可等量齐观，孟子即以体之大小喻之：

> 体有贵贱，有大小。无以小害大，无以贱害贵。养其小者为小人，养其大者为大人。（11.14）

“体”并非指“躯体”。躯体岂有价值上贵贱之分？这里的“体”相当于哲学中所谓的“自我”。故“大体”即相当于康德哲学中作为物自身而属于智思世界的我，即道德主体也。“小体”则相当于作为现象而属于感性世界的我。

这点由《告子》篇的另一章而益形明白：

> 公都子问曰：“钧是人也，或为大人，或为小人，何也？”孟子曰：“从其大体为大人，从其小体为小人。”曰：“钧是人也，或从其大体，或从其小体，何也？”曰：“耳目之官不思，而蔽于物。物交物，则引之而已矣！心之官则思，思则得之，不思则不得也。此天之所与我者。先立乎其大者，则其小者不能夺也，此为大人而已矣！”（11.15）

此章进一步申言“大体”、“小体”之义。小体是自然生命（包括心理、生理两方面），此处仅提到听觉、视觉两种外感官能，即修辞学中所谓“以曲例全”（pars pro toto）也。其实何止其他外感官能，甚至内感官能（七情六欲之官能）亦皆属于小体。感官的机能是被动的；以康德常用的说法来表达，它们只能消极地为外物所“触动”（affizieren）。当它们与外物相接时，即为外物所牵引，而皆落入自然法则之机括中——以康德的术语来说，即皆落于“自然底因果性”中。此中无任何自主性可言，故无法透显出精神生命之独特性，故曰“蔽于物”。精神生命之独特性只能显示于道德主体（心）之机能，即“思”。“思”并非指一般意义的“思想”，尤其不能指理论理性之认知作用。即使我们用“认知”一词的引申义，这也必须指道德的认知，即道德判断之能力。其实这不仅涉及判断作用而已，因为道德的判断即是道德的要求。因此，在“思”的作用中即包含一种自主性，足以超脱于自然法则的机括之外，故曰：“思则得之，不思则不得也。”若我们的“心之官”不能挺立起来，发生作用，我们的生命即陷落于“自然底因果性”之中，而为小体所夺。故我们的生命之超拔抑或陷落，全系于此“思”之作用中的自主性。于此即透显出“自由”之义，故下节即转至“自由”的问题。

八、意志之自由

康德分析出“自律”概念，以之为道德底最高原则之后，发现：“自由底概念是说明意志底自律的关键。”[1] 因为就消极意义而言，意志的自由即是它能够不依待外在原因而独立地发生作用的

1　同上注，S. 446。

一种因果性，亦即能超脱自然法则之制约的因果性[1]。但是这不表示自由的意志是无法则的，因为它固然不受自然法则之制约，却仍须服从它自定的法则（道德法则）。因此，康德说：

> 除了自律——亦即"意志对于自己是一法则"的这项特质——之外，意志底自由还可能是什么呢？[2]

换言之，积极意义的"自由"即是意志之自律，亦即自我立法[3]。因此，意志的自由即是意志依据道德法则而引发行动的一种特殊因果性；此种因果性康德称为"借由自由的因果性"。

由此可知：我们的道德主体本身具有实现其法则的能力；这合乎所谓"应当涵着能够"之义。因为在"借由自由的因果性"之范围内，道德主体可自作主宰；但若牵涉到以假言令式来表达的实践诫规时，则落入"自然底因果性"之范围，此时便无自由可言。故康德说：

> 满足道德底定言命令，永远是每个人力所能及；满足幸福之以经验为条件的诫规，则不常见，并且决非对每个人均是可能的（甚至仅就单一目标而言）。此其原因在于：前者仅牵涉到必然真实且纯粹的格律，但后者却牵涉到实现一个所欲对象的力量和自然能力。[4]

---

1 同上注；参阅 *KpV*, *KGS*, Bd. 5, S. 33。

2 *GMS*, *KGS*, Bd. 4, S. 446f.

3 *KpV*, *KGS*, Bd. 5, S. 33.

4 同上注，S. 36f.。

上文讨论孟子的"大体／小体"之说时，我们已见到孟子以"思"来说明道德主体（心）之机能。"思则得之，不思则不得也。"故此"思"实具有一种"借由自由的因果性"，由此显示出道德主体之自由。此主体自由之义在孟子的另一段话中更加显豁：

> 故苟得其养，无物不长；苟失其养，无物不消。孔子曰："操则存，舍则亡；出入无时，莫知其乡。"唯心之谓与？（11.8）

此段论心（道德主体）之活动。"操则存，舍则亡"即所谓"思则得之，不思则不得"，皆指心之自作主宰的能力，即自由。孟子在此引孔子之言，虽是要强调存养工夫之重要，但存养之可能必以道德主体之自由为根据。朱注云："孔子言心，操之则在此，舍之则失去，其出入无定时，亦无定处如此。〔……〕程子曰：'心岂有出入？亦以操舍而言耳。〔……〕'"[1]心非空间中之物，岂能有出入可言？故程子（颐）以操舍言之，是也。心之出入即心之隐显，或操存而显，或舍亡而隐，此皆决于心之一念之间，其权柄全在心自身之能力。故此心为一自由的主体，具有康德所谓的"借由自由的因果性"。

唯有肯定心之自由，而将其活动归诸"借由自由的因果性"之范围内，孟子才能说：

> 万物皆备于我矣，反身而诚，乐莫大焉。强恕而行，求仁莫近焉。（13.4）

1　朱熹：《四书集注》（台北：台湾中华书局，四部备要本），《孟子集注》，卷6，页7下。

此相当于孔子在《论语·颜渊》篇中所谓“一日克己复礼，天下归仁焉”（12.1）或在《论语·述而》篇中所谓“我欲仁，斯仁至矣”（7.30），皆是就道德主体之自由肯定“应当涵着能够”之义。若从“自然底因果性”去理解“万物皆备于我”，岂非成了神话？

至于自由与自然两个领域之区分，亦见于孟子的一段话中：

> 求则得之，舍则失之，是求有益于得也，求在我者也。求之有道，得之有命，是求无益于得也，求在外者也。（13.3）

第一句即指“借由自由的因果性”，第二句则指“自然底因果性”。惟有在前者的范围内才能言意志之自律、自主，而说：“求则得之，舍则失之。”由此可知：康德的“自由”概念之主要内涵均包含于孟子的学说中。

九、孟子与康德的伦理学之基本差异

从以上第二至八节的讨论可见：凡康德的“自律”概念所包括的主要内涵均见于孟子的学说之中，其对应可谓丝丝入扣，无所遗漏。我们据此而判定孟子的伦理学属于自律伦理学，似乎已无争论之余地。但此项判定并不否定：孟子与康德的自律伦理学各有其独特的形态，因而在某一方面具有基本的差异。笔者在本文“前言”中强调：我们必须把康德的“自律”原则与其基于此原则而建立的伦理学系统分别开来；接受其“自律”原则者，并不必然接受其整个伦理学系统。就“道德之本质在于自律”这个观点而言，孟子与康德的看法并无出入，所不同者在于其道德主体性的架构。

康德哲学中的道德主体即“意志”。但他使用“意志”一词，有广义与狭义之分。狭义的“意志”与“意念”有别，是指道德法则之制定者。广义的“意志”包括意念在内；“意念”是道德法则之服从者，属于“经验的性格”。在康德，道德主体是狭义的“意志”，亦即“实践理性本身”[1]。因此，一切情感（包括道德情感、爱、敬、同情等）均被排除于道德主体之外。康德固然承认这些情感有其理性的根据，因而具有道德的意义；但它们自身仍是感性的，因此不属于道德主体本身。简言之，康德的道德主体性之架构是一个理性与情感二分的架构。这个架构的特性表现于两方面：首先，他把道德情感、对邻人之爱、对自己的尊敬与良心（Gewissen）四者同视为我们对道德的感受性之主观条件（人类学根据），而非道德之客观根据[2]。其次，他把爱底义务（包括慈善、感恩、同情）与敬底义务中所涉及的情感或者解释为道德行为之结果（而非动机），或者干脆将它们智性化，而理解为一种格律或理想[3]。换言之，他坚持义务与爱好（Pflicht und Neigung）之二分。因此，他反对席勒所谓“对义务的爱好”的概念[4]。对康德而言，人同时拥有理性自我和感性自我，而一切情感均属于感性自我；既然理性自我与感性自我永远处于一种紧张状态中，则道德的动机只能是“对道德法则的敬畏”，而非“对义务的爱好”。因为后者意谓这两重自我间

---

1 *Die Metaphysik der Sitten*（以下简称 *MS*), *KGS*, Bd. 6, S. 213.

2 参阅同上注，S. 339-403。

3 参阅拙著 Ming-huei Lee：*Das Problem des moralischen Gefühls in der Entwicklung der Kantischen Ethik*, S. 263f. & 270ff.。

4 Schiller: “Über Anmut und Würde”, in: Eduard von den Hellen (Hg.), *Shillers Sämtliche Werke* (Säkular-Ausgabe, Stuttgart/Berlin: Cotta, 1904/5), Bd. 11, S. 217.

的紧张关系之消解，而康德认为：唯有一个无限存有者的意志才能超越此紧张关系；这种意志他称之为“神圣意志”[1]。因此，依康德之见，神圣意志只是我们人类永远无法达到的一个理想[2]；如果有人竟然自以为具有神圣意志，即是以无限存有者自居，而陷于所谓“道德的狂热”[3]。这些说法都得在理性与情感二分的主体性架构中去理解，而这个架构是康德伦理学（至少就其晚期的形态而言）之基本预设。

但孟子是否也预设这样一个道德主体性的架构呢？要回答此问题，必须了解孟子的“四端之心”说。由于此说之关键性，我们得把孟子论“四端之心”最完整的一段文字抄录于下，以便讨论。《公孙丑上》篇云：

> 〔……〕由是观之，无恻隐之心，非人也；无羞恶之心，非人也；无辞让之心，非人也；无是非之心，非人也。恻隐之心，仁之端也；羞恶之心，义之端也；辞让之心，礼之端也；是非之心，智之端也。人之有是四端也，犹其有四体也。有是四端而自谓不能者，自贼者也；谓其君不能者，贼其君者也。凡有四端于我者，知皆扩而充之矣，若火之始然，泉之始达。苟能充之，足以保四海；苟不充之，不足以事父母。（3.6）

此段引文承接第二节所引“所以谓人皆有不忍人之心者〔……〕”

1 *GMS*, *KGS*, Bd. 4, S. 414 & 439.

2 *KpV*, *KGS*, Bd. 5, S. 32 & 122.

3 同上注，S. 84。

的一段文字而来。

历来对这段文字的解释，颇有争议，本文无法一一讨论。在宋明儒者的讨论中，各家的解释依其对“心”、“理”、“情”三个概念的关系的理解方式而定。在各家理解此关系的方式中即透显出其所预设的主体性架构。而依主体性架构之不同，此段文字基本上有两种解释方式，我们分别以朱子和陆象山为代表。朱注云：

> 恻隐、羞恶、辞让、是非，情也。仁、义、礼、智，性也。心，统性情者也。端，绪也。因其情之发，而性之本然可得而见，犹有物在中而绪见于外也。[1]

是非之心所涉及的“是非”并不是知识上的是非，而是道德上的是非。说恻隐、羞恶、辞让、是非四端之心是“情”，并无不可；但它们并非一般意义的“情感”，而是“道德情感”或“道德感”。仁、义、礼、智四者，朱子说为“性”，实即视之为“理”。因为《语类》有云：“性即理也，在心唤作性，在事唤作理。”[2]仁、义、礼、智是理，用康德的术语来说，即是道德法则。朱子由此说性，以此为性之本然。然此性之本然何由而见？即由恻隐、羞恶、辞让、是非之情见；此四端之情如性之端绪，而显露于外。朱子即由此四端之情说“心”，故《语类》云：“情者，心之动。”[3]故在心、性、情、理四者之关系中，心与情在一边，性与理在另一边；以朱子的理、

1 朱熹：《四书集注》，《孟子集注》，卷2，页7上。

2 黎靖德编：《朱子语类》（北京：中华书局，1986年），第1册，卷6，页82。

3 同上书，卷5，页97。

气二元来说，前者属气，而后者属理。他说“心统性情”，实包含两层不同意义的关系。心与情同属气，同属康德所谓的“感性世界”。《语类》云：“灵处只是心，不是性，性只是理。”[1]又云：“动处是心，动底是性。”[2]心是活动原则，故为灵处、动处。心之活动即是情。故在朱子，心与情的关系是一种心理学的关系。朱子说性是“动底”，并非意谓它本身有活动，而只是意谓它是活动所依之理（非灵处、动处）。故心与性（即理）的关系并非一种心理学的关系，而是一种知识论的关系。又《语类》云：“心包万理，万理具于一心。”[3]此“包”或“具”并非如康德所谓“意志底立法”之意，因为“心”在朱子属于气，根本不能制定道德法则。因此，这只能表示一种认知上的赅摄，而非道德主体之立法。故在朱子，并无一个独立意义的道德主体，亦即无一个能立法的道德主体。其伦理学必属他律伦理学，故其对孟子的理解必有问题。但朱子所预设的心、理二分或性、情二分的架构与康德的架构有相合之处，此即：两者均将道德情感（四端之心）与道德法则（仁、义、礼、智）打成两橛，而将前者归诸感性（气）。

若照朱子理解此段文字的方式去理解孟子，必将孟子的伦理学讲成他律伦理学。故从义理上即可判定朱子的理解不合孟子原意。此外，从文献上亦可证明朱注之非。朱子把恻隐、羞恶、辞让、是非之心仅视为仁、义、礼、智之端，而与仁、义、礼、智本身有别，以前者归诸气，后者归诸理。这似乎合于此段引文。但在《告子上》

1　同上书，卷6，页85。

2　同上书，卷6，页88。

3　同上书，卷9，页155。

篇有另一段文字，却无法如此去理解：

> 恻隐之心，人皆有之；羞恶之心，人皆有之；恭敬之心，人皆有之；是非之心，人皆有之。恻隐之心，仁也；羞恶之心，义也；恭敬之心，礼也；是非之心，智也。仁义礼智，非由外铄我也，我固有之也，弗思耳矣。（11.6）

“恭敬之心”即“辞让之心”，用词偶异耳。此段是孟子答公都子问性之善恶问题，而以此说明性善之义。其说“性善”，即从恻隐、羞恶、恭敬、是非之心去说。而他即就此四端之心说仁、义、礼、智之理，再就仁、义、礼、智说性善（“我固有之”）。如我们亦把四端之心说成“情”，则在此心、性、情、理四者为一事，而非如朱子所设想的，可打成两橛。朱子亦发现此问题，故其注曰：

> 前篇言是四者为仁义礼智之端，而此不言端者，彼欲其扩而充之，此直因用以著其本体，故言有不同耳。[1]

朱子解释《公孙丑》篇那段文字时，以“端”为端绪之端，谓性之端绪于此可见也；而此处却将“端”理解为发端之端，以此为扩充之发端也。其前后不一致，有如此者！姑不论此种不一致，朱子系以前面那段文字为标准来解释《告子》篇这段文字；但问题是：何以我们不能以后者为标准来解释前者呢？唯一可能的答案是：前段文字较易套入朱子自己的义理系统中。但朱子的系统

1　朱熹：《四书集注》，《孟子集注》，卷6，页4上。

与孟子的自律伦理学扞格不相入，故朱子的解释必有问题。

于是，我们转而看看陆象山的解释。象山《答李宰书》有云：

> 心于五官最尊大。《洪范》曰："思曰睿，睿作圣。"孟子曰："心之官则思，思则得之，不思则不得也。"又曰："存乎人者，岂无仁义之心哉？"又曰："至于心，独无所同然乎？"又曰："君子之所以异于人者，以其存心也。"又曰："非独贤者有是心也，人皆有之，贤者能勿丧耳。"又曰："人之所以异于禽兽者几希，庶民去之，君子存之。"去之者，去此心也，故曰"此之谓失其本心"。存之者，存此心也，故曰"大人者，不失其赤子之心"。四端者，即此心也；天之所以与我者，即此心也。人皆有是心，心皆具是理，心即理也，故曰"理义之悦我心，犹刍豢之悦我口"。所贵乎学者，为其欲穷此理，尽此心也。[1]

此是就本心说四端之心，且就此说性善（"人皆有是心"），而心即理；故此处的心、性、理为一事，而与《告子》篇那段引文相吻合。但问题是：这是否也能解释《公孙丑》篇那段引文呢？这里有两个必须解决的问题。一是："端"字如何解？二是：恻隐、羞恶、辞让、是非四者显然是情，如何能与本心、性、理为一呢？

前面已提过：我们不妨把这四端之心说成"道德情感"。但我们不必依康德的方式，将道德情感归诸感性。二十世纪现象学伦理学的贡献之一即是发现我们在价值之领会中所涉及的"情感"非一般意义的情感。为了区别起见，舍勒在论及"价值感"时，

---

1 《陆九渊集》（北京：中华书局，1980 年），卷 11，页 149。

以 Fühlen 一词代替通常所使用的 Gefühl 一词。一般所谓的“情感”可以在肉体的确定位置中作为一种感性状态而被给与，而舍勒所谓的“价值感”却是一种先天的意向性体验[1]。我们固然不能硬说：孟子的“四端之心”即属舍勒的“价值感”；但舍勒之区分 Fühlen 和 Gefühl 却可帮助我们了解：并非一说到“情”，就一定要归诸感性。因此，纵使说四端之心是“情”，“情”应当是 Fühlen，而非 Gefühl。如此，四端之心即上提到本心（道德主体）的层次，仁、义、礼、智为本心所制定之理（法则），四端之心为本心自求实现的力量所表现之相。此处之“端”仍可解为“端绪”，但此“端绪”是就本心所表现之相而言；本心有多少理，即有多少相，故曰“恻隐之心，仁之端也”云云。由本心表现之相，即可知其体，故谓此相为“端”。此“端”不可解作“发端”义。否则说：恻隐之心为仁之发端，岂合乎孟子本意？“发端”即含“未完足”之义，而孟子明明说：“仁义礼智，非由外铄我也，我固有之也。”既已固有之矣，又视恻隐之心仅为其发端，岂非使性善之义落空？此义亦无碍于扩充之工夫，因为扩充之工夫必须以此完足之性为其根据。故依象山的解释方式，孟子实打破康德的情感与理性之二元架构。

这种解释还有一个极有力的佐证，即象山所引孟子的“理义之悦我心，犹刍豢之悦我口”（11.7）这句话。理义（道德法则）悦我心，此“悦”即席勒所谓“对义务的爱好”。而在康德的情感与理性二分的架构中，他不能承认这种“悦”，因为能悦理义之心正是他所谓的“神圣意志”，而他决不承认人有这种意志。由此观之，

1　参阅 Scheler: *Der Formalismus in der Ethik und die materiale Wertethik*, S. 77ff. & 335ff.

象山“心即理”的义理架构与孟子伦理学之系统相应；此正是孟子伦理学与康德伦理学的基本差异之所在。

十、结语

从以上第二至第八节中的对比，我们可断定：孟子与康德同样肯定“自律为道德之本质”的立场，因而其伦理学同属自律伦理学。在这个前提之下，我们并不否定：孟子与康德的伦理学系统有其基本差异,各自表现出不同的形态。由第九节中的分析可知：此项基本差异在于两者所根据的道德主体性之架构。康德的伦理学预设一个情感与理性二分的架构，而将一切情感（包括道德情感）排除于道德主体之外。孟子则采“心即理”的义理架构，从四端之心说本心，本心即性。但此项基本差异并不影响两者之同为自律伦理学，因为其差异是在哲学人类学的层面，而非在伦理学的原则论之层面上表现。在后一层面上,这两套伦理学相互对应，若合符节。因此,以“自律”概念来解释孟子的伦理学,决非比附,而是相应的。此项分辨或许有助于澄清近年来有关以康德解释儒家的合宜性问题之争论。

再论孟子的自律伦理学

一、前言

《哲学与文化》第15卷第6期刊出孙振青先生的《关于道德自律的反省》一文。该文系对我于1988年4月23日应利氏学社之邀所宣读的《孟子与康德的自律伦理学》一文的评论。在该场讨论会中，正是由孙先生担任讲评，当时我也曾针对孙先生的评论提出几点答辩。当时讨论的情形见于同期《哲学与文化》刘若韶先生的报道《自律与他律》一文中。可惜由于时间之限制，当时孙先生与我均未能畅所欲言。现在孙先生发表了这篇书面评论，使我们更完整地了解他的观点。孙先生的观点代表一些人士（特别是天主教界）对儒家哲学的理解方式；因此，趁这个机会对此问题作进一步的讨论、辨析，当非无意义之事。

孙先生同意：孟子与康德的伦理学有许多相似之处。在这个前提之下，他特别指出两者之间的四点差异。我在上述的论文中强调：我们得分判儒家伦理学与康德伦理学之间的差异究竟属于“自律”概念的范围，还是属于系统的特殊形态。若这种差异属于后者，并不影响到“孟子伦理学为自律伦理学”的论断；若是属于前者，则以康德的“自律”概念理解孟子的伦理学，便不无可议之处了[1]。而孙先生所举出的四点差异均涉及“自律”的概念，足以影响到我的论断，故不能不加以辨析。以下即针对孙先生所列举的四点差异逐项加以讨论。

二、康德“现象”与“物自身”的哲学架构是否适于诠释孟子的思想?

康德的“自律”学说包含“现象”与“物自身”之区分，并且肯定人的双重身份。依此，人一方面以物自身的身份制定道德法则，另一方面以现象的身份服从道德法则。依我之见，孟子的“大体”、“小体”说已包含这种双重身份说[2]。孙先生所提出的第一点差异即针对此点而言：“在孟子则没有本体与现象之区分。虽然他区分了大体（本心）与小体（耳目之官），但这不是康德之意。”[3]此处所谓的“本体”与“现象”即指Noumenon与Phaenomenon，我译为“理体”与“事相”。在康德哲学中，“理体”与“事相”之分约略等于“物自身”与“现象”之分；“理体”的范围较“物自身”为广，上帝、自由、不灭的灵魂亦属于“理体”的范围。现象与物自身之区分康德称为先验的（transzendental），以别于洛克的

1　参阅拙文：《孟子与康德的自律伦理学》，《哲学与文化》，第15卷，第6期（1988年6月），页2—3；亦见《鹅湖月刊》，第155期（1988年5月），页5—6〔本书，页46—47〕。以下引述时，以《鹅湖月刊》之页数为准，并附上本书之页码。

2　同上注，页11〔本书，页63—65〕。

3　孙振青：《关于道德自律的反省》，《哲学与文化》，第15卷，第6期（1988年6月），页17。

初性与次性之经验区分和莱布尼兹的感性知识与智性知识之逻辑区分[1]。

在《纯粹理性批判》一书中，现象与物自身之区分是一种知识论的区分，为康德所采的知识的主体主义所必涵。依康德之意，现象是对象之显现于我们者；他既然把时间和空间视为我们的感性之主观形式，把范畴视为我们的知性之纯粹概念，则现象便是我们借着时间、空间和范畴这些形式条件所认识的对象。此时我们若设想对象之独立于这些形式条件而有其本来面目，便形成“物自身”的概念。这些形式条件若要有认知的意义，便须透过感性直观（依康德之见，这是我们人类仅有的直观方式）取得知识的材料。我们若抽除感性直观的一切条件，凭知性设想像物自身这类的可能对象，便形成“理体”的概念；这是“理体”概念的消极意义[2]。但我们还可以进一步设想理体为智性直观的对象；这是“理体”的积极意义[3]。但是康德不承认人有智性直观，故对他而言，理体无法成为我们的知识之对象。在此意义下，他称“理体”的概念为“或然的”（problematisch）；这意谓：此概念本身不包含矛盾，但我们也无法肯定其客观实在性[4]。因此，康德说：“理体底概念〔……〕只是个界限概念，用以限制感性之僭越，且因此只有消极的运用。”[5]

如果我们只根据这层知识论的意义来理解“理体”或“物自身”，

---

1 *Kritik der reinen Vernunft*（以下简称 *KrV*), hrsg. von Raymund Schmidt (Hamburg: Felix Meiner, 1976), A44f./B61f. (A = 1781 年第 1 版，B = 1787 年第 2 版).

2 *KrV*, B307.

3 同上注。

4 *KrV*, A254/B310.

5 *KrV*, A255/B310f.

则我们必须承认孙先生的判断：孟子并无“理体”与“事相”之区分。但是在知识论的脉络中，“理体”或“物自身”的真正涵义并未充分显现出来。究极而言，“物自身”并非一个知识论的概念，而是一个伦理学的概念。康德在《纯粹理性批判》中讨论纯粹理性之第三背反（自由与自然之背反）时，已暗示了这层涵义。如果我们承认因果法则在自然世界中的必然性，则自由（即绝对地开启一状态及其结果之系列的特殊因果性）何所容身呢？若我们承认这种先验的自由，岂非破坏了因果法则的必然性？由此便形成一种背反。但康德所谓的“背反”（Antinomie）并非逻辑的矛盾（这种矛盾他称为“分析的对立”[1]），而只是表面的矛盾，或称为“辩证的对立”[2]。在包含逻辑矛盾的两个命题中，其中一者为真，另一者必为假；一者为假，另一者必为真。但在背反中，正论与反论却可同为真或同为假。就这第三背反而言，其正论与反论可同为真；换言之，“自然底因果性”与“借由自由的因果性”可以并存。化解这种表面矛盾的关键即在于现象与物自身之区分。就自然为现象之总合，自然世界为现象世界而言，我们可坚持因果法则的必然性；在这个层面上，确无自由可言。然而，我们除了从现象的观点去理解一个存有者的因果性之外，还可以从物自身的观点去理解其因果性；自由之可能性唯有在后一层面上才可理解，且不致与因果法则的必然性相抵牾。

由于自由必须关联着主体而言，我们可根据以上的双重观点来了解人的双重性格。如果我们把人看成感性世界中的主体，将

1 *KrV*, A503f/B531f.

2 同上注。

其行为视为现象（它们与其他现象依照自然法则相联系），则他有一种“经验的性格”[1]。但如果我们将此主体视为那些作为现象的行为之原因，而他本身却不系属于任何感性的条件，因而不是现象，则我们承认他有一种“智思的性格”[2]。然而，在《纯粹理性批判》一书中，康德只能说明“智思的性格”之可能性，以及这两重性格之不相矛盾。直到《道德底形上学之基础》及《实践理性批判》二书中，他才借由道德法则间接证明“智思的性格”及其所涵的自由之实在性。他认为：道德法则系作为“理性底事实”而隐含于一般人的道德意识中。在这个脉络中，我们才能充分掌握“物自身”的本质意义：“物自身”是透过道德意识而展现于我们的道德主体之界域。德国学者克朗纳（Richard Kroner，1884—1974）亦深明此义，而说道：“物自身之对象并不是作为知识的一崭新的对象之对象性而展现其自身，而是以义务之对象的姿态而展现其自身——即作为意志的对象。”[3] 又说：“物自身乃是人类底道德探求的目标。”[4]

就“物自身”一词的这种本质意义而言，孟子诚然未提出这个概念，但此概念所具的基本涵义大抵均见于孟子的相关学说中。就其大体、小体之说而言，此中实隐含物自身与现象之区分，以

1 *KrV*, A539/B567.

2 同上注。

3 克朗纳：《康德的世界观》，收入关子尹译：《论康德与黑格尔》（台北：联经出版公司，1985 年），页 138。

4 同上注，页 139。牟宗三先生亦有类似的看法。他强调：物自身“不是一个认知上所认知的对象之‘事实上的原样’之事实概念，而是一个高度价值意味的概念”。见其《现象与物自身》（台北：台湾学生书局，1975 年），页 8〔21: 8〕。〔〕中是《牟宗三先生全集》（台北：联经出版公司，2003 年）的册数及页码。

及人的双重身份之说。孟子论“小体”，系就耳目之官来说：“耳目之官不思，而蔽于物。物交物，则引之而已矣！”（11.15）[1] 耳目之官是我们的感觉官能，隶属于感性主体。感觉官能的特性在于其被动性（“不思”）。除非有另一种力量作其主宰，否则它们一与外物相接，即为外物所牵引。“物交物”之“物”，后者指外物，前者指耳目之官。耳目之官在其被动性中为外物所牵引，则与外物同落入自然底机括中，而与外物无异了。在此，我们不妨看看康德如何论人的经验性格：

> 〔……〕每一个致动因必有一种性格，亦即其因果性底一种法则；若无这种法则，它将完全不成其为原因。而在此情况下，我们首先在感性世界底一个主体中拥有一种**经验的性格**；由于这种性格，其作为现象的行为依照不变的自然法则与其他现象完全联结起来，并且能由这些现象（作为其条件）被推衍出来，且因此与它们相结合，构成自然秩序底唯一系列之环节。[2]

这段话非常适切地表达出上文所谓“物交物，则引之而已矣”一语之涵义：耳目之官及其所对的外物全属于感性世界，以现象的身份依因果法则相互联结起来；此时感性主体的行为能以外物为条件而由之被推衍出来。因此，耳目之官正属于康德所谓的“经验性格”。

有人可能怀疑：孟子何尝有“现象”的概念？因为“现象”

---

1 以下引用《孟子》时，均依据杨伯峻《孟子译注》（北京：中华书局，1960 年），并将其篇章编号直接附于引文之后。

2 *KrV*, A539/B567.

须与“物自身”相对而言，始有意义。在孟子，“小体”与“大体”相对而言。他是就“心之官”来说“大体”:“心之官则思,思则得之，不思则不得。此天之所与我者。先立乎其大者,则其小者不能夺也。此为大人而已矣。”(11.15）此“心”即所谓的“本心”，是就道德主体而言。孟子言“心”，不从认知心去说，故此处所谓的“思”并非知识意义的“思”。此“思”乃是《离娄》篇所谓“思诚”(7.12）之“思”,为实践意义的“思”。“思则得之,不思则不得”相当于《告子》篇所引孔子的话 :“操则存，舍则亡。”(11.8）此系就心之自作主宰的能力（自由）而言。因此，借由心之官所开展的界域即自由底界域，亦即孟子所谓“求则得之，舍则失之，是求有益于得也，求在我者也”(13.3）的界域。与此相对，借由耳目之官所开展的界域属于“求之有道，得之有命，是求无益于得也，求在外者也”(13.3)的界域。在此界域中并无自由可言,因为这属于康德所谓“自然底因果性”之范围。至于心之官所开显的界域,则属于他所谓“借由自由的因果性”之范围。

我们在此以“自由”来说明“思”的作用,但须强调:此所谓“自由”不可依一般的意义去理解。依一般人的理解，不受外在条件之影响而作抉择的能力即是自由。依康德之见,这并非真正的自由。因为我们的抉择固然不受外在条件之影响，却仍可能为内在的心理法则所决定，因而仍落入“自然底因果性”之中。这种自由康德称为“心理学的自由”或“相对的自由”，以别于“先验的自由”或“绝对的自由”[1]。大体所开显的自由必属于后一类。这种自由只

1 *Kritik der praktischen Vernunft* (以下简称 *KpV*), *Kants Gesammelte Schriften* (以下简称 *KGS*), Bd. 5, S. 96f.

能就智思世界及人的智思性格去理解，否则《尽心》篇所谓“万物皆备于我矣，反身而诚，乐莫大焉”(13.4)之语即不可解。此“我”是就道德主体（本心）而言，具有“借由自由的因果性”，而此所谓“万物”乃是本心所开显的物自身。若此“我”不指道德主体，则不得谓“反身而诚”。若此所谓“万物”非指物自身，则不得谓“万物皆备于我”。冯友兰不明此理，故一看到“万物皆备于我”或“上下与天地同流”（13.13）的话，便联想到“神秘主义”[1]。其实这些话均指示我们借由实践理性所开显的境域，何神秘之有？此所以冯氏终身不能了解儒家之精义。

孟子肯定心之自主性，乃是继承孔子的思想而来。《论语·颜渊》篇：“为仁由己，而由人乎哉？”（12.1）[2] 又《述而》篇：“仁远乎哉？我欲仁，斯仁至矣。”(7.30）均涵有此种肯定。而对道德主体之先验自由的肯定必然涵着对物自身及人之智思性格的肯定。就此意义而言，我们可以说：孟子的大体、小体之说已涵有康德的物自身与现象之区分。这决非比附。然而，要进一步说明此义，还得关联到孟子的“仁义内在”说。由于这牵涉到孙先生所提到第四点差异，因此我将此问题留到后面再谈。

三、孟子是否有“自律”的思想？

孙先生所提出的第二点和第三点差异彼此相关联，但为了讨

---

1 冯友兰:《中国哲学史》，见其《三松堂全集》（郑州:河南人民出版社，2001年），第2卷，页366。

2 以下引用《论语》时，均依据杨伯峻《论语译注》（北京：中华书局，2006年），并将其篇章编号直接附于引文之后。

论之方便，我先讨论第三点。孙先生说：

> 依照康德，实践理性自身是立法者，所以称为自律。然而孟子从未说过自我是立法者，他只说，“我固有之”。“固有之”，即是本来就有，它们存在那儿，不是来自外在的经验。而且他说，是“天之所与我者”，一如上述。足见对孟子而言，自我不是真正的立法者，而是接受法令者。[1]

其实孟子明白地表示“心为立法者”的思想，此即《尽心》篇所云：“君子所性，仁义礼智根于心。”（13.21）“仁义礼智”即所谓“道德法则”也。根，本也。“心为立法者”之意岂非彰彰甚明？这句话呼应《告子》篇中的另一段话：“仁义礼智，非由外铄我也，我固有之也，弗思耳矣。故曰：‘求则得之，舍则失之。’”（11.6）将这两段话配合起来看，可知此所谓“我固有之”意谓“固有于心”；而孟子以四端之心说“性”，故亦可说“固有于性”。孟子与告子辩义内、义外，是以“性”言内外。告子不知仁义礼智等道德法则根源于心，为性分之所涵，故主“义外”。若孟子之“心”非立法者，而只是接受法则者，岂不是也成了“义外”？那么，他又何以反对告子呢？

至于上文所引孟子论大体的一段话中所谓“此天之所与我者”，朱子以“此”字指“此三者”[2]，谓耳目之官及心之官也。但依文义

1 孙振青：《关于道德自律的反省》，前引书，页 17。
2 朱熹：《四书集注》（台北：台湾中华书局，四部备要本），《孟子集注》，卷 6，页 11 下。

及义理脉络来看，“此”字当指“心之官”[1]。传统注疏家有依旧本改“此”为“比”，而训为“比方”或“皆”者[2]，但从未有人以此言为指涉“仁义礼智”者。今孙先生却说：“然而依照孟子，仁义礼智即是性或心，所以仁义礼智是‘天之所与我者’。所以孟子之道德法则预设一更高的源头，接近中庸所说的‘天命之谓性’。”[3]这显然是误解。但是说心之官是“天之所与我者”，究竟是什么意思呢？我们在诠释古籍时，碰到像“天”、“命”、“性”这类字眼时，往往得先分辨：作者在使用这些字眼，究竟是顺着当时流行的用法来使用，还是依他自己所理解的特殊意义来使用？这必须以我们对该作者的全部思想之掌握为基础，而非仅凭资料的排比或望文生义就能决定的。“天”字可有两种解释：一为虚说，一为实说。我们可不依字面意义来理解“天”字，而将此句解释为：心之官非人凭后天的努力或学习所能获致。这就等于《尽心》篇所云：“人之所不学而能者，其良能也。”（13.15）因此，“天之所与我者”即等于康德所谓“先天”之意。这是“天”字之虚说。此说显然可以契合孟子的思想，尤其是其“仁义内在”说。然而，我们似乎亦可实说，将此“天”字理解为形上的实体，而依中庸“天命之谓性”的思路来理解这句话。孙先生所举出的第二点差异便强调此一观点。

1　关于此句之解释，请参阅牟宗三：《圆善论》（台北：台湾学生书局，1985年），页52—53〔22: 49—50〕。

2　参阅焦循著、沈文倬点校：《孟子正义》（北京：中华书局，1987年），下册，页792—794。

3　孙振青：《关于道德自律的反省》，前引书，页17。

四、孟子的“心”是否本于天而为他律？

针对第二点差异，孙先生说：

> 孟子所说之心或性是出自天，是“天之所与我者”(告子)。另外，他在尽心上篇也说：“尽其心者，知其性也，知其性，则知天矣。存其心，养其性，所以事天也。”所谓“知其性，则知天”，其理由似乎也是因为性出于天。“事天”一语，从文义上看，天与性有区别，而为较高的一种存在。然而依照孟子，仁义礼智即是性或心，所以仁义礼智是“天之所与我者”。所以孟子之道德则预设一更高的源头，接近中庸所说的“天命之谓性”。然而康德则不肯定这一点。不仅如此，他甚至认为，如果道德法则是出于上帝的旨意，则是他律，而非自律。[1]

上文已说过：孟子也承认心是立法者。故在这一点，孟子与康德是一致的。但承认心之官为天之所与或者性出于天（“天命之谓性”），是否有违“自律”之义呢？这要视我们如何规定道德主体与天的关系而定。

众所周知，康德并不因承认道德主体之自律（自我立法）而否定上帝的存在；他甚至以上帝来保证道德主体的必然对象——最高善。但问题是：我们究竟是借着道德法则去肯定上帝的存在呢？还是反过来以对上帝的信仰作为道德法则的根据呢？前一方向形成“道德神学”(Moraltheologie)，后一方向则形成“神学的

1　同上注。

道德学”（theologische Moral）[1]。前者合乎自律之义，后者则只能形成他律道德。因此，伦理学是否为自律的，并不在于它承认上帝的存在与否。自律伦理学亦可包含对上帝的信仰，但这种信仰的内涵必须透过道德主体性去规定，由人的道德主体通上去以开显之，即孔子所谓“人能弘道”之意。故自律伦理学必强调主体性。

同样的，纵使我们将“天之所与我者”之“天”字实看，而承认孟子有“性出于天”的思想，我们仍得进一步追问：孟子如何理解“性”与“天”的关系呢？从孙先生所引《尽心》篇中“尽心、知性、知天”及“存心、养性、事天”的话可知：孟子是依道德主体性来规定“天”的真实内涵，而非以“天”的概念来决定道德之本质。这两句话决不可倒转其次序，由天而性而心。因为这不但不合孔子“人能弘道，非道弘人”的方向，也直接违反孟子自己的“仁义内在”说。

所谓“尽心”，充其极曰“尽”，此“心”是指“本心”，即四端之心。孟子是由这四端之心来说“性善”。四端之心是道德心，故“性善”之“性”即道德创造性之性，因道德活动之本质即在创造（透过“借由自由的因果性”）。故孟子说：凡能充分体现其道德的本心者，即知其道德创造性之真性。此“知”是实践中的“知”，而非知识中的“知”；是证知，而非认知。进而言之，凡能证知其道德创造性之真性者，即证知了天之创造性。因为天之所以为天（创生万物的创造性）与我们的本心、真性之道德创造性实为一事，故前者的真实涵义即由后者显示出来。因此，程明道云：“只心便

1 *KrV*, A632/B660 Anm.

是天，尽之便知性，知性便知天，当处便认取，更不可外求。”[1]此话在习于实在论思考方式的人看来，委实耸人听闻，甚至不免“违背常识”之讥。但我们必须了解：孟子的“本心”并非现实的个别之心，而是普遍的道德心（“非独贤者有是心也，人皆有之”）。同时，这种普遍性并不只限于人类而言。由此普遍的道德心所证知的“性”实超乎人类的特殊性质，所以这不是个人类学的概念，不宜译作human nature。孟子说：“人之所以异于禽兽者几希。”(8.19)这“几希”并非就“人”这个类之特殊性而言，亦即不是就定义中的种差（differentia specifica）而言。如此去规定这“几希”，是一种人类学的规定，而孟子的规定是一种价值论的规定。孟子是由道德的创造性去规定人之性。用康德的术语来说，这种创造性即是自由。正如康德透过我们的道德意识去设定上帝的存在，孟子也由我们的道德心去证知天之创造性。唯一的差别在于：康德不承认人有智性直观，故上帝之存在系间接透过道德意识而被证明，因而只是一项设准（Postulat），但在孟子却无此种限制，故天之创造性可直接就四端之心认取之。在智性直观之观照下，心、性、天、物均是康德所谓的“理体”。同一实体，主观而实践地说是心、性，客观而绝对地说是天，其实并无分别。此一实体的创造性之所至即是物，因此孟子才能说“万物皆备于我”，“上下与天地同流”。除非我们像冯友兰一样，把这些话均归诸神秘主义，或者像时下一些深具实证主义心态的学者一样，把这些话看成语意不清的呓语，我看不出还有别的方式可使我们理解这些话。

明白了“尽心、知性、知天”的意义后，“存心、养性、事天”

1 《河南程氏遗书》卷2；见《二程集》（北京：中华书局，1981年），第1册，页15。

也就不难理解了。“存心”之“存”即操存之存。“存其心”意谓操存其本心，不令放失也。《离娄》篇云：“人之所以异于禽兽者几希，庶民去之，君子存之。”（8.19）上文说过此“几希”是就人的道德创造性而言，此种创造性即见于道德的本心，故君子之所存亦不外乎此本心。“养性”之“养”即保养之养，亦即《告子》篇所谓“苟得其养，无物不长；苟失其养，无物不消”（11.3）之“养”。“养其性”意谓保养其道德创造之真性。存心与养性其实是一事，均在使我们的道德主体不受外物之牵引而放失。康德也强调：消极意义的自由在于超脱于外在的决定原因[1]。但只要我们能消极地存养我们的本心、真性，其自身所具的创造力量（自由之心能）便会自然涌现出来，此即所以尽之之道。康德也指出：积极意义的自由是意志之自我立法[2]，这等于说：意志本身可自行决定其活动，因而具有自我实现的力量。“尽心”与“存心”即相应于康德所谓积极意义与消极意义的自由；两者在概念上虽可分别，在实际上却是相通的。

操存我们的道德本心，保养我们的创造性之真性，即是“事天”之道。“事天”之“事”为服事之事。德文里的“作礼拜”（Gottesdienst）就字面上说，即意谓“事神”。但事神之道，岂止在于礼拜、祈祷等仪式？故康德在《单在理性界限内的宗教》（*Die Religion innerhalb der Grenzen der bloßen Vernunft*）一书中强调：真正的事神之道是道德的；它在于遵从一切被当作上帝诫令的真正

1 *Grundlegung zur Metaphysik der Sitten*（以下简称 *GMS*）, *KGS*, Bd. 4, S. 446；参阅 *KpV*, *KGS*, Bd. 5, S. 33。

2 同上注。

义务，而不在于单单为上帝而做的行为（如礼拜、祈祷等）[1]。反之，“舍良好的品行之外，人以为为使上帝满意还能够做的一切，均只是宗教狂和虚假的事神之道（Afterdienst Gottes）”[2]。因此，若有宗教徒平日勤于礼拜、祈祷，却不知进德修业，此即“虚假的事神之道”。孟子的态度亦复如此。对他而言，舍去存养我们的本心、真性，致力于道德实践之外，别无事天之道。若说这是宗教，这便是康德所谓的“道德宗教”（moralische Religion）[3]。这种形态的宗教并不违背“自律”之义，因为它并未以对天或上帝的信仰作为道德之基础。康德将克鲁修斯（Christian August Crusius，1715—1775）及其他神学的道德学家之道德原则归入他律原则，是因为他们根据上帝的意志来建立道德原则[4]，而形成康德所谓“神学的道德学”。这两种观点决不可混为一谈。因此，纵使我们将“天之所与我者”之“天”理解为形上的实体，亦不致使孟子的伦理学成为他律伦理学。故在这一点上，孟子与康德并无根本的差异。

五、朱子是否比陆象山、王阳明更理解孟子?

现在，我们看看孙先生所提的第四点差异。孙先生似乎较能接受朱子对孟子的诠释，而反对陆象山、王阳明以他们自己的“唯心论”架构来解释孟子。他说：

1　*Die Religion innnerhalb der Grenzen der bloßen Vernunft*, *KGS*, Bd. 6, S. 192.

2　同上注，S. 170。

3　同上注，51, 84, 111, 123 Anm. & 141。

4　*KpV*, *KGS*, Bd. 5, S. 40；参阅 *GMS*, *KGS*, Bd. 4, S. 433。

> 〔……〕象山与孟子皆强调心，皆以心为道德主体，这点似乎可以肯定。但是假定心是唯一的实在（象山似乎如此主张），则必须说，道德法则是由心所制定的，并且一切道德之知皆是与生俱来的，不需外求，因为在这个系统下，心是完全自足的。另一方面，假定心不是唯一的实在，假定世界有其独立的实在性，那么，第一，心不必须是最高的立法者，一如上述。第二，虽然基本的道德法则（仁义礼智）是内在的，然而关于道德法则的细节和应用，则需要考察客观事实及人际关系。而这种考察即是格物。在这个系统下，心不是完全自足的。客观事实对于法则的细节和应用具有决定性的影响。[1]

由此，孙先生得出以下的结论：

> 〔……〕象山所理解的心性似乎不是孟子所理解的心性。前者是完全自足的，后者不是。基于以上的讨论，可以说，象山的伦理学更接近康德。孟子的伦理学跟他们两家都有相当的差异。[2]

孙先生在这两段话中归诸象山的"唯心论"其实涉及两个不同的问题：就"心是唯一的实在"而言，这是存有论的问题；就"道德法则是由心所制定的"而言，这是伦理学的问题。这两个问题虽相互关联，但有其分际，不宜笼统地以"唯心论"涵盖之。

1　孙振青：《关于道德自律的反省》，前引书，页18。

2　同上注。

"唯心论"即 idealism 一词之中译（或译"观念论"）。然此词在西方哲学中的意义甚为分歧，其在柏拉图（Plato，427— 347 BCE）、贝克莱（George Berkeley，1685—1753）、康德、费希特、黑格尔，均有不同的涵义，故不宜一律译为"唯心论"或"观念论"。但若以此词指称陆象山"宇宙便是吾心，吾心即是宇宙"与王阳明"心外无物，心外无理"之观点，则"唯心论"一词倒是极为贴切。这种观点是存有论的，即对宇宙作一个存有论的说明。若问：心是否为道德法则的制定者？能否充分决定道德法则？这基本上是个伦理学的问题。我们通常在此不使用"唯心论"一名。在西方，以道德主体为立法者的观点始于康德，建立在此一观点之上的伦理学称为"自律伦理学"。此种伦理学之特点在于：它以道德主体所制定的道德法则为形式，来决定实践对象（质料），即善、恶，而非以实践的对象来决定道德法则。故此种伦理学又称为"形式伦理学"或"形式主义伦理学"[1]。在孟子，此种观点即称为"仁义内在"说。孟子说："仁义礼智，非由外铄我也，我固有之也，弗思耳矣。"（11.6）仁义礼智之法则并非由外在的对象或事实所决定，而是本心所固有，故曰"仁义内在"。告子主"义外"，正是以为我们可由客观的对象或事实来决定义之所以为义；这犯了摩尔（George Edward Moore，1873—1958）所谓"自然主义的谬误"（naturalistic fallacy）。要决定义之所以为义，只能求之于我们的良知、良能（即本心），而不假外求，所以孟子说："人之所不学而能者，其良能也；所不虑而知者，其良知也。孩提之童，无不知爱其亲也；及其长也，无不知敬其兄也。"（13.15）良知即良能，系就本心的

1 参阅拙文：《孟子与康德的伦理学》，前引书，页 7—8〔本书，页 51—56〕。

两个侧面分别言之，盖本心同时是“善”之判断原则与践履原则。在本心之发用中，能知便能行，行中即有知，故是在知中行，在行中知，完全发自本心自身之力量。此为阳明“知行合一”说之所本。

但有人可能问：我们在道德实践中所面对的具体情境及相关的事实难道不需要考虑吗？这些千变万化的情境和事实难道单凭本心便可认识吗？孙先生即有此疑问，所以他说：

> 事实上，象山晚年只强调静坐，而不重视格物，反以朱子之格物为支离，因为心是完全自足的，不需外求。但是，虽然基本的道德法则是吾人所“固有”，然而若要为复杂的人际关系与社会关系建立详细的伦理法则，则必须研究客观事实及外在情境，也即是必须“格物”。〔……〕进一步言，法则的意义决定于客观事实。例如，“我应该孝敬父母”，这是一条伦理法则。然而这条法则之成立，是因为父母生我，养我，育我，爱我。如果没有生、养、育、爱，这些事实，则“孝”之一语没有意义，孝的法则不能成立。我们承认，我的心中具有孝之理。“如果”有合于孝的事实呈现出来，我自然知道孝。但是，孝的意义及应用，决定于客观事实。假定世界上没有生、养、育、爱的事实，则我无法知道我有没有孝之理或孝的法则。总之，象山在佛家的影响之下，单单强调心性，似乎过分主观，而有所偏差。他根本没掌握孔老夫子的中庸之道。道德主体与客观情境应该同样受到重视，决不可以一面倒。[1]

1　孙振青：《关于道德自律的反省》，前引书，页18—19，注2。

他也对王阳明作同样的批评[1]，为节省篇幅，不再引述。

对于孙先生的这项批评，陆象山、王阳明并不难答复。我们通常所说的“道德法则”包含两层意义：一是指具有普遍性与必然性的道德法则本身（“心之所同然者”），二是指应用于特定情境的具体义务。前者属于康德所谓“纯粹的道德哲学”，后者则属于他所谓“应用的道德哲学”[2]。第一层意义的“道德法则”是纯粹先天的，无待乎任何经验知识，但可充分决定我们的行为之道德性。孟子主“仁义内在”，是就这个层面而言。但在这个层面他承认：“仁义礼智，非由外铄我也，我固有之也。”这无碍于他承认在具体的道德实践中须考虑所处的情境与相关的事实。他回答淳于髡之问而说：“男女授受不亲，礼也；嫂溺，援之以手者，权也。”(7.17)此处即涉及对特定情境（“嫂溺”）的考虑。本心所固有的道德法则所决定者是一事之当为不当为，亦即其道德性。在这个范围内，本心是唯一且充分的判准，其他的考虑均是不相干的。由对客观事实或特定情境的判断，我们决推衍不出道德法则来；此所以孟子反对告子的“义外”说。而今孙先生说：“假定世界上没有生、养、育、爱的事实，则我无法知道我有没有孝之理或孝的法则。”正是代表告子的立场。孙先生的诠释正好把孟子讲成了告子，其关键在于：他不了解孟子的“仁义内在”说所涉的层面，而混淆了道德法则的两层意义。

王阳明对这两层意义的分际甚为清楚，此见诸《传习录》中的一段话：

1　同上注，页 19，注 3。

2　*GMS*, *KGS*, Bd. 4, S. 410 Anm.

> 圣人无所不知，只是知个天理。无所不能，只是能个天理。圣人本体明白，故事事知个天理所在，便去尽个天理。不是本体明后，却于天下事物，都便知得，便做得来也。天下事物，如名物、度数、草木、鸟兽之类，不胜其烦。圣人须是本体明了，亦何缘能尽知得？但不必知的，圣人自不消求知。其所当知的，圣人自能问人。如“子入太庙，每事问”之类，先儒谓虽知亦问，敬谨之至。此说不可通。圣人于礼乐名物，不必尽知。然他知得一个天理，便自有许多节文度数出来。不知能问，亦即是天理节文所在。[1]

根据朱子《论语集注》，“先儒”指尹焞，而朱子亦从其说[2]。朱子的伦理学属于他律伦理学，故不能完全区分良知天理与知识。名物、度数、草木、鸟兽等，均属经验知识，非良知所能知。良知天理与经验知识之区分即张载所谓“德性之知”与“见闻之知”的区分[3]。圣人无所不知，只是就“德性之知”而言，并非就“见闻之知”而言。圣人所能充分明了的“理”即第一层意义的“道德法则”。而在道德的实践中，面临一个特定的情境时，良知天理即要求他认识所当认识的相关事物，以决定具体的义务。这当然牵涉到见闻之知，而属于第二层意义的“道德法则”（“天理节文”）。但这并非意谓良知天理须取决于见闻之知，而只表示良知于见闻中显

1　陈荣捷：《王阳明传习录详注集评》（台北：台湾学生书局，1983 年），卷中，第 227 条，页 303—304。

2　《四书集注》，《论语集注》，卷 2，页 4 下。

3　《正蒙·大心》篇云：“见闻之知，乃物交而知，非德性所知；德性所知，不萌于见闻。”见《张载集》（北京：中华书局，1978 年），页 24。

其用。故阳明《答欧阳崇一书》云："良知不由见闻而有，而见闻莫非良知之用。故良知不滞于见闻，而亦不离于见闻。"[1] 他也屡次强调：致良知，须于事上磨炼[2]。因此，陆象山、王阳明决非如孙先生所说，"只强调静坐，而不重视格物"；而他们强调本心之自我立法，不假外求，亦非由于佛家的影响，而是直承孟子的"仁义内在"说而来。

六、在什么意义下孟子的思想是"唯心论"？

最后，我们回到所谓"唯心论"的存有论问题上。上文说过：孟子由本心直接认取天之创造性，故本心有一存有论的意义。由此建立起来的形上学，我们可称之为"道德的形上学"，犹如康德将建立在实践理性之中的神学称为"道德神学"。如果我们要把这套道德的形上学称为"唯心论"，则它与西方哲学中各种形态的 idealism 均不相同，尤其不可把它理解成贝克莱"存在即被知觉"式的 idealism。为了将它与西方的 idealism 区别开来，我将这套"唯心论"的要点列举如下：

（一）此所谓"心"是指道德的本心，而非认知心，亦非感性中的血气之心或心理学意义的心，可名之曰"超越的本心"。

（二）此"本心"非现实的个别之心，而是普遍的无限心。虽说普遍，却不是抽象中的普遍，因为它可以具体地呈现为种种相（如恻隐、羞恶、辞让、是非等），故是具体中的普遍。

---

1 《王阳明传习录详注集评》，卷中，第 168 条，页 239。

2 同上注，第 23、44、147、204、262 条。

（三）何以说它是无限心呢？因为它通于天之创造性，而有一存有论的意义。本心即天道，主观地说是本心，客观地说即天道，并非本心之外另有一个天道。先秦儒家有时亦将天推出去而加以人格化，以为敬畏之对象，但其真实涵义仍只能由本心所证知。

（四）本心之创造万物，并非就现象说，而是就物自身说。故其创造，非如康德所谓“知性为自然立法”之意，因为康德所谓的“自然”系指现象之总合。这亦非如贝克莱所谓“存在即被知觉”之意，因为柏氏是以“在心中作为观念”来界定“存在”，而本心所创造的并非观念。本心之此种创造，先儒以种种语词称之：《中庸》曰“生物不测”[1],《易》传曰“感通”[2],横渠曰“虚明照鉴”[3],阳明曰“明觉之感应”[4]。既然本心之创造万物是就物自身而言,则用现代的用语来表达，其创造只能以“智性直观”的方式为之；这可以使我们摆脱种种具有神秘色彩的联想。感性直观是被动的，不能创造对象。智性直观则是主动的，其直观的过程同时即是创造的过程。其实亦无所谓创造，有之，亦不过是道德主体之自我活动而已。但就在其自我活动中，心与物一体呈现。其实亦无心与物、主体与对象之分别，有之，只是道德主体之自我呈现而已[5]。

1　《中庸》第 26 章云：“天地之道可一言而尽也：其为物不贰，则其生物不测。”

2　《易经 · 系辞上》第 10 章云：“易，无思也，无为也，寂然不动，感而遂通天下之故。”

3　《正蒙 · 神化》篇云：“虚明照鉴，神之明也；无远近幽深，利用出入，神之充塞无间也。”（《张载集》，页 16）

4　阳明《答罗整庵少宰书》云:“理一而已。〔……〕以其明觉之感应而言,则谓之物。”（《王阳明传习录详注集评》，卷中，第 174 条，页 250）

5　以智性直观来诠释本心之创造，为牟宗三先生的创见。读者若有兴趣，请自行参阅其《智的直觉与中国哲学》及《现象与物自身》二书。时论中不乏讥其此种诠释为“比附”、“硬套”者，多半为浮光掠影、不负责任的批评。康德仅提出“智性直观”的概念，而未许人以此种能力，故其“物自身”概念之积极意义未能全幅彰显。费希特由康德的系统转出，打破此项限制，以智性直观来说明道德自我之活动，建立其“知识学”(*Wissenschaftslehre*)；此可作为牟先生的诠释之佐证。本文篇幅有限，无法深入讨论此问题，仅略志数语于此。

（五）明乎本心为无限心，在本心之创造中所呈现的是物自身，则“宇宙是否有独立的存在”的问题便不难回答。就宇宙作为现象而言，本心并不取消其客观实在性。因为其实在性并非对于本心而显，而是对于认知心而显；用康德的用语来说，它具有经验的实在性，而非先验的实在性。就此而言，我们可以承认经验知识之独立意义，而不致违背常识的观点。但就物自身的层面而言，主体与对象之分别在智性直观中被化解。此时说“本心创造万物”，只是方便地说，并非意谓真有一个与“非我”相对的“我”在创造“非我”。此创造性之“我”乃是超乎“我”与“非我”之对立的“绝对我”，我而无我相，吾心即宇宙，宇宙即吾心。在此意义之下，“宇宙是否有独立的存在”的问题即被化解；在智性直观之观照中，宇宙无所谓独立于心，亦无所谓不独立于心，心与宇宙一体呈现。

唯有根据这套诠释，我们才能理解孟子如何由“反身而诚”说到“万物皆备于我”，以及他何以说：“夫君子所过者化，所存者神，上下与天地同流。”君子，有德之称。其所以能化、能神，皆因其本心、真性通于天之创造性，故能与天地之造化合辙同运。此义通于《中庸》第23章之言：“唯天下至诚，为能尽其性；能尽其性，则能尽人之性；能尽人之性，则能尽物之性；能尽物之性，则可以赞天地之化育；可以赞天地之化育，则可以与天地参矣。”天下至诚唯圣人足以当之。此句顺着上文“尽心、知性、知天”的义理间架，并不难索解。此处多了“尽人之性”与“尽物之性”两个环节，亦不成问题；因为无论是己之性、人之性，还是物之性，全是天之所命，体现天之创造性。“至诚”者即孟子所谓“尽其心”者。能充分达致本心之诚者，即能充分体现其性，亦即能充分体现人之性，乃至物之性；在此意义之下，即等于助成天地之创造活动，而与天地并立为三。此即孟子所谓“上下与天地同流”之意。或曰“天”，或曰“天地”，其实一也。创造性本身曰“天”，相当于《易》传之“乾元”;分而言之，曰“天地”，相当于《易》传之“乾坤”或“阴阳”。由此可知：陆象山言“宇宙便是吾心，吾心即是宇宙”，王阳明言“心外无物，心外无理”，皆本孔、孟、《中庸》、《易》传之义理而立说，决非歪曲或任意发挥。否定陆象山、王阳明之义理，而欲对孟子另作诠释，我不知其如何也。

孟子的四端之心与康德的道德情感

一、前言

孟子言性善，由恻隐、羞恶、辞让（恭敬）、是非四端之心说。此四者均可说是情感，又因此种情感表现于道德活动中，论者极易由此联想到18世纪英国哲学家沙夫茨伯里、哈奇森、休谟等人所谓的“道德感”或“道德情感”[1]。康德在1760年代曾受到这个“道德情感”学派（尤其是哈奇森）的强烈影响；后来他虽然摆脱了其影响，转而批评“道德情感”说，但是“道德情感”的概念在其伦理学中始终占有一个极其重要的地位。因此，将孟子的“四端之心”与康德的“道德情感”在其伦理学系统中的意义与地位加以比较，必有助于我们了解这两个系统的基本性格。

1 譬如，黄进兴先生曾在一篇论文中表示：“〔……〕儒家伦理基本上是以‘道德情感’为出发点，孟子的‘四端说’把此一特色表现得最清楚。”见其《所谓“道德自主性”：以西方观念解释中国思想之限制的例证》，《食货》，复刊第14卷，第7/8合期(1984年10月)，页80；亦见其《优入圣域——权力、信仰与正当性》(台北：允晨文化实业公司，1994年)，页11。

关于康德的“道德情感”概念，笔者已有以德文撰写的专论《康德伦理学发展中的道德情感问题》，详细讨论其意义的演变及其中所包含的难题。以下仅就此项比较研究所涉及的范围概述其要旨。至于孟子的“四端之心”，因涉及诠释问题，故须有个入手处，以显示各种可能的诠释方式。笔者将以朱子的理解方式为入手处，因为他对此问题作过长期的思索，最后形成一套确定的理解方式。而他就此问题与湖湘系的学者（张南轩、胡广仲、胡伯逢、吴晦叔等人）所作的辩论，则反映出后者的另一种理解方式；这种理解方式后来在陆象山、王阳明的“心即理”说中充分透显出其系统性的意义。基本上，宋、明儒对“四端之心”的诠释方式不外乎这两种，而这两种诠释方式各自反映出一套理解心、性、情、理的义理间架。因此，正如康德对“道德情感”的理解方式反映出其伦理学的基本性格，宋、明儒对“四端之心”的不同理解方式也反映出各自不同的义理间架。以下我们先讨论康德的“道德情感”概念。

二、康德早期伦理学中的道德情感

康德自 1750 年代中叶起，已逐渐了解莱布尼兹、伍尔夫一系的理性主义伦理学之缺点，而试图另外寻求道德之基础。这套理性主义伦理学系以“圆满性”（Vollkommenheit/perfectio）原则为最高的道德原则。“圆满性”概念在莱布尼兹哲学中原来是个形上学概念，伍尔夫将它引进伦理学中，作为道德之基本原则。但这个原则本身不含任何内容，无法决定具体的义务。为了使它能具体应用，伍尔夫不得不将它套在目的与手段的关系中来理解。但这样一来，却使一切道德行为至多只具有工具价值，而牺牲了道德之绝对性。这形成一个两难之局。

1760 年代初，康德接触了英国“道德情感”学说，深为所动。因为“道德情感”是个具体的原则，又可说明道德之绝对性（无条件性）；这使他不必面对伍尔夫的两难之局。但他当时并未完全以“道德情感”原则来取代伍尔夫的“圆满性”原则，而是试图将两者融合于一个伦理学系统中，由此形成一个独特的伦理学观点。这个观点在他于 1762 年年底完成的《关于自然神学及道德学底原理之明晰性的探讨》一文中特别清楚地显示出来。在该文的最后一章中，康德谈到道德哲学的问题，其中一段写道：

> 而今我能简单地指出：在我对这个问题作过长久的深思后，我相信：“尽你所能去做到最圆满”这项规则是**行动**底一切责任之第一**形式根据**，正如“不做妨碍你所能达到的最大可能的圆满性之事”这个命题是关于**禁制**底义务的第一形式根据。再者，若非实质的第一根据已存在，我们对于真理的判断就无法由第一形式原理衍生出来；同样的，若无实践知识之不可证明的实质原理与之结合，就无任何特定的责任能单由这两个善底规则衍生出来。因为时至今日，我们才开始了解：表明“**真**”的能力是**认知**，而感觉“**善**”的能力是**情感**；而且两者可不能相混淆。如今，正如“真”——亦即我们在知识底对象（就它们本身而观）中所遇到者——有不可分析的概念一样，“善”也有一种不可分解的情感（这种情感决不会单纯地在一个事物中，而是始终关联着一个感觉的存有者而被遇到）。知性之工作在于：借显示“善”底复合而含混的

> 概念如何由对于它的更单纯的感觉产生，以分解并澄清这种概念。然而，一旦对于“善”的感觉是单纯的，则“这是善的”这项判断便是完全不可证明的，并且是带着对象底表象的愉快之情底意识之一项直接结果。再者，既然在我们内部的确可见到许多对于“善”的单纯情感，则有许多这类不可分解的表象存在。是故，如果一个行为直接被表明为善的，而不暗中包含另一种“善”（我们可凭分析在该行为中认识此“善”，且由于此“善”，该行为称为圆满的），则这个行为底必然性是责任底一项不可证明的实质原理。[1]

这两个第一形式根据即是伍尔夫的道德原则[2]，康德后来在其《伦理学讲义》中将它们简化为“行善避恶”（“Fac bonum et omitte malum.”），且视之为“重言的”（tautologisch），亦即“空洞的且非哲学的”[3]。对伍尔夫而言，“善”与“圆满性”是可互换的概念；而“善”的概念即涵着“应当”的概念。这项原则其实只是义务意识之形式上的表达，用以提撕“应当”的意识。因为就概念的意涵而言，“行善避恶”这个实践命题只等于说：“你应当做你应当做的事，不做你不应当做的事”；而在义务的内容方面，它一无所示。此其所以为“重言的”。一切道德判断固然均包含这个“应当”的意识，但光是这个意识本身无法决定具体的义务。因此，伍尔夫的道德原则只是道德判断之必要条件，而非充分条件。为了决定义务的具

1 *Kants Gesammelte Schriften* (Akademieausgabe, 以下简称 *KGS*), Bd. 2, S. 299f.

2 Christian Wolff: *Vernünftige Gedanken von der Menschen Thun und Lassen, zu Beförderung ihrer Glückseligkeit* (Frankfurt u. Leipzig, 1733), §14.

3 Paul Menzer (Hg.): *Eine Vorlesung Kants über Ethik* (Berlin: Pan Verlag Rolf Heise, 1924), S. 47.

体内容，康德需要一项实质原则；而他此时因受到哈奇森等人的启发，便以“道德情感”充作这项实质原则。在《关于自然神学及道德学底原理之明晰性的探讨》一文的末尾，康德明白地表示：“哈奇森及其他人在道德情感底名目下，已为此问题底妥善说明开了个头。”[1] 因此，依此时康德之见，行为的道德性直接为道德情感所认可；由于这种直接性（不可化约性），道德情感才能保证道德之绝对性。

由以上所述，我们可以得到两点结论：第一，康德把道德判断视为形式的理性原则与实质的道德情感之共同作用的结果，因此这两者同为义务的“判断原则”。第二，这种共同作用预设道德情感和理性间的本质关联。这两项观点均与他后期的伦理学观点判然而异。

康德在这个时期，除了将道德情感视为义务的“判断原则”之外，也将它视为“践履原则”。他在 1763 年发表了一篇《将负量底概念引入哲学中的尝试》（“Versuch den Begriff der negativen Größen in die Weltweisheit einzuführen”）。在这篇文章中，他表示：人之“失德”不仅是一种欠缺，而是包含一种真实的对立；反之，动物无所谓“失德”，因为其活动不包含这种对立。他写道：

> 一个无理性的动物不会实践德行。但是这种不为（Unterlassung）并非失德（Untugend/demeritum）。因为并无行动违反任何内在法则。这个动物并未受到内在的道德情感之驱使去做一个善的行为，而且并非由于它之反抗这种情感，或

1 *KGS*, Bd. 2, S. 300.

者借着一种抗衡，而有“零”或者不为底结果产生。[1]

康德在此显然把道德情感视为道德行为的决定原因，用他自己日后的术语来说，即是动机。

由于康德在这个时期将道德情感视为义务的“判断原则”兼“践履原则”，而且承认道德情感与道德法则间的本质关联，这其中包含两个与日后迥然不同的伦理学观点：第一，他并未把道德情感和道德法则分属两个层面，因而未在伦理学中预设情感与理性二分的间架。第二，他并未将道德情感排除于道德主体之外，因此道德主体同时具有情感面与理性面。这种立场一直维持到1768、1769年之交，才有根本的转变，而过渡到其后期的立场[2]。

三、康德后期伦理学中的道德情感

相对于其早期伦理学的观点，康德后期的伦理学有两个基本观点：第一，一切情感均是感性之特殊形态，而道德情感是道德法则加诸感性的结果，其自身也属于感性，因此具有感性所特有的“受纳性”（Rezeptivität）或被动性。第二，道德主体是纯理性的，其自身可制定道德法则，而道德情感既然在本质上是感性的，自不属于道德主体。这两个观点均预设一个情感与理性二分的主体性架构。

1　同上注，S. 183。

2　关于其转变的过程，参阅拙著 Ming-huei Lee: *Das Problem des moralischen Gefühls in der Entwicklung der Kantischen Ethik* (Taipei: Institute of Chinese Literature and Philosophy, Academia Sinica, 1994), S. 123-148.

但在其后期伦理学中，“道德情感”的概念包含极其复杂的内涵。笔者根据其后期著作对此概念加以分析，发现康德在不同的场合使用“道德情感”一词时，分别指：(1) 一种自然禀赋、(2) 一种习性，以及 (3) 一种情感状态[1]。而就第三项意义而言，“道德情感”包含两组意识内容：

A. 对道德法则或义务的敬畏；

B. 与德行意识相联结的愉快或满足之情，以及与罪恶意识相联结的不快或痛苦之情：

I. 因意志活动符合或抵牾道德法则而有的愉快或不快；

II. 因实际服从或违背义务而有的愉快或不快。[2]

“道德情感”概念的这些不同意义间有何关联，本文无法详述。就本文的目的而言，笔者只须作以下几点说明。首先，(1)、(2) 及 (3) 三义分别涉及日常用语中“情感”一词的三个面向；只要我们在该词出现时根据上下文确定其意义，便不会产生解释上的困难。其次，就“道德情感”所包含的意识内容而言，I 类的道德情感系 A 类的道德情感之积极面。康德在《道德底形上学之基础》中写道：

> 〔……〕敬畏之为物，既不被视为爱好底对象，亦不被视为恐惧底对象（虽然它同时与这两者均有类似之处）。因此，敬畏底**对象**只有**法则**，并且是我们加诸**我们自己**且其自身有必然性的法则。就其为法则而言，我们服从它，而不顾虑我爱；

1　参阅同上注，S. 212。

2　参阅同上注，S. 213f.。

> 就我们将它加诸我们自己而言，它可是我们的意志底一个结果。它〔按：当指敬畏〕在第一方面类乎恐惧，在第二方面类乎爱好。[1]

由此可知：康德把对道德法则的敬畏视为一种复合的情感，其积极面是一种类乎爱好的愉快或满足[2]。

最后，在B类的道德情感中，Ⅰ类与Ⅱ类虽有关联，但其作用不同：Ⅰ类的道德情感是引发道德行为的动机，Ⅱ类的道德情感则是道德行为之结果[3]。当康德在《实践理性批判》一书《论纯粹实践理性底动机》章中讨论“道德动机”时，显然并非就Ⅱ类的道德情感而言；只有A类及Ⅰ类的道德情感才能作为道德行为之动机。康德并未说明Ⅰ类和Ⅱ类的道德情感有何关系。但是他在《道德底形上学》一书中表示：我们虽无义务拥有或取得道德情感，却有义务陶冶之[4]。这里同时牵涉到（1）类及（2）类的道德情感。因为无法取得的道德情感是一种自然禀赋，而可以陶冶的道德情感则是一种习性。前者是这种陶冶之根据，后者则是其结果；但一个人的道德圆满性只能反映于后者，而非前者。若我们经常依道德法则而行为，而由此感受到某种愉快或满足（Ⅱ类的道德情感），则这种经验将因累积而成为一种习性（〔2〕类的道德情感），且在道德实践中不断地强化之。其结果将提高我们的心灵对道德

1　*KGS*, Bd. 4, S. 401 Anm.

2　参阅拙作：《儒家与自律道德》，《鹅湖学志》，第1期（1988年5月），页13—14〔本书，页27—28〕。

3　参阅同上注，页14〔本书，页28—29〕。

4　*KGS*, Bd. 6, S. 399f.；参阅S. 387。

法则的感受性，换言之，使道德法则更容易在我们心中引起敬畏或愉快之情（A类或I类的道德情感）。这样一来，以上各种不同意义的道德情感均可相互连贯起来。

四、意志与意念之区分

要真正了解“道德情感”概念在康德后期伦理学中的意义，我们还得了解他对道德主体的看法。在后期的康德哲学中，道德主体称为“意志”,而“意志”即是“实践理性本身”[1]。这个意义的“意志”系相对于“意念”而言。在康德的著作中,“意志”与“意念”二词常常混用。直到他写《道德底形上学》一书时，才正式区分这两个概念。尽管如此,他以后并未严格遵守这种区分。在《道德底形上学》一书中,他在两处提到这种区分[2]。笔者根据他在这两处的说明，将“意志”与“意念”的区别归纳为以下几点：

(1)由意志产生法则（客观原则），由意念仅产生格律（主观原则）。

(2)意志不直接涉及行为，意念才能直接涉及行为。

(3)意志为立法能力，故无所谓自由或不自由；意念为抉择能力，始有自由可言。

(4)意志本身无任何决定根据，但可决定意念，并透过意念来决定行为。

但康德特别强调：我们不可将“意念底自由”界定为“顺

1 *Die Metaphysik der Sitten* (以下简称 *MS*), *KGS*, Bd. 6, S. 213.

2 同上注，S. 213 & 226。

乎或反乎法则而行动的抉择能力”，亦即“无记的自由”（libertas indifferentiae）[1]。换言之，意念诚然是抉择能力，但如果它选择违反法则的行为，就不是自由的。

此外，在其《道德底形上学》一书的初稿中，康德对“意志”与“意念”的区别有更详细的说明。在这些说明中，有三点特别值得注意。首先，他区别意念底自由与意志底自由：

> 〔……〕意念有自由去做或者不做法则所命令之事。但意志以另一种方式而为自由的，因为它是**立法者**，而非服从者，既不服从自然法则，亦不服从其他法则；且就此而论，自由是一种积极的能力，决非要抉择，因为在此并无抉择，而是要就行为底感性面决定主体。[2]

第一句话很容易使人误以为康德所谓的“意念底自由”是指无记的自由。但在这份初稿的另一处，他明白地否定这点[3]。因此，此处所谓“意念底自由”当如在《道德底形上学》中一样，系就依法则而抉择的能力而言。“意志底自由”则是就立法能力而言，亦即“自律”义的自由；这种自由虽为上文所未述及，但与“意念底自由”并无抵牾之处。

其次，康德以“理体”与“事相”的关系来解释意志与意念

1　同上注，S. 226。

2　*Vorarbeiten zu Die Metaphysik der Sitten*, *KGS*, Bd. 23, S. 249.

3　康德在论及意念底自由时写道：“〔……〕这种自由不可被解释为：有一种主观的可能性，顺乎或反乎法则而作决定，亦即根本决定行为之违反法则，因为这等于一个恶的意志〔按：宜作意念〕。”（同上注，S. 428）

之关系。他写道：

> 的确，就作为事相的人底行为而言，意念底自由在于就两个相反的行为（合乎法则与违反法则的行为）作抉择的能力，而且人根据这种自由将自己视为事相。——作为理体的人不仅在理论方面，而且在实践方面，均是为意念底对象自我立法者，且就此而言，有自由而无抉择。[1]

最后，在这个“理体”与“事相”的间架下，他将“动机”归诸意念，而不归诸意志。他写道：“意念底决定根据称为动机。（意志并无动机，因为它不涉及对象，而是涉及行为方式，且能借表象成为行为方式底一项规则）。”[2]

由此可知：意志与意念之区别对应于“动因”（Bewegungsgrund）与“动机”之区别。康德在《道德底形上学之基础》一书中明白地表示：“欲求底主观根据是动机，意欲底客观根据是动因。”[3]康德将道德情感称为“道德动机”，即是根据这个用法。故他在《实践理性批判》中将“论纯粹实践理性底动机”的一章比拟为“纯粹实践理性底感性论”，且明言此章以讨论道德情感为主[4]。但是正如他并未严格遵守“意志”与“意念”之区分一样，他也未严格遵守“动因”与“动机”之区分。在该章中，他时而说：“〔……〕

1　同上注。

2　*Vorarbeiten zu Die Metaphysik der Sitten*, *KGS*, Bd. 23, S. 378.

3　*Grundlegung zur Metaphysik der Sitten*（以下简称 *GMS*), *KGS*, Bd. 4, S. 427.

4　*Kritik der praktischen Vernunft*（以下简称 *KpV*), *KGS*, Bd. 5, S. 90.

对道德法则的敬畏是唯一的且确实的道德动机。”[1] 时而说：“〔……〕纯粹实践理性底真正动机不外乎是纯粹道德法则本身。”[2] 然而，既然如上文所述，动机仅属于意念，道德法则自不能作为动机，因为道德法则系由意志所制定。因此，道德情感才是“纯粹实践理性底动机”，道德法则只能是意念之动因。

五、道德情感与道德主体

在“理体”与“事相”（相当于“物自身”与“现象”或者“知性世界”与“感性世界”之分）二分的间架中，康德现在断然将道德情感归诸后者。他注意到道德情感并非一般意义的“感觉”（Sinn），故在《道德底形上学》中说道：

> 将这种情感称为一种道德的**感觉**，并不恰当。因为“感觉”一词通常意指一种理论性的、牵涉到一个对象的知觉能力；反之，道德情感（如同一般而言的愉快或不快）却是纯然主观之物，它并不提供任何知识。[3]

道德情感当作情感来看，固然与具有认知作用的“感觉”不同，而且与一般情感也不同，因为“这种情感（名为道德的）仅由理性所产生”[4]。依康德之见，道德情感“必须被视为法则加诸意志的

1　同上注，S. 78。
2　同上注，S. 88；参阅 S. 72。
3　*MS*, *KGS*, Bd. 6, S. 400.
4　*KpV*, *KGS*, Bd. 5, S. 76.

主观结果”[1];“它并非意志底决定之原因,而是其结果”[2]。然而就其为情感而言,道德情感与一般情感在性质上并无二致。因此他说:“〔……〕情感无论是由什么所引起,永远是自然的(physisch)。”[3]又说:“〔……〕一切情感均是感性的(sinnlich)。”[4]就此而言,道德情感与一般意义的“感觉”亦无不同,因为康德将这两者均归诸感性。他有时固然也使用“智性的愉快”[5]、“智性的满足”[6]、“智性的欣悦”[7]等用语,但这并非意谓这些情感本身不是感性的,而只是意谓其决定根据在于理性。他始终坚持一切情感之同质性,因为“一种智性的情感是个矛盾”[8]。

既然在康德的道德哲学中,作为道德主体的“意志”仅是实践理性本身,而道德情感属于感性,则在其理体与事相的二元间架中,他必然将道德情感排除于道德主体之外。在《道德底形上学》中,他将道德情感与良心、对人类之爱、对自己的尊敬并列为“心灵对一般而言的义务概念的感受性之感性的先决概念”:“〔……〕它们系作为对义务概念的感受性之主观条件,却非作为客观条件而为道德之根据。它们均是感性的、预存的但却自然的心灵禀赋,即为义务概念所触动的心灵禀赋。”[9]因此,道德情感并非道德法则

1 *GMS*, *KGS*, Bd. 4, S. 460.

2 “Über den Gemeinspruch: Das mag in der Theorie richtig sein, taugt aber nicht für die Praxis”, *KGS*, Bd. 8, S. 283.

3 *MS*, *KGS*, Bd. 6, S. 377.

4 *KpV*, *KGS*, Bd. 5, S. 75.

5 *MS*, *KGS*, Bd. 6, S. 212; *Anthropologie in pragmatischer Hinsicht*, *KGS*, Bd. 7, S. 230.

6 *KpV*, *KGS*, Bd. 5, S. 118.

7 *Kritik der Urteilskraft*, *KGS*, Bd. 5, S. 271.

8 *KpV*, *KGS*, Bd. 5, S. 117.

9 *MS*, *KGS*, Bd. 6, S. 399.

的客观根据（这客观根据在于实践理性本身），而只是我们之所以感受到道德法则之强制力的人类学根据。在《单在理性界限内的宗教》一书中，康德将道德情感视为三种“在人性中向善的原始禀赋”之一，亦即“关于人（作为一个有理性且同时能负责的存有者）底人格性的禀赋”[1]。此处要注意：“关于人格性的禀赋”不即是“人格性本身”。康德在此明白地表示：唯有“道德法则底理念”（或者说，“完全从智性方面来看的‘人’底理念”）才是人格性本身，而道德情感只是“助成人格性的禀赋”或“人格性之附加物”[2]。从这两处均可显然看出：康德预设一个情感与理性二分的主体性架构，而将道德情感排除于道德主体（人格性）之外。

六、实践情感之理性化

在这个主体性架构之中，不但是道德情感，连其他的实践情感都必须与道德主体截然二分。因此，康德在谈到“爱底义务”（如慈善、感恩、同情）与“敬底义务”时，便只能以两种完全不同的方式来解释其中所涉及的情感：或者将之解释为因履行这些义务而产生的附随现象，或者干脆完全除去其情感内容，仅视之为一项格律、义务或理想。譬如，他在《道德底形上学》中谈到“对他人的义务”时表示：“爱与尊敬是随着这些义务底履行的情感。”[3] 但在同书的次页中，他却以完全不同的方式解释“爱”与“尊敬”：

1　*KGS*, Bd. 6, S. 26f.

2　同上注，S. 28。

3　*MS*, *KGS*, Bd. 6, S. 448.

> 但是在这里，**爱**并不被理解为**情感**（感性的），亦即对于他人底圆满性的愉快，也不被理解为**惬意**之爱（因为他人不可能责成我们拥有情感），而是必须被设想为**仁慈**底格律，而这项格律产生施惠。对于应向他人表示的**尊敬**，我们得同样说：它不仅意谓将我们自己的价值与他人底价值相比较而生的**情感**（一个孩子对其父母、一个学生对其老师、一般而言的部属对其长官，仅出于习惯而感觉到的情感），而是仅意谓一项"以另一个人底人格中的'人'之尊严来限制我们的自我评价"的**格律**，因而意谓实践意义下的尊敬（observantia aliis praestanda〔向他人所表示的尊敬〕）。[1]

在这两段话中，康德不再依一般的意义将"爱"与"尊敬"视为情感，而是将它们智性化，解释为格律。

类似的态度亦见诸他讨论"实践的爱"（praktische Liebe）的文字中。所谓"实践的爱"系指摩西律法中的两条基本诫命："你要以全部的心志、情感和理智爱主——你的上帝。""你要爱别人，像爱自己一样。"[2] 他在《道德底形上学之基础》中写道：

> 毫无疑问，我们也得如此去理解命令我们去爱我们的邻人、甚至敌人的那些经文。因为爱当作爱好来看，无法被命令；但是出于义务的仁惠，纵使全无爱好驱使我们去做它，甚至

1 同上注，S. 449。

2 《新约·马太福音》22: 37—41（圣经公会现代中文译本）；亦见《马可福音》12:28—33 及《路加福音》10: 25—28。

> 为自然的且无法抑制的厌恶所抗拒，却是**实践的**而非**感受的**爱。这种爱存在于意志、而非感觉底癖好中，存在于行为底原则、而非温柔的同情中；但唯有这种爱能够被命令。[1]

康德在这里剥除了“爱”这个字眼中所有的情感成分，将“实践的爱”解释为一项义务，而非爱好。换言之，他所谓“实践的爱”根本不是爱，只是空有爱之名，而无其实。他在这里预设“义务”与“爱好”之对立，后来引发了他与席勒之间的论战[2]。

在其情感与理性二分的主体性架构中，必然包含“义务”与“爱好”之对立。这种对立在《实践理性批判》的一段文字中表现得更为明显。康德在那里进一步解释这种“实践的爱”之意涵：

> 〔……〕在这个意义下，“爱上帝”意谓“**自愿**行其命令”；“爱邻人”意谓“**自愿**履行对他的一切义务”。但是使之成为规则的命令却不能也要求我们在合乎义务的行为中**拥有**这个存心，而只能要求我们**追求**它。因为“我们应当自愿做某事”的一项命令是自相矛盾的；盖如果我们已自然地知道我们应当做什么，并且也意识到我们自愿去做它，则一项关于此事的命令是完全不必要的；而如果我们虽然做此事，但却不是自愿地、而只是出于对法则的敬畏，则使这种敬畏正好成为格律底动机的一项命令将与这个被命令的存心正相违逆。因此，那项

1 *GMS*, *KGS*, Bd. 4, S. 399.

2 参拙作 Ming-huei Lee: *Das Problem des moralischen Gefühls in der Entwicklung der Kantischen Ethik*, S. 293-307.

> 万法之法如同福音书底一切道德规范一样，完全圆满地表达道德的存心；而且虽然它作为一项神圣性底理想，并非任何受造物所能达到，却仍是我们应当努力趋近且在一个不间断而无限的进程中仿效的范型。[1]

在这段话中，“实践的爱”不但完全失去了情感的内涵，甚至成了我们永无法达成的理想。在康德的主体性架构中，理性我与感性我截然二分，两者处于一种永远的紧张状态中，敬畏之情即反映出人类所处的道德阶段。因此，他不承认我们人类能出于自愿而履行义务，或者说，有席勒所谓“对义务的爱好”[2]。他认为：唯有神圣意志（无限存有者的意志）才能出于自愿而履行义务；对我们人类而言，这永远是一项理想，而道德法则始终是一项命令。无论康德将“爱”、“尊敬”等实践情感理解为因履行义务而产生的附随现象，还是将它们智性化，都预设一个情感与理性二分的主体性架构。

七、后期康德的“道德情感”理论之难题

在康德这种二元的主体性架构中，道德主体（意志）只是道德法则之制定者，亦即实践理性。意志之这种“自我立法”的特性在康德即称为“自律”，而“自律”即是积极意义的“自由”[3]。但

---

1 *KpV*, *KGS*, Bd. 5, S. 83.

2 Schiller: “Über Anmut und Würde”, in: Eduard von den Hellen (Hg.), *Schillers Sämtliche Werke* (Säkular-Ausgabe, Stuttgart/Berlin: Cotta, 1904/5), Bd. 11, S. 217.

3 *GMS*, *KGS*, Bd. 4, S. 446f.; *KpV*, *KGS*, Bd. 5, S. 33.

对于康德而言，意志底自由还有另一层意义，即是能无待于外在的决定原因而产生作用的一种因果性；这是自由底消极意义[1]。这种因果性相对于“自然底因果性”，称为“借由自由的因果性”。换言之，道德主体本身理当有实现其法则的力量。康德在《实践理性批判》中便强调道德主体的这种力量：

> 满足道德底定言令式，永远是每个人力所能及；满足幸福之以经验为条件的诫规，则不常见，并且决非对每个人均是可能的（甚至仅就单一目标而言）。此其原因在于：前者仅牵涉到必然真实且纯粹的格律，但后者却牵涉到实现一个所欲对象的力量和自然能力。[2]

然而，当康德将作为动机的道德情感排除于道德主体之外时，道德主体本身应有的自我实现的力量即被架空。依照康德的“自由”观，道德主体本身理当同时拥有义务的“判断原则”与“践履原则”。但是在其二元的主体性架构中，道德主体却只保有“判断原则”，“践履原则”则旁落于感性，而在道德情感中。这使得其道德主体虚歉无力；以美国学者贝克（Lewis White Beck）的话来说，它只是个首长（principal），而非执行者（agent）[3]。因此，尽管道德情感只是我们对道德法则的感受性之主观条件，但如果我们无道德情感，作为动因的道德法则亦将失去其作用。他在《道

---

1 *GMS*, *KGS*, Bd. 4, S. 446.

2 *KpV*, *KGS*, Bd. 5, S. 36f.

3 L.W. Beck: *A Commentary on Kant's Critique of Practical Reason* (Chicago: The University of Chicago Press, 1960), p. 180.

德底形上学》中便说道：

> 没有人完全不具有道德情感；因为一个人若对这种感觉完全无动于衷，他在道德上便等于死了；而且如果（以医生底用语来说）道德的生命力不再能对这种情感产生刺激，则“人”（仿佛按照化学定律）将化为纯然的动物性，而与其他自然物底群类泯然无分了。[1]

因此，如果我们不具道德情感，仍可能会意识到道德法则，但这种意识因欠缺道德动机，对我们的行为全无作用。所以，单是以道德法则作为意念的动因，并不足以说明康德所谓的“借由自由的因果性”。因为在这种情感与理性二分的主体性架构中，尽管他仍可坚持道德主体的自律（就其自我立法而言），但因道德动机落在感性中，必然使道德主体丧失自我实现的力量。这与其自律伦理学的立场有所扞格，而形成其系统内部的一项难题。

八、朱子对“四端”的诠释

现在我们便以上述康德的“道德情感”说为理论背景，进而对孟子的“四端之心”说作个比较研究。我们先将《孟子》中论“四端之心”的两段文字引述于下，以为讨论之根据：

---

1 *MS*, *KGS*, Bd. 6, S. 400. 引号中的“人”字德文作 Menschheit，意谓“人之所以为人者”，而非指具体的人（Mensch）。

孟子曰："人皆有不忍人之心。先王有不忍人之心，斯有不忍人之政矣。以不忍人之心，行不忍人之政，治天下可运之掌上。所以谓人皆有不忍人之心者，今人乍见孺子将入于井，皆有怵惕恻隐之心——非所以内交于孺子之父母也，非所以要誉于乡党朋友也，非恶其声而然也。由是观之，无恻隐之心，非人也；无羞恶之心，非人也；无辞让之心，非人也；无是非之心，非人也。恻隐之心，仁之端也；羞恶之心，义之端也；辞让之心，礼之端也；是非之心，智之端也。人之有是四端也，犹其有四体也。有是四端而自谓不能者，自贼者也；谓其君不能者，贼其君者也。凡有四端于我者，知皆扩而充之矣，若火之始然，泉之始达。苟能充之，足以保四海；苟不充之，不足以事父母。"（《公孙丑上》第6章）

公都子曰："告子曰：'性无善无不善也。'或曰：'性可以为善，可以为不善；是故文、武兴，则民好善；幽、厉兴，则民好暴。'或曰：'有性善，有性不善；是故以尧为君而有象；以瞽瞍为父而有舜；以纣为兄之子，且以为君，而有微子启、王子比干。'今曰'性善'，然则彼皆非与？"

孟子曰："乃若其情，则可以为善矣，乃所以为善也。若夫为不善，非才之罪也。恻隐之心，人皆有之；羞恶之心，人皆有之；恭敬之心，人皆有之；是非之心，人皆有之。恻隐之心，仁也；羞恶之心，义也；恭敬之心，礼也；是非之心，智也。仁、义、礼、智，非由外铄我也，我固有之也，弗思耳矣。故曰：'求则得之，舍则失之。'或相倍蓰而无算者，不能尽其才者也。诗曰：'天生蒸民，有物有则。民之秉彝，好是懿德。'孔子曰：'为此诗者，其知道乎！故有物必有则；民之秉彝也，

故好是懿德。'"（《告子上》第6章）

朱子在其《孟子集注》中将《公孙丑》篇这段话解释为："恻隐、羞恶、辞让、是非，情也。仁、义、礼、智，性也。心，统性情者也。端，绪也。因其情之发，而性之本然可得而见，犹有物在中而绪见于外也。"[1]他将"恻隐之心，仁之端也"等四句的每一句均拆为三部分，分别配属于"情"、"心"、"性"三个概念，界限分明。以"恻隐之心，仁之端也"这句来说，恻隐是情，仁是性；恻隐之心不是仁，而是"仁之端"，是仁之性显现于外的端绪。他的解释显然预设一个心、性、情三分的间架。

但是在《告子》篇中，孟子明明说"恻隐之心，仁也"云云，与朱子的间架不合。为了解释这项抵牾，朱子说："前篇言是四者为仁义礼智之端，而此不言端者，彼欲其扩而充之，此直因用以着其本体，故言有不同耳。"[2]但这项解释实在很勉强。因为朱子在前面明明将"端"字解释为"端绪"之"端"，现在他却将它解释为扩充之端，即"开端"之"端"，其解释包含一项语义上的滑动。以此来说明这两段引文中的异辞，焉能有说服力？

再者，在《孟子》书中，"心"、"性"二者均为重要概念，但"情"不成其为独立的概念。朱子将"情"与"心"、"性"并列，视之为独立的概念，其唯一的文献根据仅在于"乃若其情"一语。《朱子语类》云：

---

1 《四书集注》（台北：台湾中华书局，四部备要本），《孟子集注》，卷2，页12上。

2 同上书，卷6，页4下。

> 问"乃若其情"。曰："性不可说，情却可说。所以告子问性，孟子却答他情。盖谓情可以为善，则性无有不善。所谓'四端'者，皆情也。仁是性，恻隐是情。恻隐是仁发出来底端芽，如一个谷种相似，谷之生是性，发为萌芽是情。所谓性，只是那仁义礼知四者而已。"[1]

但从上下文看来，"乃若其情"之"情"显然是"情实"之"情"，而非"情感"之"情"，故非一个独立的概念。牟宗三先生解释道：

> "乃若其情"之情非性情对言之情。情实也，犹言实情（real case）。"其"字指性言，或指人之本性言。"其情"即性体之实，或人之本性之实。落在文句的关联上说，当指"人之本性之实"说。"乃若其情，则可以为善"云云，意即：乃若就"人之本性之实"言，则他可以为善（行善作善），此即吾所谓性善也。[2]

因此，朱子将恻隐、羞恶、辞让、是非四者解释为"情"，而与"心"、"性"对言，在文献上并无根据；他所根据的，只是他自己的义理间架。为了了解他何以如此解释"四端之心"，我们得进一步了解其义理间架。

---

1 黎靖德编：《朱子语类》（北京：中华书局，1986年），第4册，卷59，页1380。

2 牟宗三：《心体与性体》（台北：正中书局，1975年），第3册，页416〔7: 461—462〕。〔〕中是《牟宗三先生全集》（台北：联经出版公司，2003年）的册数及页码。

九、朱子心性论的基本架构

朱子心性论的义理间架系透过他对“中和”问题的长期探索而逐渐形成。朱子的中和说有旧说与新说。王懋竑《朱子年谱》在“孝宗乾道二年丙戌、三十七岁”条下录有朱子与张钦夫二书、与张敬夫二书[1]。此四函分别为《朱文公文集》卷三十《与张钦夫》十书之第三、四书，及卷三十二《与张敬夫》十八书之第三、四书，皆朱子答张南轩（栻）函。此四函代表朱子在其师李延平（侗）的影响下所理解的“中和”问题，为中和旧说。又王懋竑《朱子年谱》在“孝宗乾道五年己丑、四十岁”条下录有朱子《已发未发说》、《与湖南诸公论中和第一书》及《答张钦夫书》[2]。《已发未发说》见《文集》卷六十七，《与湖南诸公论中和第一书》见《文集》卷六十四，《答张钦夫书》则为《文集》卷三十二《答张钦夫》十八书之第十八书。这些文献代表朱子顺着程伊川（颐）“性即理”说对“中和”问题所作的重新理解，此时其心、性、情三分的义理间架已大体确定[3]。其后数年间，朱子有《仁说》之作[4]，并与张南轩等湖湘学者就“仁”的问题往复辩论。

《仁说》明白反映出表朱子的心、性、情三分之义理间架，并且直接涉孟子的“四端之心”，故以下笔者即以《仁说》为中心，来讨论朱子所据以理解四端之心的义理背景。《仁说》全文甚长，

1 王懋竑：《宋朱子年谱》（台北：台湾商务印书馆，1987 年），页 35—40。

2 王懋竑：《宋朱子年谱》，页 23—26。

3 关于朱子参究“中和”问题的过程，请参阅牟宗三:《心体与性体》，第 3 册，第 2、3 章。

4 刘述先先生断言《仁说》定稿于癸巳（1173）年朱子 44 岁时；请参阅其《朱子哲学思想的发展与完成》（台北：台湾学生书局，1982 年），页 139—146。

此处仅摘录其中与四端之心有关的三段，加以分析：

> （1）盖天地之心，其德有四，曰元、亨、利、贞，而元无不统。其运行焉，则为春、夏、秋、冬之序，而春生之气无所不通。故人之为心，其德亦有四，曰仁、义、礼、智，而仁无不包。其发用焉，则为爱、恭、宜、别之情，而恻隐之心无所不贯。故论天地之心者，则曰乾元、坤元，则四德之体用不待悉数而足。论人心之妙者，则曰"仁，人心也"，则四德之体用亦不待遍举而该。盖仁之为道，乃天地生物之心，即物而在。情之未发，而此体已具；情之既发，而其用不穷。
>
> （2）或曰："若子之言，则程子所谓'爱情、仁性，不可以爱为仁'者，非欤？"曰："不然。程子之所诃，以爱之发而名仁者也。吾之所论，以爱之理而名仁者也。盖所谓情、性者，虽其分域之不同，然其脉络之通，各有攸属者，则曷尝判然离绝而不相管哉？吾方病夫学者诵程子之言而不求其意，遂至于判然离爱而言仁，故特论此以发明其遗意，而子顾以为异乎程子之说，不亦误哉？"
>
> （3）或曰："程氏之徒言仁多矣。盖有谓爱非仁，而以'万物与我为一'为仁之体者矣。亦有谓爱非仁，而以'心有知觉'释仁之名者矣。今子之言若是，然则彼皆非欤？"曰："彼谓'物我为一'者，可以见仁之无不爱矣，而非仁之所以为体之真也。彼谓'心有知觉'者，可以见仁之包乎智矣，而非仁之所以得名之实也。观孔子答子贡'博施济众'之问，与程子所谓'觉

不可以训仁’者，则可见矣。子尚安得复以此而论仁哉？”[1]

以上引文中，第一段是朱子本人对四端之心的诠释，第二段说明其诠释本于伊川“仁性、爱情”之说。第三段则辩驳杨龟山（时）“物我为一”之说及谢上蔡（良佐）“以觉训仁”之说；此二说皆本之程明道（颢），故朱子在此可谓是间接驳斥明道。“觉不可以训仁”为伊川之说，故朱子在此可谓是援引伊川以驳明道。

在第一段中，朱子将仁、义、礼、智之德，与爱、恭、宜、别（恻隐、恭敬、羞恶、是非）之情分属体用，视为未发与已发之关系；前者以仁贯之，后者以恻隐之心贯之。如第二段引文所述，朱子的诠释实本于伊川之说。《二程遗书》卷18《伊川先生语四》有云：

> 问仁。曰："此在诸公自思之，将圣贤所言仁处，类聚观之，体认出来。孟子曰：‘恻隐之心，仁也。’后人遂以爱为仁。恻隐固是爱也。爱自是情，仁自是性，岂可专以爱为仁？孟子言恻隐为仁，盖为前已言‘恻隐之心，仁之端也’，既曰仁之端，则不可便谓之仁。退之言‘博爱之谓仁’，非也。仁者固博爱，然便以博爱为仁，则不可。”[2]

此即伊川“仁性、爱情”之说。伊川视恻隐为爱，爱是情，是仁之端；他认为仁之端不等于仁，而是性。朱子即据此“仁性、爱情”之说，发展为心、性、情三分的义理间架，以诠释孟子的“四端

1 《朱子大全》（台北：台湾中华书局，四部备要本），第8册，《文集》，卷67，页20上至21上。
2 《二程集》（北京：中华书局，1981年），第1册，页182。

之心”。他在《元亨利贞说》中极扼要地解释道:“仁、义、礼、智,性也。恻隐、羞恶、辞让、是非,情也。以仁爱、以义恶、以礼让、以智知者,心也。性者,心之理也。情者,心之用也。”[1]因此,对朱子而言,仁、义、礼、智是性,而性即理。

在此,我们暂且撇开“心”不谈,先探讨此一间架中的性(理)、情关系。仁、义、礼、智是理,用康德的术语来说,即是“道德法则”。在朱子,性与情的关系是体用关系,是未发与已发的关系,亦即理与气的关系;性属于理,情属于气,故二者之分域不同。在后期的康德,道德法则由实践理性所制定,而道德情感及其他一切实践情感虽有理性的根据,其本身却是感性的。就他们均预设一个情、理二分的间架而言,两人的立场并无二致。再者,朱子强调情与性之不相离,康德亦强调道德法则为道德情感及其他实践情感之根据。但他们均不因这种关系而混同情与理之分际。

朱子驳斥上蔡之“以觉训仁”,也是本于其情、理二分的间架。但他由“心有知觉”联想到“仁之包乎智”,却包含一项严重的误解。上蔡之说,盖本于明道。《二程遗书》卷二上《二先生语二上》有云:“医家以不认痛痒谓之不仁,人以不知觉、不认义理为不仁,譬最近。”[2]此所谓“不仁”,即《论语·阳货》篇中孔子以宰我对“食夫稻,衣夫锦”无不安之感而斥其“不仁”之义。故“以觉训仁”,实为孔孟本有的义理,而非明道师徒所独创。《语类》云:“以名义言之,仁自是爱之体,觉自是智之用,本不相同。但仁包四德。苟仁矣,

---

1 《朱子大全》,第8册,《文集》,卷67,页1上。
2 《二程集》,上册,页33。

安有不觉者乎！”[1]朱子将上述意义的“知觉”仅局限为智之事，而与仁、义、礼对言，只因仁包四德，始言“仁之包乎智”。但孔子以不安之感言仁，明道、上蔡以“心有知觉”为仁，皆直接就此知觉指点仁之实义，而非先限于智之事，再以仁统之。在《论语》，仁是全德，为众德之源，表现为不安之心。在《孟子》，此众德之源即在“本心”，表现为恻隐、羞恶、辞让、是非之心；本心在这些不同机缘下所表现之德，可分别以仁、义、礼、智名之。故上蔡所谓“心有知觉”，系就仁之全德而言，并非仅指智之事。若就在不同机缘下分别表现的仁、义、礼、智之德而言，“心有知觉”固然是智，但又何尝不是仁、义、礼？

纵使将此“知觉”视为智之事，朱子的理解也大有问题。其答张钦夫书《又论仁说》云：“上蔡所谓‘知觉’，正谓知寒暖饱饥之类尔。推而至于酬酢佑神，亦只是此知觉，无别物也。但所用有大小尔。然此亦只是智之发用处，但唯仁者为能兼之。”[2]智之事是就本心知是知非的能力而言，所谓“是非之心”是也。然此“是非”是道德中的是非，而非知识中的是非；是道德判断，而非知识判断。康德认为：道德情感不宜以“感觉”名之。我们也可以说：上蔡所谓“知觉”，并非具有知识意义的“感觉”，而是“道德情感”（此不依康德后期的观点，而依其早期的观点来说）。今朱子将此“知觉”与知寒暖饱饥、乃至酬酢佑神的能力归于一类，唯以所用之大小别之，即是将此二者视为同质，且同属于认知意义下的“感觉”。

对于朱子的误解，湖湘学者亦有辩驳。《宋元学案·五峰学案》

1 《朱子语类》，第 1 册，卷 6，页 118。

2 《朱子大全》，第 4 册，《文集》，卷 32，页 20 上。

中，“五峰家学”项下有“伯逢问答”二条。其第一条云：

> “心有知觉之谓仁”，此上蔡传道端的之语，恐不可为有病。夫知觉亦有深浅，常人莫不知寒识暖，知饥识饱，若认此知觉为极至，则岂特有病而已！伊川亦曰：“觉不可训仁。”意亦犹是，恐人专守着一个“觉”字耳。若夫谢子之意，自有精神，若得其精神，则天地之用即我之用也，何病之有？以爱言仁，不若觉之为近也。[1]

伯逢即五峰从子胡大原。“心有知觉之谓仁”之知觉与“知寒识暖，知饥识饱”之知觉此处不以所用之大小别之，而以深浅别之。由字面观之，深浅之别亦可能是量的分别。但这段话既是针对朱子的同质说而发，则此处的分别应不只是量的分别，而是质的分别。若仅以“知寒识暖，知饥识饱”言知觉，自然不可以觉训仁。此处引伊川“觉不可训仁”之语为证，并不合其原意。伊川此语见于《二程粹言 · 论道篇》：“仁者必爱，指爱为仁则不可。不仁者无所知觉，指知觉为仁则不可。”[2] 他反对以觉训仁，正如反对以爱言仁，均是就其性、情二分的间架而言。故伊川像康德一样，不可能承认有一种异质的知觉。但上蔡以觉训仁，系就此种异质的知觉而言；其义理根据是明道《识仁篇》中“仁者浑然与物同体”之语[3]，而明道此语又须在其“一本”论的义理背景下来理解。

---

1 黄宗羲：《宋元学案》，见沈善洪主编：《黄宗羲全集》（杭州：浙江古籍出版社，1985—1994 年），第 4 册，卷 42，页 693。

2 《二程集》，下册，页 1173。

3 《二程遗书》，卷二上，《二先生语二上》；见《二程集》，第 1 册，页 16。

明道的“一本”论，牟宗三先生论之甚详[1]，此处仅以两语表之，曰：“天人无二，心性天是一。”《二程遗书》卷6《二先生语六》有云：“天人本无二，不必言合。”[2]又卷6《二先生语二上》有云：“只心便是天，尽之便是性，知性便知天，当处便认取，更不可外求。”[3]这两句话牟先生依义理系统断定为明道之言，明道之根据即在《孟子·尽心上》篇“尽心、知性、知天；存心、养性、事天”那段话。依明道“一本”之论，天之真实涵义只能在我们的道德创造性之真性中显示出来，而此道德创造性之真性仅能为我们的道德本心所证知；故尽心、知性、知天是一事，天之所以为天与我们的本心、真性之道德创造性亦是一事[4]。明道依此“一本”之义以言“仁者浑然与物同体”、“仁者以天地万物为一体，莫非己也”[5]，龟山即本之而言“物我为一”。其实此皆本于孟子《尽心上》篇“万物皆备于我矣”一语，非明道师徒所创；而朱子却攻讦之，亦可反证他对“仁”的理解不合孟子原意。

据此“一本”之义，四端之心为本心所表现之相，本心即在恻隐、羞恶、辞让、是非中显其相，故谓之“端”（端绪、端倪）。四端之心于是被上提到本心（道德主体）的层面，而与仁、义、礼、智之理同在一个层面上。此所谓“端”并非在一个情、理二分的间架中下属于气，以彰显更高一层之理。因此，以恻隐、羞恶、辞让、是非为“情”固可，但此“情”并非情、理二分的间架中

---

1 牟宗三：《心体与性体》，第2册，页91—116〔6: 98—126〕。

2 《二程集》，第1册，页81。

3 同上注，页15。

4 对于孟子这段话的诠释，可参阅拙作：《再论孟子的自律伦理学》，《哲学与文化》，第15卷第10期（1988年10月），页49—51〔本书，页87—91〕。

5 《二程遗书》，卷2上，《二先生语二上》；见《二程集》，第1册，页15。

的“情”，亦非后期康德所理解的“道德情感”。后期的康德虽然将“道德情感”与具有知识意义的“感觉”区别开来，但道德情感本身仍属于感性之层面，与感觉为同质。德国现象学家舍勒讨论“价值感”时，为避免与一般意义的“情感”相混淆，特地以Fühlen一词取代通常使用的Gefühl一词。依他之见，一般意义的“情感”系在肉体中有确定位置的一种感性状态，而“价值感”则是一种先天的意向性体验[1]。舍勒批评康德的伦理学，其中一个论点便是：康德把“先天的”（das Apriorische）等同于“理性的”（das Rationale oder Gedachte）[2]。康德认为："智性的情感”是个矛盾的概念，舍勒则承认一个“精神底情感性”（das Emotionale des Geistes）之领域[3]。当然，舍勒的这项批评只适用于后期的康德，因为早期的康德伦理学并未预设一个情感与理性二分的主体性架构。若我们借用舍勒的术语来说，依明道“一本”之义所理解的“四端之心”应属于“精神底情感性”之领域，牟先生即名之曰“本体论的觉情”（ontological feeling）[4]。

十、朱子论心、性关系

据以上的分析，似乎朱子与康德的伦理学属于同一形态。其实不然。要说明其形态之差异，就须进一步比较两者的主体性架

1 参阅 Scheler: *Der Formalismus in der Ethik und die materiale Wertethik* (Bern: Francke, 1966), S. 77ff., 261ff. & 335ff.

2 同上注，S. 81f.；参阅 S. 73。

3 同上注，S. 82。

4 牟宗三：《心体与性体》，第3册，页277〔7: 308〕。

构。如上所述，康德以“意志”为道德主体，而意志是实践理性，是道德法则之制定者。在朱子，相应于道德主体之地位的是“心”。但朱子的“心”与康德的“意志”并非在同一层面上，因为前者属于气。《语类》云：“心者，气之精爽。”[1] 又云：“只有性是一定，情与心与才便合着气了。”[2] 故在心、性、情三者之中，他明白地将性归属于理，而将心与情归属于气。因此，朱子的“性”与康德的“意志”在同一层面上。然而朱子的“性”并非道德主体，因为他认为：“性即理也。在心唤作性，在事唤作理。”[3] 又说：“性是理之总名，仁、义、礼、智皆性中一理之名。”[4] 换言之，性即是理，唯作为心之理时，始称为性；故仁、义、礼、智是理，亦是性。

因此，朱子的“性”只是静态之理，并无主体应有的活动义；此活动义只能表现于心。朱子以种种方式论心、性之别，皆环绕此义而说。以下笔者引朱子之语，分四点论之。首先，《语类》云：

> 1.1 问：“灵处是心，抑是性？”曰：“灵处只是心，不是性。性只是理。”[5]
>
> 1.2 问心之动、性之动。曰：“动处是心，动底是性。”[6]

所谓心是“灵处”、“动处”，皆表示心是活动原则，其自身能活动。至于性，朱子说它是“动底”（犹今语“动的”），并非意谓它本身

---

1 《朱子语类》，第 1 册，卷 5，页 85。
2 同上注，页 97。
3 同上注，页 82。
4 同上注，页 92。
5 同上注，页 85。
6 同上注，页 88。

有活动，而只是意谓它是活动所依之理。以康德的用语来说，性只是“动因”，而非“动机”。因此，说“心之动”和“性之动”时，此所有格语助词“之”字的意涵并不同。“心之动”系指心本身之活动。“性之动”却非指性本身之活动，而是以性为动因而产生的活动；以其依性而起，故系属于性，谓之“性之动”。其实，性本身不能活动，能活动者只是心。

其次，《语类》云：

> 2.1 心有善恶，性无不善。[1]
>
> 2.2 或问：“心有善恶否？”曰：“心是动底物事，自然有善恶。且如恻隐是善也，见孺子入井而无恻隐之心，便是恶矣。离着善，便是恶。然心之本体未尝不善，又却不可说恶全不是心。若不是心，是甚么做出来？〔……〕”[2]
>
> 2.3 问：“心之为物，众理具足。所发之善，固出于心。至所发不善，皆气禀物欲之私，亦出于心否？”曰：“固非心之本体，然亦是出于心也。”[3]
>
> 2.4 性只是合如此底，只是理，非有个物事。若是有底物事，则既有善，亦必有恶。唯其无此物，只是理，故无不善。[4]

心有活动，故有善恶。性只是理；它只是“存有”（“合如此底”），而非“存在”（“有底物事”）。以其非存在之物，故不活动；以其

1 同上注，页89。
2 同上注，页86。
3 同上注。
4 同上注，页93。

不活动，故无不善。牟先生断定：朱子的“性”是只存有而不活动，即因此故。康德说：意志无所谓自由或不自由，意念才有自由可言。因为意志是道德法则之制定者，其自身提供善恶之标准，故无不善。以其无不善，故无所谓自由或不自由。意念为抉择能力，具有动机，而直接涉及行为。当意念遵从道德法则时，它是善的；但当它违反道德法则时，则是恶的。以其有善恶，故有自由可言。因此，朱子的“心”约略相当于康德的“意念”，而与其“意志”不在同一个层面上。由此亦可知：朱子的“心”并不等于康德意义下的道德主体，因为它不是立法者。

《语类》又云：

> 3.1 景绍问心性之别。曰：“性是心之道理，心是主宰于身者。四端便是情，是心之发见处。四者之萌皆出于心，而其所以然者，则是此性之理所在也。”[1]
>
> 3.2 问：“心是知觉，性是理。心与理如何得贯通为一？”曰：“不须去着实通，本来贯通。”“如何本来贯通？”曰：“理无心，则无着处。”[2]

由这两段话可知：性而无心，则无存在（“着处”）可言；而性是心之所以然之理，亦即存在之理。性与心之关系是理与气之关系，亦即形上与形下之关系。此存在之理是一静态的形上之理。因此，仁、义、礼、智是道德原则，也是形上原则，道德原则与形上原

1 同上注，页 90。
2 同上注，页 85。

则不分。在此意义下，朱子学在基本形态上类乎莱布尼兹、伍尔夫的哲学系统，因为在后一系统中，“圆满性”原则既是道德原则，也是形上原则，两者不分。朱子就理为心之所以然之理，而言心与理贯通为一。但这不是王阳明的“心即理”说，因为王阳明并不将理与心分属形上、形下两层，而是就同一层面说本心即理。

以上三点均是从存有论的观点来说明心与性之关系与分别。由这项说明即可进一步决定两者之知识论的关系。朱子注《孟子·尽心上》云：

> 4.1 心者，人之神明，所以具众理而应万事者也。性则心之所具之理。[1]

又其《答王子合》书云：

> 4.2 心犹镜也。但无尘垢之蔽，则本体自明，物来能照。[2]

由这两段话可知：心之作用在于认知，其对象为理。若我们再考虑到朱子将在道德上知是知非的“觉”视同知识意义的“知觉”，则可断定：朱子的“心”基本上是认知心，而非能制定法则的道德心（如康德的“意志”）。或者可以说：朱子以认知心为道德心，正如他以形上之理为道德之理。因此，“心具众理”之“具”只是在一认知关系中的“具”，而非在一道德创造活动中的“具”。换言之，

---

1 《四书集注》，《孟子集注》，卷 7，页 1 上。

2 《朱子大全》，第 6 册，《文集》，卷 49，页 9 下。

此“具”表示形下之心鉴照形上之理，而非创造之。朱子有时亦曰：“心与理一，不是理在前面为一物。”[1] 或曰：“理不是在面前别为一物，即在吾心。”[2] 但这只意谓心在认知活动中赅摄理，而非意谓心创造理。形而下者焉能创造形而上者？若理为心所创造，心焉能不善？盖心有不善，即当有不善之理，可乎？故朱子的“心”决非能立法的道德主体，明矣！

由以上的说明，朱子学中心、性、情之关系便可确定。朱子屡屡以张横渠“心统性情者也”之语来说明此三者之关系。横渠此语见《宋元学案·横渠学案下》“性理拾遗”项下[3]，只是一句孤语，其原意不易确定。朱子的理解亦未必合乎原意。《语类》云：

> 问“心统性情”。曰：“性者，理也。性是体，情是用。性情皆出于心，故心能统之。统，如统兵之‘统’，言有以主之也。且如仁义礼智是性也，孟子曰：‘仁义礼智根于心。’恻隐、羞恶、辞逊、是非，本是情也，孟子曰：‘恻隐之心，羞恶之心，辞逊之心，是非之心。’以此言之，则见得心可以统性情。一心之中自有动静，静者性也，动者情也。”[4]

依照以上的分析，此所谓“性情皆出于心”之“出”其实有两层不同的意义。心发动而为恻隐、羞恶、辞让、是非之情，故曰“情出于心”。心与情均属于气，故此“出”是一心理学意义的“引发”。

1 《朱子语类》，第1册，卷5，页85。
2 同上书，卷9，页155。
3 沈善洪主编：《黄宗羲全集》，第3册，卷18，页915。
4 《朱子语类》，第7册，卷98，页2513。

但说“性出于心”，犹言“心具众理”，均是就一认知关系而言。此“出”表示一认知意义的“赅摄”，非谓心能创造理。朱子引孟子“仁义礼智根于心”之语来说明这种认知意义的“出”，并不谛当。因为孟子此语在意涵上等于其所谓：“仁义礼智，非由外铄我也，我固有之也。”均须在其“仁义内在”说的背景下来理解。然则，孟子的“心”不仅是在认知上能赅摄仁、义、礼、智之理，而是理之制定者。换言之，孟子的“心”犹如康德的“意志”，是能自定法则、自由自律的道德主体[1]。在朱子的系统中，这种意义的道德主体实不能成立，故朱子的伦理学必为“他律伦理学”。

十一、结论

由以上的探讨可见：朱子依心、性、情三分的义理间架去解释孟子的四端之心，实如圆凿方枘，扞格难入。陆象山即针对此点，倡“心即理”之说。他不像朱子那样，将四端之心仅视为情，而是将四端之心视为本心所发，而本心即理。其《与曾宅之》书云：“盖心，一心也，理，一理也，至当归一，精义无二，此心此理，实不容有二。”[2]纵使将四端之心视为情，此情亦非形而下者，即非只是感性的，而是牟先生所谓“本体论的觉情”。象山《与李宰》书云：

心于五官最尊大。洪范曰：“思曰睿，睿作圣。”孟子曰：

---

1 参阅拙作：《孟子与康德的自律伦理学》，《鹅湖月刊》，第155期（1988年5月），页10—12〔本书，页61—68〕；亦参阅拙作：《再论孟子的自律伦理学》，前引书，页45—48〔本书，页78—84〕。

2 《陆九渊集》（北京：中华书局，1980年），卷1，页4—5。

> “心之官则思，思则得之，不思则不得也。”又曰：“存乎人者，岂无仁义之心哉？”又曰：“至于心，独无所同然乎？”又曰：“君子之所以异于人者，以其存心也。”又曰：“非独贤者有是心也，人皆有之，贤者能勿丧耳。”又曰：“人之所以异于禽兽者几希，庶民去之，君子存之。”去之者，去此心也，故曰“此之谓失其本心”。存之者，存此心也，故曰“大人者，不失其赤子之心”。四端者，即此心也；天之所与我者，即此心也。人皆有是心，心皆具是理，心即理也，故曰“理义之悦我心，犹刍豢之悦我口”。所贵乎学者，为其欲穷此理，尽此心也。[1]

这是将四端之心上提到本心的层面，本心即具仁、义、礼、智之理。此“具”并非在认知关系中的“具”，而是在道德立法中的“具”。四端之心为本心所发，仁、义、礼、智之理为本心所立，故心与理为一。

王阳明顺此说解释道：“理一而已。以其理之凝聚而言，则谓之性；以其凝聚之主宰而言，则谓之心。”[2]是以心、性、理三者为一，即皆为本心（良知）所涵。在此“心即理”的义理间架下，始有其“知行合一”之说。用现代的用语来说，“知行合一”之说意谓：良知是道德法则之制定者，而其本身即兼为判断原则与践履原则。故良知在其立法中即涵着能实现其所立的道德法则之力量，而非如在康德的系统中，让这种力量旁落于属于感性层面的道德

1 同上书，卷 11，页 149。

2 陈荣捷编：《王阳明传习录详注集评》（台北：台湾学生书局，1983 年），卷中，第 174 条，页 250。

情感。西方伦理学家在说明“道德责任”（moral responsibility）时，常强调“应当涵着能够”（“Ought implies can.”）之义。道德法则表示一种要求；若其要求超乎行动主体的能力，即为不合理的要求。然则，我们亦无理由将“道德责任”加诸此一主体。唯有在“心即理”的义理间架下，承认道德主体本身具有自我实现的力量，我们才能真正说明“道德责任”之意义。

若根据朱子心、性、情三分的义理间架来理解孟子的“四端之心”，则其系统上的地位类乎后期康德的“道德情感”概念，因为后期康德在其二元的主体性架构中将道德情感完全归诸感性。就这点而言，康德近于朱子，而远于陆、王。但康德的“意志”是能立法的道德主体，而朱子的“心”却不能立法。反之，依陆、王“心即理”的义理间架所理解的“四端之心”与本心同属一个层面，而本心是立法者。就肯定一个能立法的道德主体而言，康德的立场近于陆、王，而远于朱子。然而，康德的“意志”只是实践理性，仅含判断原则，而不具践履原则，故欠缺自我实现的力量。反之，陆、王所理解的“本心”自身即能发而为四端之心，故不但含判断原则，亦含践履原则。如上文所述，康德若要贯彻其自律伦理学的立场，在理论上必须向此而趋[1]。

笔者在另一篇论文中曾说明：唯有根据“心即理”的义理间架，我们才能充分了解孟子的“仁义内在”说，以及其由“尽心、知性、知天”的内在历程所开展之道德的形上学（moral metaphysics）[2]。本文以康德对于“道德情感”问题的讨论为背景，检讨朱子在诠释

1　参阅拙作：《儒家与自律道德》，页 15—19〔本书，页 30—34〕。

2　参阅拙作：《再论孟子的自律伦理学》，页 48—54〔本书，页 84—100〕。

"四端之心"时所涉及的问题，即是要凸显朱子的义理间架之不当。康德伦理学的发展与朱子心性论的发展在基本方向上有一种巧合，两者均发展成一套情、理二分的主体性架构。但若跳出他们的系统来看，我们却见到这种二元的主体性架构有向另一个方向发展的必然性。康德以后的德国伦理学之发展在基本方向上即是要消解其情、理二分的主体性架构，席勒、费希特、黑格尔及现代的现象学伦理学均显示出这种趋向；如上文所显示，这项趋向有其理论上的必然性。同样的，在宋明儒学之发展中，以"心即理"的一元间架取代朱子理气二分、心性情三分的间架，亦有其理论上的必然性；这决不可仅视为见仁见智的主观偏好而已。本文所作的比较研究便已显示出这种必然性。

从康德的“幸福”概念论儒家的义利之辨

一、孟子的“义利之辨”与功利主义

义利之辨为儒家的基本义理之一，而《孟子 · 梁惠王》篇首章常被引为儒家言义利之辨的主要文献根据。然义利之辨，孔子已发其端，如《论语 · 里仁》篇第 16 章云：“君子喻于义，小人喻于利。”先秦儒家的义利之辨归结为董仲舒（179—104 BCE）所谓“正其谊不谋其利，明其道不计其功”二语，但后代儒者对此提出异议者亦不乏其人；南宋永嘉学派之叶适（1150—1223）、陈亮（1143—1194）即其显例。叶适在其《习学记言序目》中掊击董仲舒此语，以为：“既无功利，则道义乃无用之虚语耳。”[1]陈亮则与朱子争汉唐，倡“义利双行，王霸并用”之论[2]。清初的颜、李学派亦批评董仲舒此语。颜元（1635—1704）在其《四书正误》中

1　叶适：《习学记言序目》（北京：中华书局，1977 年），卷 23，页 324。

2　参阅其《甲辰答朱元晦书》，见《龙川文集》（台北：台湾中华书局，四部备要本），卷 20，页 4 下至 7 上。

将此语改为“正其谊以谋其利，明其道而计其功”[1]。李塨（1659—1733）则强调：此语在《春秋繁露》中本作“正其道不谋其利，修其理不急其功”，为《汉书》所误引，致使宋儒误解其意[2]。而深受颜、李学派影响的戴震（1724—1777）在其《孟子字义疏证》中反对宋儒“理欲之分”，实隐含对“义利之辨”的否定。

今人亦有顺此立场而作翻案文章者，如胡适（1891—1962）先生。他盛赞戴震的观点，认为：“戴氏的主张近于边沁（Bentham）、穆勒（J. S. Mill）一派的乐利主义（Utilitarianism）。乐利主义的目的是要谋‘最大多数的最大幸福’。”[3]“乐利主义”今人多译为“功利主义”或“效益主义”。最近蔡信安先生有《论孟子的道德抉择》一文，持类似的看法。他对《孟子·梁惠王》篇首章有特殊的诠释，我们可将其要旨归纳为以下三点：

（1）孟子以“仁义”作为道德抉择的理由，其所根据的标准是“公利”，亦即整体的善，而其所轻的“利”只是私利。

（2）孟子强调：“未有仁而遗其亲者也，未有义而后其君者也。”乃是以“普遍化原则”和“最大效益原则”来决定“仁义”的原则。

（3）孟子的行为抉择理论是一种精巧的“行动功利主义”（act-utilitarianism），但是却以一种“规则义务论伦理学”（rule-deontological ethics）的姿态出现[4]。

笔者无意对该文的论点作全面的检讨，而只想说明：该文判

1　《颜李丛书》（台北：广文书局，1965年），《四书正误》，卷1，《大学》，页6上。

2　同上书，《论语传注问》，《为政二》，页8下。

3　胡适：《戴东原的哲学》（台北：台湾商务印书馆，1971年），页70。

4　以上三点见蔡信安：《论孟子的道德抉择》，《台湾大学哲学论评》，第10期，1987年元月，页137及139。

定孟子的理论属于功利主义，其所根据的理由并不充分。若我们能证明孟子的理论不属于功利主义，自无必要再讨论它究竟属于规则功利主义还是行动功利主义。

当代英、美伦理学家通常依基本形态将伦理学分为“义务论伦理学”（deontological ethics）和“目的论伦理学”（teleological ethics）两类。所谓“目的论伦理学”的基本立场系坚持：道德义务或道德价值之最后判准在于其所产生的非道德价值（非道德意义的“善”）。换言之，这类伦理学将道德意义的“善”化约为非道德意义的“善”，或者说，不承认“善”之异质性（heterogeneity）。“义务论伦理学”则反对将道德意义的“善”化约为非道德意义的“善”。这类伦理学坚持：一个行为或行为规则之所以具有道德意义，其最后判准并不在于其所产生的非道德价值，而在于其自身的特性[1]。在目的论伦理学中，作为道德价值之最后判准的非道德价值不止一端，因此又可再区分为不同形态的伦理学理论。若这种理论以最大的可能的普遍之“善”为其最后判准，亦即以“功利原则”（principle of utility）为道德之最高原则，便称为“功利主义”[2]。

但是我们得注意：义务论伦理学不一定排斥非道德意义的“善”；它只是反对以之为道德价值之唯一的或最后的判准。因此，这种伦理学仍可能接受功利原则作为衍生的道德原则。我们切不可仅因某种理论承认普遍的“善”之值得追求，便将之归入功利

1　关于“义务论伦理学”和“目的论伦理学”的意义，请参阅 William K. Frankena: *Ethics* (Englewood Cliffs/New Jersey: Prentice-Hall, 1973, 2nd edition), pp. 14-17.

2　参阅同上注，pp. 34f.。

主义。要断定此种理论是否属于功利主义，还得看它是否将功利原则视为道德价值之唯一的或最后的判准。如果此种理论除了承认普遍的“善”之值得追求以外，还肯定独立意义的道德价值及其不可化约性，亦即承认“善”之异质性，它便不属于功利主义，而属于义务论伦理学。

单凭这点，已足以否定蔡先生的论断了。因为他所引用的论据，除了“未有仁而遗其亲者也，未有义而后其君者也”这句话之外，还有《梁惠王》篇“仁者无敌”（1.5）和“与民同乐”（2.1）那两章[1]；而这至多只能证明孟子并不完全否定功利原则，而尚未能证明其道德理论属于功利主义。要断定孟子的理论属于功利主义，还得证明它将功利原则视为道德价值之唯一的或最后的判准。但是对于这点，《孟子》书中却有不少反证。例如，《滕文公下》篇记载陈代与孟子之间的一段对话，即透露此义。陈代劝孟子“枉尺直寻”，以见诸侯。“今一见之，大则以王，小则以霸。”但孟子不肯，答以：“〔……〕夫枉尺而直寻者，以利言也。如以利，则枉寻直尺而利，亦可为与？〔……〕如枉道而从彼，何也？且子过矣！枉己者，未有能直人者也。”（6.1）此中的“枉寻直尺而利”一语似有矛盾，因为以利而言，“枉寻直尺”正是不利；故陈大齐先生认为这是孟子的千虑一失[2]。但依笔者之见，孟子在此所想到的，可能是当时那些为满足个人野心而要求全体百姓牺牲其福祉的君王。全体百姓牺牲其福祉，是“枉寻”；国君满足其个人野心，

---

1 见蔡信安：《论孟子的道德抉择》，前引书，页 139—140。本文引用《孟子》时，均依据杨伯峻《孟子译注》（北京：中华书局，1960 年），并将其篇章编号直接附于引文之后。

2 陈大齐：《孟子待解录》（台北：台湾商务印书馆，1980 年），页 86。

是“直尺”。然而，自国君个人的立场来看，其个人之利即是国家之利，故曰“枉寻直尺而利”。对于陈代而言，见诸侯是“枉尺”，王、霸之利是“直寻”。王、霸之利岂曰小哉？尤其对儒家而言，王道之实现可谓天下之大利。但在孟子看来，见诸侯是“枉道”；枉道而从利，君子不为也。若从“利”的观点来衡量所枉与所直，其标准是量的，所考虑者唯在“利”之有无与多寡而已。但对于孟子而言，见不见诸侯不是“利”的问题，而是“道”（义）的问题。用通俗的语言来说，这是做人的原则问题，而非利害问题，两者不可相混。孟子之反对“枉尺直寻”，实包含一种极可贵的洞见。因为他深知：大凡专制统治者往往假集体利益之名，要求个人牺牲其福祉，乃至权利。如果我们不承认“义”有独立于“利”以外的标准，则纵然我们坚持以公利为标准，亦无法使个人的福祉与权利免受侵犯。因为只要我们将一切都看成“利”的问题，统治者便可在集体利益之名义下要求个人牺牲其利益与权利。义利之辨是防止极权主义的最后防线；这道防线一旦撤除，统治者便可凭任何借口将其私欲合理化。所以，孟子在《公孙丑上》篇论伯夷、伊尹、孔子之同而说：“行一不义，杀一不辜，而得天下，皆不为也。”（3.2）因为儒家坚持“义”不可化约为“利”，亦即承认“义”与“利”是异质的。这岂是功利主义者所能接受？

再如《尽心上》篇载孟子之言：“广土众民，君子欲之，所乐不存焉。中天下而立，定四海之民，君子乐之，所性不存焉。君子所性，虽大行不加焉，虽穷居不损焉，分定故也。君子所性，仁义礼智根于心〔……〕”（13.21）赵岐注：“广土众民，大国诸侯也。〔……〕中天下而立，谓王者。所性不存焉，乃所谓性于仁义者也。大行，行之于天下。”[1] 根据这段解释可知：“所欲”者即前段引文所谓“小则以霸”，“所乐”者即其所谓“大则以王”；而这两者均属于“利”的范围。唯有“所性”才属于“义”（道德）的范围。而今孟子明言：君子所性，完全无关乎成败利害（“大行”或“穷居”）；这无异于承认道德价值之不可化约性。因此，孟子的道德理论决不属于功利主义，蔡先生的诠释显然是错误的。

二、义利之辨不等于公利与私利之分

既然连王道之实现亦被孟子归诸“利”，这自然也否定了蔡先生的论点：孟子所轻的“利”只是私利，而不包括公利。这项论点实代表当前极为流行的一种看法。譬如，韦政通先生在其所编的《中国哲学辞典》中“义利之辨”条下写道：“从文献上看，反对义利之辨者，与主张义利之辨者，几乎同样的多，所争者主要不过在公利与私利而已。主张重义而轻利者，其所轻者，自然亦是私利而非公利。”[2] 黄慧英女士在其《后设伦理学之基本问题》一书中也认为：“其实儒家所排斥与义对立的‘利’，非泛指一般的利益，而是指私利和私欲。”[3] 徐复观（1904—1982）先生在其《荀子政治思想的解析》一文中亦持类似的看法：“儒家的所谓利，指的是统治者的利益。”[4]

据笔者所知，似乎只有陈大齐（1886—1983）先生明白反对

---

1 《孟子注疏》（台北：台湾中华书局，四部备要本），卷 13 上，页 7 上。
2 韦政通：《中国哲学辞典》（台北：大林出版社，1980 年），页 679。
3 黄慧英：《后设伦理学之基本问题》（台北：东大图书公司，1988 年），页 125。
4 徐复观：《学术与政治之间》（台北：台湾学生书局，1980 年），页 202。

这种看法。他在其《孟子义利学说的探讨》一文中写道：

> 其次所可假设的，以公与私为义与利的分别标准，凡能有益于公的，都是义，仅能有益于私的，便是利。若把利字用作通常的意义，则有益于公的，未尝不可称之为公利，仅有益于私的，则可称之为私利。故以公私为义利的分别标准，等于以公利私利为义利的分别标准。此一假设，试与孟子的言论对照，亦有合有不合。孟子固多重公利轻私利的言论，但亦未尝完全抹煞私利。故此一假设亦不免令人有难于满意的感想。[1]

他提出的反证有“禹思天下有溺者，由己溺之也；稷思天下有饥者，由己饥之也”(8.29) 及“伊尹〔……〕思天下之民匹夫匹妇有不被尧、舜之泽者，若己推而内之沟中”(9.7) 等语。他进而指出公利与私利之相对性：

> 一件具体的利益之为公为私，时或因观点不同而可以异其判别。公是积私而成的，一群人的公利是群中各个人私利的集合。故群的公利，在各个人自己看来，亦未尝不可谓为其人的私利。公所由以积成的私，其数量多寡不等，因而构成若干高低不同的层级。某一层级的公利，在本层级或其所

1 陈大齐：《孟子义利学说的探讨》，刊于《中国学术史论文集》（台北：中华文化出版事业委员会，1958 年），第 1 集，页 13—14；亦见其《陈百年先生文集》（台北：台湾商务印书馆，1987 年），第 1 辑：孔孟荀学说，页 282。

> 摄的较低层级看来，固不失为公利，在能摄的较高层级看来，不免只是私利。故在此可认为公利的，在彼容或只能认为私利，在此可认为私利的，在彼可能认为公利。[1]

换言之，“利”是个量的原则，可依量之多寡构成由高而低的层级，每个特定量都在这个层级中有其位置。因此，一项具体利益之为公为私，并非绝对的，而是相对于它在这个层级中的位置而定。个别百姓之福祉，就其个人看来，是私利；但在治国者看来，却是公利之一部分。既然公利与私利之划分并无绝对的标准，则说孟子所轻之“利”只是私利，便无多大的意义了。

黄俊杰先生也有《先秦儒家义利观念的演变及其思想史的涵义》一文，从思想史的角度详述义利问题在先秦儒家思想中的演变，极有助于我们对于此问题的理解。此文尤其着重于“义利之辨”和“公私之分”这两个问题在其发展过程中的思想关联。黄先生敏锐地注意到：“公私之分”在孔、孟思想中尚隐而不显；直到荀子，才将“义利之辨”和“公私之分”结合起来，而形成“公义”的概念[2]。但是对于“孟子所轻之利是否只是私利”这个问题，其看法却与一般流行的看法相同。他认为：“孔孟所反对的是‘私利’的讲求，至于‘公利’则与孔孟所提倡的‘义’是并行不悖的。但不论孔子或孟子都没有明白提出‘公义’的观念，因为孔孟大体上都把‘义’当作属于‘我’的范畴的个人修德问题。”[3]

---

1 同上注，页 15—16〔284〕。

2 黄俊杰：《先秦儒家义利观念的演变及其思想史的涵义》，《汉学研究》，第 4 卷，第 1 期（1986 年 6 月），页 138—139。

3 同上注，页 137。

依笔者之见，在孔孟思想中纵然也隐含公利与私利之分，但这项区分并非基本的区分。义利之辨是基本的、原则性的区分，公利与私利之分至多是由此衍生出来的区分，两者并不在同一个序列上。程伊川（颐，1033—1107）认为：“义与利，只是个公与私也。”[1] 恐怕是过分简化的观点。为了说明义利之辨和公利与私利之分在孔孟思想中的关系，笔者拟在此讨论康德的“幸福”概念。因为笔者在另一篇论文中已显示：孟子与康德的伦理学在基本形态上同属“自律伦理学”（Ethik der Autonomie），凡康德的“自律”概念所包括的主要内涵均见于孟子的学说中[2]。“利”的概念在康德哲学中相当于“幸福”的概念，而义利问题即康德哲学中道德与幸福的问题。因此，对康德的“幸福”概念的探讨当有助于理解孔孟思想中的义利问题。

三、康德论“道德之善”与幸福

康德在其《道德底形上学之基础》一书的第一章开头便像孟子在《梁惠王》篇首章一样，提出一项基本的区分。他先界定道德意义的“善”：“在世界之内，甚至根本在它之外，除了一个善的意志之外，我们不可能设想任何事物，它能无限制地被视为善的。”[3] 由其接下去的说明可知：这种无条件的善即是道德意义的

1 《二程集》（北京：中华书局，1981 年），第 1 册，《河南程氏遗书》，卷 17，页 176。

2 参阅拙作：《孟子与康德的自律伦理学》，《鹅湖月刊》，第 155 期（1988 年 5 月），页 5—16；亦刊于《哲学与文化》，第 169 期（1988 年 6 月），页 2—16；今收入本书，页 45—76。

3 *Grundlegung zur Metaphysik der Sitten*（以下简称 *GMS*), in: *Kants Gesammelte Schriften* (Akademieausgabe, 以下简称 *KGS*), Bd. 4, S. 393.

"善"。今康德说:这种"善"仅存在于善的意志中,实隐含以下之义:

> 善的意志之为善，并非由于其结果或成效，即非由于它宜于达成任何一项预定的目的，而仅由于意欲；也就是说，它自身就是善的，而且就它本身来看，其评价必须无可比较地远远高于它为任何一项爱好（若我们愿意的话，甚至为所有爱好底总合）所能实现的一切。[1]

康德在这段话中无异承认道德价值之不可化约性。故以英、美伦理学家的术语来说，他的伦理学当属于"义务论伦理学"。若用德国伦理学家的术语来说，它是一种"存心伦理学"，而非"功效伦理学"。在这种伦理学的立场下，"道德之善"甚至独立于"所有爱好底总合"，亦即"幸福"。因为康德将"幸福"界定为"我们的所有爱好之满足（不但在外延方面就其多样性而言，而且在内涵方面就其程度而言，并且也在持续性方面就其延续而言）"[2]。因此，康德之承认道德与幸福的基本区分，与孟子之提出义利之辨，并无二致。

康德又根据自然目的论的观点来支持道德与幸福之区分。此处所谓"自然目的论的观点"即是："在一个有机的（亦即依生命底目的而被设计的）存有者底自然禀赋中我们假定一项原理：在这个存有者中的任何一个目的，除了最适合此目的且与之最相宜

1 同上注，S. 394。

2 *Kritik der reinen Vernunft*（以下简称 *KrV*), hrsg. von Raymund Schmidt (Hamburg: Felix Meiner, 1976), A806/B834.（A = 1781 年第 1 版，B = 1787 年第 2 版）

的器官外，不会有任何器官。”[1]他根据这项观点，将道德与幸福之实现分别归为理性与本能之职司：自然赋予我们以本能，其真正目的在于幸福之追求；而自然赋予我们以理性，其真正使命在于产生一个绝对善的意志，亦即道德的意志[2]。“这个意志固然可以不是唯一而完全的善，但却必须是最高的善，而且是其他一切善（甚至一切对幸福的要求）底条件。”[3]换言之，他将道德价值与非道德价值（幸福属于此类价值）截然划分开来，而以前者为后者之“条件”。这里说：“道德之善”是幸福的条件，并非意谓：“道德之善”事实上会带来幸福，而是如他在另一处所说：“善的意志似乎甚至构成‘配得幸福’之不可或缺的条件。”[4]这即是说：“道德之善”使人有资格享有幸福（尽管他事实上不一定享有幸福）。康德甚至将“德行”（Tugend）界定为“配得幸福”（die Würdigkeit glücklich zu sein）[5]。

至于康德说：善的意志可以不是唯一而完全的善，但却必须是最高的善，这必须关联着他在《实践理性批判》的《辩证论》中论“最高善”（das höchste Gut/summum bonum）的文字去理解。他在该处分析“最高善”的概念，指出此概念具有歧义，因为“最高”一词或表示“至上”（das Oberste/supremum），或表示“最完全”（das Vollendete/consummatum）[6]。康德说：善的意志必须是最高的善，这个“最高”系根据“至上”义而言。这表示：善的意志

1 *GMS*, *KGS*, Bd. 4, S. 395.

2 同上注，S. 395f.。

3 同上注，S. 396。

4 同上注，S. 393。

5 *Kritik der praktischen Vernunft* (以下简称 *KpV*), *KGS*, Bd. 5, S. 110.

6 同上注。

本身具有最高的价值，纵然不会带来丝毫幸福，亦完全无损其价值。但康德进一步指出："最高善"的理念所要求的，不只是善的意志所显示的道德，也包含由此而应得的幸福；换言之，它要求道德与幸福之成比例的结合，亦即最完全的善[1]。他认为：这个意义的"最高善"是"我们的意志之一项先天必然的对象，并且与道德法则相连而不可分"[2]。换言之，最高善是我们的道德意识之要求，它具有实践的必然性。俗语说："善有善报，恶有恶报；不是不报，时辰未到。"这句话实已包含"最高善"的理念。

"最高善"的理念包含德行与幸福这两个要素，然而它们以怎样的方式结合起来呢？康德设想两种结合方式：或以分析的方式，或以综合的方式；前者根据同一性底法则，后者则根据因果性底法则[3]。所谓"分析的方式"是将德行与幸福视为在逻辑上互涵的概念。康德发现古代希腊的伊壁鸠鲁学派和斯多亚学派均采取分析的方式来结合德行与幸福，但却循完全相反的途径："伊壁鸠鲁学派认为：意识到其引至幸福的格律，便是德行；斯多亚学派认为：意识到其德行，便是幸福。"[4]换言之，前者在逻辑上将德行化约为幸福，后者则在逻辑上将幸福化约为德行。但以这种方式说明德行与幸福之关系，等于是将这两者视为同一个原则，而非两个异质的原则；而这与康德在该书的《分析论》中所得到的结论不合。他说："德行底格律与自身幸福底格律，就其最高的实践原则而言，是完全不同类的，更不是一致的；虽然它们均属于一个最高善，

1　同上注，S. 110f.。
2　同上注，S. 114。
3　同上注，S. 111。
4　同上注。

使之成为可能，但却在同一个主体中强烈地相互限制与损害。”[1]对康德而言，德行与幸福是异质的，不可相互化约；不但德行不可化约为幸福，幸福也不可化约为德行。因此，德行与幸福这两个异质的要素只能以综合的方式结合起来。

康德表示：这样以综合方式所形成的结合是一种“真实的结合”(reale Verbindung)，而不像以分析方式所形成的结合只是一种“逻辑的联结”[2]。所谓“真实的结合”意指：“德行产生幸福，以之为某个与德行底意识不同的东西，就像原因产生一个结果一样。”[3]但是我们千万不要误会这句话的意义。康德在此只是将德行与幸福的关系比拟为因果关系，并非真的视之为存在于现象世界中的因果关系。他说：德行与幸福的综合关系以因果性底法则为依据，并非就一般意义的因果性，即自然底因果性而言，而是就他所谓“借由自由的因果性”而言；这即是说，智思的（intelligibel）根据在现象世界中产生结果。

在德行与幸福的综合关系中，我们不可倒转其方向，以幸福为德行之基础；因为这样一来，道德将丧失其无条件性，而不成其为道德了[4]。但是我们也不可将德行与幸福二者分别视为现象世界中的原因和结果；因为这虽然能保住道德之无条件性，但却与我们的经验不合[5]。在我们的经验中，“善无善报，恶无恶报”是屡见不鲜之事。由此可知：在德行与幸福的综合关系中，两者之结

1 同上注，S. 112。
2 同上注，S. 111。
3 同上注。
4 参阅同上注，S. 113。
5 参阅同上注。

合并不具有因果的必然性，而是具有实践的必然性。康德总结“最高善”的理念中道德与幸福之关系如下：

> **至上的**善（作为最高善底第一个条件）是道德；在另一方面，幸福固然是最高善底第二个要素，但它只是道德底结果（这个结果是在道德上有条件的，但却是必然的）。唯有在这种隶属关系中，**最高**善才是纯粹实践理性底完整对象；而纯粹实践理性必然将最高善设想为可能的，因为贡献一切可能的力量以实现最高善，这是纯粹实践理性底命令。[1]

总而言之，在“最高善”的理念中，道德与幸福的关系是一种隶属关系，前者为主，后者为从。但是这种隶属关系并非分析的（逻辑的），而是综合的（真实的），亦即两个异质的原则之结合。再者，这种结合亦非偶然的，如我们在现实世界中所见到的；它是在道德理念中必然的，因此具有实践的必然性。康德即根据这种实践的必然性，提出“上帝之存在”及“灵魂之不灭”两项设准，以建立其“道德的神学”。由于康德这部分的学说与本文的主旨无关，笔者不再就此作进一步的讨论。

四、康德视“幸福”原则为实质原则

如上所述，康德在“存心伦理学”的观点下，不由所预定的目的来决定善的意志之为善。因此，道德价值并不存在于一项手

---

1 同上注，S. 119。

段对其目的的关系中，而道德法则亦非表明一种手段与目的间的关系。换言之，道德法则不能预设任何目的。用康德的术语来说，道德法则必须是“形式原则”（formales Prinzip），而非“实质原则”（materiales Prinzip）。对于这两个术语，他在《道德底形上学之基础》一书中解释道：

> 欲求底主观根据是**动机**，意欲底客观根据是**动因**；因此有主观目的（它们基于动机）和客观目的（它们取决于对每个有理性者均有效的动因）之区别。如果实践的原则不考虑一切主观目的，它们便是**形式的**；但如果它们以主观目的、因而以某些动机为根据，它们便是**实质的**。一个有理性者随意选定为其行为底结果的那些目的（实质的目的），均是相对的；因为唯有它们对主体底一种特殊欲求能力的关系能予它们以价值。所以，这项价值无法提供对一切有理性者、而且也对每个意欲均有效且必然的普遍原则，亦即实践法则。[1]

这段话需要稍作说明。康德说：形式原则不考虑一切“主观目的”，这似乎暗示：此种原则可以预设客观目的。但康德的意思实非如此。因为按照康德的说明，客观目的系“取决于对每个有理性者均有效的动因”；而依康德的用语习惯，这种“动因”当指“道德法则”而言。因此，所谓“客观目的”实即是由道德法则所决定的目的。康德在稍后表示：有理性者（或者说，人格）即是客观目的[2]。反过

1 *GMS*, *KGS*, Bd. 4, S. 427f.

2 同上注，S. 428。

来说，实践原则所预设的任何目的均关联着主体的特殊欲求始成其为目的，故必为主观的。是故，“主观目的”与“客观目的”之区分系由“实质原则”与“形式原则”之区分衍生出来的。而在后一项区分中，我们只消问：我们的实践原则是否预设任何目的？而不必问：这项目的究竟是主观的还是客观的？因为后一问题是不相干的。由于康德的这个立场，其伦理学常被称为“形式主义伦理学”或“形式伦理学”。他在《实践理性批判》中极清楚地表示这个立场：“‘善’与‘恶’底概念不能先于道德法则（表面看来，这种法则甚至必须以‘善’与‘恶’底概念为基础）而被决定，却是必须只〔……〕后于且透过道德法则而被决定。”[1]

在了解了“形式原则”与“实质原则”的意义之后，我们可进一步说：“形式原则”是以“自律”为根据的原则，“实质原则”则是以“他律”为根据的原则。这可以从康德对“自律”与“他律”所下的定义明显地看出来。他说：“意志底自律是意志底特性，由于这种特性，意志（无关乎意欲底对象之一切特性）对其自己是一项法则。”[2] 又说：“如果意志在其格律之适于普遍的自我立法以外的任何地方——也就是说，它越出自己之外，在其任何一个对象底特性中——寻求应当决定它的法则，便一定形成他律。”[3] 在“他律”的情况下，意志在其对象的特性中寻求实践原则之决定根据；这等于说：意志依据其对象（目的）决定实践原则。依照上一段的说明，如此形成的实践原则便是实质原则。反之，在“自律”

---

1 *KpV*, *KGS*, Bd. 5, S. 62f.

2 *GMS*, *KGS*, Bd. 4, S. 440.

3 同上注，S. 441。

的情况下，意志完全不考虑其对象的特性，而自己决定实践原则；这等于说：实践原则不预设任何目的作为其决定根据。这种实践原则自然便是上文所谓的“形式原则”。因此，在康德伦理学中，“形式原则”与“自律原则”、“实质原则”与“他律原则”是可以相互替换的用语。

在这种“形式原则”与“实质原则”（或者“自律原则”与“他律原则”）的二分法中，康德将“幸福”原则归诸后者，但是他在《道德底形上学之基础》与《实践理性批判》二书中的说法有所出入。在前一书中，他将一切以他律为根据的道德原则区分为经验原则与理性原则两大类，并且解释道：“前一种原则出自幸福底原则，建立于自然情感或道德情感之上。后一种原则出自圆满性底原则，或建立于圆满性（作为我们的意志底可能结果）底理性概念之上，或建立于一种独立的圆满性底概念（作为我们的意志底决定原因）——即上帝底意志——之上。”[1] 由他在《实践理性批判》中对“在道德底原则中的实践的实质决定根据”所作的分类表可知：以自然情感为原则者系指伊壁鸠鲁（Epicurus，342/41— 271/70 BCE），以道德情感为原则者指哈奇森，以圆满性的理性概念为原则者指伍尔夫和斯多亚学派，以上帝的意志为原则者则是指克鲁修斯及其他神学的道德学家。[2] 如今在《道德底形上学之基础》中，康德将“幸福”原则当作经验原则的共同根据，而在接下去的说明中又将自然情感视为“自身幸福底原则”[3]。

---

1 同上注，S. 441f.。

2 *KpV*, *KGS*, Bd. 5, S. 40.

3 *GMS*, *KGS*, Bd. 4, S. 442.

然而，他在《实践理性批判》的《分析论》中却列出“定理一”：“凡实践原则预设欲求能力底一个对象（质料）作为意志底决定根据者，均是经验的，而且无法提供任何实践法则。”[1] 这等于说：一切实质的（他律的）原则都是经验的，岂非与他在《道德底形上学之基础》中的说法不一致？而当我们再看到“定理二”时，可能会更感到困惑，因为“定理二”表示：“一切实质的实践原则就其本身而言，均属同一类，并且隶属于我爱（Selbstliebe）或自身幸福底普遍原则。”[2] 在《道德底形上学之基础》中，他仅将自然情感视为“自身幸福底原则”，现在却将一切实质原则归属于此项原则之下，岂不更令人费解？为了解释这些说法之间的矛盾，我们必须进一步探讨康德的“幸福”概念。

五、康德的“幸福”概念

在《道德底形上学之基础》的第二章，他讨论到所谓的“假言令式”。“假言令式”系规定我们为达成某项目的所须做的行为，而依其目的之是否确定，可以区分为“实然的”（assertorisch）与“或然的”两类[3]。“或然的”令式可以任何对象为其目的，而“实然的”令式则有一项特定的目的，即幸福。在这个脉络下，康德说：

> 但是还是有**一个**目的，我们可假定它是一切有理性者（只

1 *KpV*, *KGS*, Bd. 5, S. 21.

2 同上注，S. 22。

3 *GMS*, *KGS*, Bd. 4, S. 414f.

要令式适用于它们，也就是说，它们是有依待者）底实际目的；因此，这是一个目标，有理性者决不只是**能够**怀有之，而是我们能确切地假定：由于一种自然底必然性，他们均**怀有**之——这就是**幸福**底目标。[1]

照这样说来，幸福是一切人类（就他们具有理性而言）的共同目的，因而具有普遍性。但这种普遍性只是名目上的普遍性，无法落实在具体的层面上。因为我们固然可以说：所有人皆欲求幸福，但每个人对于幸福的内容，却有各自不同的看法。康德说：

〔……〕不幸的是：幸福底概念是个极不确定的概念，因而尽管每个人都希望得到幸福，他却决无法确定而一贯地说出：他到底希望且意欲什么？其故在于：属于幸福底概念的要素均是经验的，也就是说，必须来自经验；但幸福底理念仍然需要一个绝对的整体，亦即在我目前的状况及一切未来的状况中的最大福祉。如今，最有见识且又最有能力但却有限的存有者，不可能对于他在这方面真正想要的东西形成一个确定的概念。[2]

康德在此依假借义将幸福称作一个“理念”（Idee），其实按照严格的意义来说，幸福并非一个理念。依康德自己的解释，“理念”是“一个必然的理性概念，它没有相对应的对象能在感觉中被给

1 同上注，S. 415。
2 同上注，S. 418。

与"[1]。他之所以将"幸福"的概念称为一个"理念",只是因为它像真正的理念一样，指向一种绝对的全体性（Totalität)。他在这段引文之后又解释道："幸福不是理性底理想（Ideal)，而是构想力（Einbildungskraft）底理想。"[2]他在此使用"理想"一词，也是依其假借义；因为按照他通常的用法，"理想"是一种个体化的理念[3]。但由此至少可知："幸福"并非理性底概念，因为它包含经验的成分。因此，"幸福"的概念并不具有先天知识所特有的普遍性[4]。

"幸福"概念的这种经验特质表现在两方面。其一，笔者在上一节曾提到：康德将"幸福"界定为"我们的所有爱好之满足"。但爱好是主观的，不但每个人的爱好各自不同，甚至同一个人的爱好也会因时因地而不同。因此，什么对象可满足我们的爱好，并无法凭先天的原则去决定，而只能在个人的经验中显示出来。所以康德说："尽管每个人都希望得到幸福，他却决无法确定而一贯地说出：他到底希望且意欲什么？"其二，纵然我们在眼前的状态下肯定某些对象可满足我们的爱好，但既然这种满足属于"自然底因果性"之范围,则它在未来是否可能产生不利于幸福的结果，却是我们目前所无法确知的。《老子》第59章云："祸兮福之所倚，福兮祸之所伏，孰知其极？"即透显出这个道理。这种祸福相倚的因果关联只能透过经验去认知，但因其无穷的复杂性，我们的

1　*KrV*, A327/B383.

2　*GMS*, *KGS*, Bd. 4, S. 418.

3　*KrV*, A568/B596.

4　康德在《纯粹理性批判》中指出："必然性和严格的普遍性是一项先天知识之可靠特征。"(B4)

经验亦有时而穷。故康德在提到“幸福”是“构想力底理想”时说道：“这个理想仅基于经验的根据，而我们无法期望：这些根据可决定一个行为，借此我们会达到一个结果底系列（它事实上是无穷尽的）之全体性。”[1]基于这两点理由，康德否定“幸福”概念之实质的（不只是名目的）普遍性[2]。

在另一方面，“幸福”的概念虽然包含经验的成分，却非完全出于人类的自然本能。康德在《判断力批判》一书中写道：

> 幸福底概念并非人可能由其本能抽取出来、且因而由他自己内部的动物性取得的这种概念，而只是关于一种状态的**理念**——他想要在纯经验的条件下使这种状态与这个理念相称（这是不可能的）。他自己设计这个理念，而且是借着其与构想力和感觉相纠缠的知性，以极其不同的方式去设计。他甚至经常改变这个概念，致使自然纵使完全任其支配，却绝对无法具有任何特定的普遍而固定的法则，以便与这个游移不定的概念相吻合，且因而与每个人任意设定的目的相吻合。[3]

康德在《道德底形上学之基础》中将幸福视为“构想力底理想”，现在则说：人“借着其与构想力和感觉相纠缠的知性”去设计幸福的概念。这种不一致系由于他所强调的重点有所改变，而

---

1 *GMS*, *KGS*, Bd. 4, S. 418f.

2 关于“幸福”概念的经验特质，请参阅 Oswald Schwemmer: *Philosophie der Praxis Philosophie der Praxis. Versuch zur Grundlegung einer Lehre vom moralischen Argumentieren in Verbindung mit einer Interpretation der praktischen Philosophie Kants* (Frankfurt/M.: Suhrkamp, 1980), S. 88f.。

3 *Kritik der Urteilskraft*, *KGS*, Bd. 5, §83, S. 430.

非其看法有所改变。统而言之,“幸福”概念之形成同时牵涉到感觉、构想力和知性这三种能力。幸福是我们的爱好之满足，故它涉及感觉，自不待言。就这方面而言，它并未超出我们的自然本能（即动物性）的范围。但就它亦涉及构想力和知性而言，它已超乎自然本能的范围了。因为人之所以会以幸福为目的，系由于他是“世上唯一拥有知性（亦即一种为自己任意设定目的的能力）的存有者”[1]。康德认为:正因为人拥有这种能力，他才能超乎自然底机械作用,而成为自然底主宰及其最后的目的[2]。在这个脉络下,康德将“幸福”重新界定为“人底一切因在他之外与在他之内的自然而成为可能的目的之总合”,亦即“他在世上的一切目的之质料”[3]。所谓“在人之内的自然”系指人的本性，“在人之外的自然”则是指外在的自然界。

至于构想力，康德在《实用方面的人类学》(*Anthropologie in pragmatischer Hinsicht*）一书中解释道：

> 构想力是一种纵使无对象在眼前亦能直观的能力，或为**创生的**（productiv），或为**重现的**（reproductiv）。前者是原本地显现（exhibitio originaria）对象的能力，因此这种显现先于经验而发生;后者是衍生地显现（exhibitio derivativa）对象的能力，这种显现将一个原先已有的经验直观带回心中。[4]。

1 同上注，S. 431。

2 参阅同上注，S. 430f.。

3 同上注，S. 431。

4 *Anthropologie in pragmatischer Hinsicht*, *KGS*, Bd.7, §28, S. 169.

但他接着声明：创生的构想力并不即是“创造的”（schöpferisch），这即是说，它不能创造其材料，其材料必来自我们的感觉能力[1]。由此我们可推断：在“幸福”概念之形成中参与其事的是创生的构想力。因为“幸福”当作一个绝对全体性底概念来看，决非经验直观之重现。比喻地说，它是理想或理念之投影；故康德以“理想”或“理念”称之。然而，这个概念的材料只能来自经验，故亦非真正的“理想”或“理念”。因此，就它包含一种绝对全体性而言，它是创生的构想力之产物。

纵然因知性与构想力的作用，“幸福”的概念有超乎自然本能的一面，但只要其材料来自经验，因而来自自然（包括我们的本性及外在的自然），它便无法提供普遍的标准。因此，康德在《实践理性批判》中说：

> ［……］令人惊异的是：何以明智的人会由于对幸福的欲望——连同使每个人将此欲望当作其意志底决定根据的那项**格律**——是普遍的，就想到将此欲望冒充为一项普遍的**实践法则**。因为在其他场合下，一项普遍的自然法则使所有事物协调一致；而在这里，如果我们想赋予这项格律以一项法则底普遍性，正好会产生与协调完全相反的东西，即最严重的冲突，以及此格律本身及其目标之完全毁灭。因为这样一来，所有人底意志并无相同的对象，而是每个人各有其对象（他自己的福祉）。每个人底对象固然偶尔也会与他人底目标一致（他人也使其目标以自己为依归），但远不足以成为法则，因

1　同上注，S. 167f.。

> 为我们偶尔被容许的例外是无穷的，而且决无法确定地被包含于一项普遍的规则中。〔……〕经验的决定根据不适于制定任何普遍的外在法则，但也同样不适于制定任何普遍的内在法则；因为每个人均以其主体作为爱好底基础，但另一个人却以另一个主体作为爱好底基础，而在每个主体自身之内，时而这项爱好、时而另一项爱好有较大的影响。我们绝对不可能发现一项法则，它在这项条件（即全面的协调）下统辖这一切爱好。[1]

由此可见："人有追求幸福的普遍欲望"这个事实根本不足以证明"幸福"原则的普遍性。因为"幸福"概念的内容完全依对象与主体的爱好之关系而定，因而建立在经验条件上。是故，幸福的原则像一切经验原则一样，无法建立普遍的标准。我们得特别注意：本节所讨论的是"幸福"的一般概念，完全未考虑这是自己的幸福还是他人的幸福，而康德也是就这一般性的概念否定"幸福"之适于作为道德法则之根据。因此，康德的批评不只是针对强调个人幸福的"为我主义"(egoism)，而是针对一般而言的"幸福主义"(eudaemonism)。了解了康德的"幸福"概念之后，我们便可以回过头来解释我们在第四节末尾所见到的那些说法之间的矛盾。

1 *KpV*, *KGS*, Bd. 5, S. 28.

六、康德视道德情感为经验原则

笔者发现：当康德在《道德底形上学之基础》中将自然情感与道德情感视为“经验原则”时，与他在《实践理性批判》的“定理一”将一切实践原则视为“经验的”时，并非在同一个层次上立论。我们首先得了解“经验的”（empirisch）一词在康德哲学中的意义。他在《纯粹理性批判》中有个简单扼要的说明：“借由感觉而牵涉到对象的直观，称为经验的。”[1]简言之，“经验的”一词包含“以感性为基础”和“涉及对象”二义。今在康德看来，自然情感与道德情感本身同属于感性[2]，而且其本身直接与意志的对象发生关系，故为“经验原则”。这种原则自然不适于作为道德法则之根据。“因为如果道德法则底根据系得自人性底特殊构造或人性所处的偶然情境，则使道德法则应一律适用于所有有理性者的那种普遍性——即因此而被加诸道德法则的无条件的实践必然性——便丧失了。”[3]在说明道德情感不足以建立道德法则时，他提到两点理由：(1)情感在程度上是千差万别的，不易为善恶提供一个齐一的标准；(2)我们无法凭自己的情感为他人作道德判断[4]。总而言之，由于感性之主观性，以感性为基础的经验原则自然无法为道德判断提供客观的标准。在此，康德系直接就自然情感与道德情感本身之特性，

---

1 *KrV*, A20/B34.

2 自然情感之属于感性，通常不成问题。但道德情感之属于感性，却是康德的特殊看法；请参阅拙著 Ming-huei Lee: *Das Problem des moralischen Gefühls in der Entwicklung der Kantischen Ethik* (Taipei: Institute of Chinese Literature and Philosophy, Academia Sinica, 1994), S. 142ff. & 254ff.。

3 *GMS*, *KGS*, Bd. 4, S. 442.

4 同上注。

说它们是“经验原则”。

何以康德认为这两项原则均出于“幸福”的原则呢？他并未从正面去说明。但他在一个附注中解释他何以将道德情感归入“幸福”的原则时，却间接透露出他的想法。他写道：

> 我把道德情感底原则归入幸福底原则，因为每项经验的兴趣均透过仅由某物带来的适意（不论这种适意之发生是直接而不考虑利益的，还是顾及利益的）而可望对福祉有所帮助。同样的，我们得像**哈奇森**一样，将对他人幸福的同情之原则归入他所假定的同一种道德感。[1]

由于道德情感，我们会对某个对象产生兴趣，这种兴趣即称为“经验的兴趣”。因为这种兴趣是由对象所引发的，故称为“经验的”。在经验的兴趣中，这个对象会带给我们某种适意。既然康德将“幸福”界定为“我们的所有爱好之满足”，这种适意自然属于“幸福”的概念。因此，康德是就这种由对象所引起的适意，将道德情感归诸“幸福”的原则。我们可以合理地推断：他将自然情感归诸“幸福”的原则，也是基于同样的理由。这段引文也透露出：他将道德情感视为“他人幸福”的原则，正如他将自然情感视为“自身幸福”的原则。然而，“他人幸福”与“自身幸福”之区分不能以对象所带来的适意为依据，因为所有这种适意均属于个人自己。这种区分只能以情感所涉及的对象为依据：道德情感是利他的，以他人的幸福为对象；自然情感则是利己的，以自身的幸福为对象。

1 同上注，S. 442 Anm.。

就这两种情感本身属于感性，且直接涉及对象而言，它们均是“经验的”。

然而，康德在《实践理性批判》中的“定理一”并非依照这同一意义将一切实践原则视为“经验的”。因为无论是伍尔夫的“圆满性”原则（圆满性之形上学概念）还是克鲁修斯的“上帝意志”（圆满性之神学概念），均来自理性，而我们无法透过感觉认识其对象，故不符合上述“经验的”一词之涵义。因此，我们现在显然必须依据另一层意义来了解“经验的”一词。在康德对于这项定理的解说中，我们可发现这另一层意义：

> 我所谓“欲求能力底质料”，是指一个对象，其现实性被欲求。现在，如果对于这个对象的欲望先于实践规则而生，而且是使这项规则成为我们自己的原则之一项条件，则我说：（**第一，**）这项原则在这种情况下一定是经验的。因为这样一来，意念底决定根据便是一个对象底表象及此表象对于主体的关系（这项关系决定欲求能力去实现这个对象）。但是这样一种对于主体的关系意即对一个对象底现实性的**愉快**。因此，这种愉快必须被预设为意念底决定之可能性底条件。但是我们无法先天地认识到：某个对象底表象（不论是什么表象）是否将与**愉快**或**不快**相连，还是**中性的**？所以，在这种情况下，意念底决定根据一定是经验的；因之，预设这个决定根据作为条件之实践的实质原则也是经验的。[1]

1 *KpV*, *KGS*, Bd. 5, S. 21.

这段引文的最后一句显示：康德系就“意念底决定根据”之层次将一切实质的实践原则视为“经验的”。为了更清楚地显示这层意义，笔者将康德的想法重述如下[1]。笔者前面已说过，所谓“实质的实践原则”，即是必须预设特定目的的原则；换言之，此时是由对象决定原则，而非由原则决定对象。这即是说：对象的表象必须成为意念底决定根据。但是某个对象的表象若要能决定我们的意念去促使该对象之实现（或不实现），就得与愉快（或不快）的情感相结合，以之为动机。这种结合之所以可能，乃由于我们先前已经验过该对象之实现（或不实现）所带来的愉快（或不快）。我们过去所直接经验到的这种愉快（或不快）是我们对于“该对象之作用于我们的主体”的第一手（原本的）经验。当我们下一回再度意识到这个对象时，其表象便会重新唤起原先与它相连的愉快（或不快）的情感，而成为我们目前的意念底决定根据。这种重新唤起的愉快（或不快）系构想力之产物，故只是第二手（衍生的）经验。一切实质的（他律的）实践原则，无论它们本身是理性的（如“圆满性”的原则）还是“经验的”（如自然情感和道德情感），最后均须建立在作为第一手经验的愉快（或不快）之上。康德系在这个意义下说：一切实质的实践原则均是“经验的”。再者，不论实质原则所预设的对象是什么（它甚至可能是他人的幸福），但就意念底决定根据而言，这种原则最后所依据的作为第一手经验的愉快（或不快）均属于主体自己。在这个意义下，康德可以说：一切实质的实践原则均隶属于自身幸福的普遍原则。这与他在《道

1　关于以下的重述，请参阅拙著 Ming-huei Lee: *Das Problem des moralischen Gefühls in der Entwicklung der Kantischen Ethik*, S. 233ff.。

德底形上学之基础》中就自然情感所涉及的对象将这种情感视为“自身幸福底原则”，并无逻辑上的矛盾，因为这两种说法所属的层次不同。

从以上的分析可知：康德分别就“实践原则本身”与“意念底决定根据”这两个层次使用“经验的”一词。他就前一层次将自然情感和道德情感视为“经验原则”，而就后一层次说：一切实质的实践原则均是“经验的”；这并不构成逻辑上的矛盾。“经验的”一词所包含的两层意义在自然情感和道德情感的原则中系重叠的，不易看出其分别；但这项分别在“理性的”实质原则中却是显而易见。我们可以借康德在《道德底形上学之基础》中批评“圆满性”的神学概念（上帝的意志）之一段话来凸显这项分别：

> 但在道德底**理性**根据中，**圆满性**底形上学概念〔……〕犹胜于由一个最圆满的神性意志推衍出道德的那个神学概念。这不仅因为我们的确无法直观这种意志底圆满性，而只能从我们的概念（其中最重要的是道德底概念）推衍出这种圆满性；却是因为如果我们不这么做（如果我们这么做，在解释上将会有一种恶性循环），则我们对于上帝底意志还能有的概念（出于荣耀狂和支配欲底特性，且与权力和报复底恐怖表象相结合）必然构成一个与道德正好相反的道德系统底基础。[1]

“上帝的意志”这个概念本身固然是理性的（非经验的），但现在的问题是：这个概念当作实质原则来看，就意念底决定根据而言，

---

1 *GMS*, *KGS*, Bd. 4, S. 443.

是否是“经验的”呢？要回答这个问题，我们必须追溯意念之决定过程。所谓“实质的实践原则”之特性在于：它预设特定的对象，而为此对象所决定。但是上帝的意志并非我们可以直接经验的，故无内容可言。然则，我们如何以之为对象，据以决定我们的实践原则呢？这时我们决不可根据我们对“道德”的概念去决定其内容，因为这将包含一种概念上的循环：原先我们以上帝的意志来决定道德原则，如果现在为了说明上帝的意志，再回过头来，诉诸“道德”的概念，这无异于兜了个圈子，结果什么都没有说明。为了使上帝的意志具体化，我们只剩下一个办法，即是：暗中掺入一些可感觉的对象，以及因之而引起的感觉表象（如荣耀狂、支配欲，以及权力和报复的恐怖表象）。因此，当我们以上帝的意志为对象时，我们实际上所意识到的是这些可感觉的对象、连同它们借由我们的构想力所唤起的第一手经验，即与它们相连的愉快或不快的情感。在这种情况下，意念的决定过程完全符合在上一段中所描述的过程，故康德亦可就此毫无矛盾地说：“上帝的意志”之类的理性法则是“经验的”。经过这样的解释之后，我们便可了解：我们在第四节末尾所见到的“矛盾”均是表面的，事实上并无矛盾存在。

七、人有义务促进自己与他人的幸福

由以上的分析也可知：我们在决定一项实践原则之为形式原则抑或实质原则时，“他人幸福”与“自身幸福”之区别是不相干的。形式原则与实质原则之区别和“他人幸福”与“自身幸福”之区别两者间并无对应关系。康德在《道德底形上学之基础》中曾明白指出："维持自己的生命是项义务。"[1]又说："确保自己的幸福是项义务（至少间接而言）；因为在诸多忧虑底压迫下且在未满足的需要中，对自己现状的不满可能极容易成为一项重大的诱惑去违犯义务。"[2]但他也承认："在我们办得到的时候施惠于人，是项义务。"[3]他在举例说明"定言令式"的程式时，以"维持自己的生命"为"对自己的完全义务"之例，而以"施惠于他人"为"对他人的不完全义务"之例[4]。可见在康德伦理学中，形式原则所决定的目的包括自身的幸福与他人的幸福。换言之，康德的伦理学不只是利他主义的（altruistic），当然也不是为我主义的。

在《实践理性批判》中有一段话清楚地说明："他人幸福"与"自身幸福"之区别对于道德底本质之决定是完全不相干的。康德说：

> 如今我们当然不能否认：一切意欲也得有个对象，亦即有项质料；但这项质料并不因此就是格律底决定根据与条件。因为如果是这样的话，这项格律就无法以一个普遍立法的形式去表示。因为这样一来，对于对象底存在的期待便成为意念底决定原因，而欲求能力对某个事物底存在的依待必须作为意欲底基础；这种依待始终只能在经验条件中去寻求，且因此决无法为一项必然而普遍的规则提供根据。所以，他人底幸福便能成为一个有理性者底意志之对象。但如果这种幸福是格律底决定根据，我们就得假定：我们在他人底福祉中

1　同上注，S. 397。

2　同上注，S. 399。

3　同上注，S. 398。

4　同上注，S. 421ff. & 429f.。

> 不仅感到一种自然的满足，而且也感到一种需要，就像同情的气质在人类之中所产生的一样。但是我不能假定每个有理性者均有这种需要（上帝决不会有）。〔……〕譬如，假设以我自己的幸福为质料。如果我将这种幸福归诸每个人（事实上，我可以将它归诸每个有限的存有者），那么唯有当我将他人底幸福也包含于其中时，我自己的幸福才能成为一项**客观的**实践法则。因此，“促进他人底幸福”的法则并非由“这是每个人底意念之对象”这项预设所产生，而仅是由以下的事实所产生：普遍性底形式（理性需要这个形式作为条件，以赋予我爱底格律以一项法则底客观有效性）成为意志底决定根据，且因此纯粹意志底决定根据并非该对象（他人底幸福），而仅是法则底形式；借此方式，我限制我的以爱好为依据的格律，以便为这项格律取得一项法则底普遍性，且因此使之适合于纯粹实践理性——唯有由这种限制，而非由一项外在动机之添加，才能产生“将我的我爱底格律也扩展到他人底幸福”的这项**责任**底概念。[1]

康德在这里承认：“自己的幸福”（我爱）的格律也可以成为一项客观的实践法则；但是这项格律若要取得客观有效性，必须同时以他人的幸福为质料。但这不等于说：“促进他人的幸福”的法则之所以为实践法则，是因为我们以他人的幸福为质料，然后由这项法则再衍生出“促进自身的幸福”的法则。因为这样一来，这两项法则都将成为实质的原则。康德的意思很清楚：不论是“促

---

1 *KpV*, *KGS*, Bd. 5, S. 34f.

进他人的幸福"的法则，还是"促进自身的幸福"的法则，其所以为实践法则，仅仅是由于它们合乎普遍性底形式，而非由于它们预设自己的幸福或他人的幸福作为质料。而"促进自己的幸福"的格律之所以必须同时以他人的幸福为质料，也是由于它以普遍性底形式为根据。因此，形式原则与实质原则之区分和"他人幸福"与"自身幸福"之区分并不在同一个序列上。在逻辑的次序上，我们得先根据普遍性底形式决定一项实践原则究竟是形式原则还是实质原则,然后再就其所涉及的质料决定"促进他人的幸福"与"促进自身的幸福"这两项法则之关系。

尽管康德承认我们有义务促进他人的幸福与自己的幸福，但是在这两项义务中,他赋予前者更为基本的道德意涵。因为他在《道德底形上学》一书中提出两项"同时是义务的目的"，即自己的圆满性与他人的幸福[1]。如上文所述,道德法则虽不预设任何目的,但却包含某些目的。如果这些目的具有客观必然性，亦即被视为人类的义务,它们便是所谓"同时是义务的目的"[2]。这种目的康德特称为"德行义务"(Tugendpflicht)[3]。人类何以有这种义务呢？康德解释道:"因为既然感性爱好诱使人去追求可能违反义务的目的(作为意念底质料)，则除非再借一项相反的道德目的(它因此必须无待于爱好、先天地被给与)，否则制定法则的理性无法扼止感性爱

1 *Die Metaphysik der Sitten* (以下简称 *MS*), *KGS*, Bd. 6, S. 385ff.

2 同上注，S. 380f.。

3 同上注，S. 383。

好之影响。”[1]

在这两项“德行义务”中，与本文的主题有关的是他人的幸福，故我们仅讨论这项义务。但为什么自身的幸福不属于“德行义务”呢？康德解释道：“由于人性，我们必然会期望自己拥有幸福——亦即对自身状况的满足（只要人们确定幸福会持续下去）——且追求之；但正因此故，这也不是一项同时是义务的目的。”[2] 既然我们在本性上对自己的幸福有直接的爱好，则这种幸福本身虽可成为一项实践的目的，但并非一项“同时是义务的目的”；因为“义务”的概念包含“自我强制”(Selbstzwang)之义[3]。再者，有人可能将“自身的幸福”解释为我们自己的“道德的幸福”，亦即“对人们底人格及其自己的道德行止，因而对其所为之满足”[4]。康德认为：这是对“幸福”一词的误用，因为“道德的幸福”这个概念包含一项矛盾[5]。我们在前几节中见到康德如何说明道德与幸福间的原则性区别之后，自然可以了解他为何不能接受“道德的幸福”之概念。纵使我们接受上述的定义，但这项定义是斯多亚式的，是将“幸福”化约为“道德”的概念。因此，康德认为：我们依这项定义所理解的“道德的幸福”其实应属于“自己的圆满性”之概念[6]。总之，

---

1 同上注，S. 380f.。康德之承认这两种“同时是义务的目的”与其形式主义的立场并无抵牾之处；请参阅 Josef Schmucker: “Der Formalismus und die materialen Zweckprinzipien in der Ethik Kants”, in: Johannes B. Lotz (Hg.), *Kant und die Scholastik heute* (Pullacher philosophische Forschungen, Bd. 1, Pullach bei München: Verlag Berchmanskolleg, 1955), S. 155-205。

2 *MS*, *KGS*, Bd. 6, S. 387.

3 同上注，S. 380。

4 同上注，S. 387。

5 同上注。

6 同上注，S. 387f.。

唯有他人的幸福才能被视为德行义务，自己的幸福则不在此列。

康德又指出：一切德行义务均是“不完全义务”(unvollkommene Pflicht)，或者说“宽泛义务”(weite Pflicht)[1]。所谓“不完全义务”或“宽泛义务”意谓：这项义务仅规定行为的格律，而不规定行为本身，因此在行为的层次上留给行动者一个自由抉择的余地[2]。就“他人的幸福”这项德行义务而言，康德指出：“其他人想要将什么视为他们的幸福，这任由他们自己去判断。但是对于他们视为其幸福而我却不认为如此的一些事物，如果他们在其他情况下并无权利将这些事物当作其所应得者，而向我要求它们，那么我也有权拒绝它们。”[3] 如上文所述，“幸福”是个不确定的概念。“他人的幸福”之所以属于不完全义务，正是由于“幸福”概念之不确定性。

最后还有一个问题：“促进自己的幸福”是否还是一项义务呢？依康德的看法，它本身不是一项德行义务，而是由德行义务衍生出来的一项义务。他解释道：

> 可厌之事、痛苦和匮乏是很大的诱惑，使人违背其义务。因此，富裕、力量、健康和一般而言的福祉（它们抵制上述事物之影响）似乎也能被视为同时是义务的目的，此即“促进**他自己的**幸福，而使它们〔这些目的〕不仅是针对他人底幸福”的义务。——但是这样一来，他自己的幸福就不是目的，

1 同上注，S. 390。
2 同上注。
3 同上注，S. 388。

> 主体底道德才是目的，而这只是一项**被容许的**手段，为这项目的清除障碍；因为他人并无权利要求我牺牲我的并非不道德的目的。为自己追求富裕，并非直接地是义务，但这的确能间接地是一项义务，即把贫穷当作一种引人入于罪恶的极大诱惑而防范之。但是这样一来，我的目的且同时是我的义务，是要保持我的道德（而非我的幸福）之完美无瑕。[1]

由此可见：康德将“促进自己的幸福”视为由“促进自己的圆满性”这项德行义务衍生出来的一项义务；换言之，它是为了保持主体的道德圆满性始成为一项义务。如果不是为了这项目的，它至多只是道德上可容许的行为，而不是一项义务。总而言之，“促进他人的幸福”与“促进自身的幸福”并非在同一个序列上并列的两项义务，前者较后者有更基本的道德意涵。

八、孟子“义利之辨”的哲学涵义

在全盘了解了康德的“幸福”概念之后，现在我们回到儒家的义利问题上。如上文所述，儒家论义利之辨的基本文献首推《孟子·梁惠王》篇首章。为讨论之便，笔者先将这段文字引述于下：

> 孟子见梁惠王。王曰：“叟！不远千里而来，亦将有以利吾国乎？”孟子对曰：“王！何必曰利？亦有仁义而已矣。王曰‘何以利吾国’，大夫曰‘何以利吾家’，士庶人曰‘何以

1 同上注；参阅 *KpV*, *KGS*, Bd. 5, S. 93。

利吾身’，上下交征利，而国危矣。万乘之国，弑其君者必千乘之家；千乘之国，弑其君者必百乘之家。万取千焉，千取百焉，不为不多矣。苟为后义而先利，不夺不餍。未有仁而遗其亲者也，未有义而后其君者也。〔……〕”

此外，《告子下》篇第四章记载孟子与宋轻之间的对话，亦表达类似的思想。今一并引述于下：

宋轻将之楚，孟子遇于石丘，曰：“先生将何之？”曰：“吾闻秦、楚构兵，我将见楚王，说而罢之。楚王不悦，我将见秦王，说而罢之。二王我将有所遇焉。”曰：“轲也请无问其详，愿闻其指。说之将何如？”曰：“我将言其不利也。”曰：“先生之志则大矣，先生之号则不可。先生以利说秦、楚之王，秦、楚之王悦于利，以罢三军之师，是三军之士乐罢而悦于利也。为人臣者怀利以事其君，为人子者怀利以事其父，为人弟者怀利以事其兄；是君臣、父子、兄弟终去仁义，怀利以相接。然而不亡者，未之有也。先生以仁义说秦、楚之王，秦、楚之王悦于仁义，以罢三军之师，是三军之士乐罢而悦于仁义也。为人臣者怀仁义以事其君，为人子者怀仁义以事其父，为人弟者怀仁义以事其兄；是君臣、父子、兄弟终去利，怀仁义以相接也。然而不王者，未之有也。何必曰利？”

孟子在这两处所表达的思想大体相同，均强调先义而后利，亦即以义为利之先决条件。他在《梁惠王》篇中所指的“利”是“不遗其亲，不后其君”。光从该段引文本身，我们很难判断这种“利”

的性质，因为它可能意谓为人亲、为人君者的私利，也可能意谓整个社会秩序的和谐，因而指公利。但从《告子》篇的这段引文看来，他所指的“利”是王道之实现，显然是指公利。其实这两种说法并不冲突，因为公利往往是私利之总合。因此，正如笔者在第二节中所指出的，在孟子的义利之辨中，公利与私利之分是不相干的。同样的，康德在对道德与幸福作原则性的区分时，亦不考虑他人幸福与自身幸福之区分，而是就“幸福”的一般概念，强调它与道德之异质性。

笔者在第一节中也指出：孟子承认仁义会产生利，纵使此“利”是指公利（普遍的善），亦不足以证明其伦理学属于功利主义。因为功利主义属于目的论伦理学，而目的论伦理学的基本观点在于将“义”（道德）化约为“利”，取消道德之独立意义。但孟子和康德一样，均坚持道德之绝对性，亦即其不可化约性。其证据除了笔者在第二节中所提出者之外，还有像《尽心下》篇云：“经德不回，非以干禄也。言语必信，非以正行也。君子行法，以俟命而已矣。”（14.33）朱注：“经，常也。回，曲也。”[1]故“经德不回”犹言“持守常道”。第二句赵岐解释为：“庸言必信，非必欲以正行为名也，性不忍欺人也。”[2]故“正行”不外乎指外在的声名。“经德不回”、“言语必信”二者均属于“义”（道德）的范围，故第三句中的“法”亦当属于同一范围，朱子解为“天理之当然者”是也[3]。今“干禄”、“正行”均属于“利”的范围，而“利”之得失则

1　朱熹：《四书集注》（台北：台湾中华书局，四部备要本），《孟子集注》，卷 7，页 23 上。
2　赵岐注、孙奭疏：《孟子注疏》，卷 14 下，页 3 下。
3　朱熹：《四书集注》，《孟子集注》，卷 7，页 23 上。

属“命”之事。孟子说：“莫之致而至者，命也。”（9.6）因此，义利之辨其实为义命之分所涵。用康德的概念来说，义命之分即是“借由自由的因果性”和“自然底因果性”之区分；道德之事属于“借由自由的因果性”，幸福则属于“自然底因果性”。由此可见：孟子承认道德有独立于“利”、“命”之外的意义与价值，与功利主义的观点正好相反。须知：承认“义”可产生“利”，是一回事；以“利”之所在为“义”，是另一回事。二者形似而实异，决不可混为一谈。康德与孟子均承认“义”可产生“利”，却不因此即归于目的论伦理学，更不要说功利主义了。

孟子肯定道德之绝对性，我们还可证之于《公孙丑上》篇的一段话：“所以谓人皆有不忍人之心者，今人乍见孺子将入于井，皆有怵惕恻隐之心——非所以内交于孺子之父母也，非所以要誉于乡党朋友也，非恶其声而然也。”（3.6）孟子认为：人的道德心（“怵惕恻隐之心”）之发用完全不考虑行为所产生的利害，如“内交于孺子之父母”、“要誉于乡党朋友”、“恶其声”等等。这些考虑全属于“利”的范围，与其道德心（甚至由此而来的救援行动）之道德价值无关。这是孟子的义利之辨所表示的真正涵义，董仲舒的“正其谊不谋其利，明其道不计其功”二语正足以表达此涵义。董仲舒只是说“不谋其利”、“不计其功”，并未反对由“义”所产生的“利”。叶适、颜元、李塨之翻案甚无谓也。

孟子坚持先义后利，而且认为由“义”自然会产生“利”。故我们接着要问：“义”与“利”究竟如何产生这种关联呢？我们可用康德的方式问：这两者究竟是以分析的方式还是综合的方式结合起来呢？孟子显然不是像斯多亚学派那样，以分析的方式将“义”与“利”结合起来。因为他固然反对将“义”化约为“利”，但亦不会赞成将“利”化约为“义”，否则其义命之分便会失去意义。

义命之分亦儒家的基本义理之一。孔子已有“不知命，无以为君子”[1]之说。又《论语 · 里仁》篇载孔子之言曰：“富与贵，是人之所欲也；不以其道，得之不处也。贫与贱，是人之所恶也；不以其道，得之不去也。君子去仁，恶乎成名？君子无终食之间违仁，造次必于是，颠沛必于是。”(4.5) 孔子在这里将“仁”与富贵贫贱之得失分开来：富贵贫贱属于“利”，其得失则系于“命”，仁者未必即能得到富贵而免于贫贱。颜渊短命而死，冉伯牛身染恶疾，皆命也。故“义”与“命”各有其道，不能相互化约[2]。孟子亦言“立命”、“正命”、“俟命”。“俟命”之说方才已见于《尽心下》篇的引文。“立命”、“知命”、“正命”之说则见于《尽心上》篇的前两章。但更重要的是：他对义、命二者提出一项原则性的区别：“求则得之，舍则失之，是求有益于得也，求在我者也。求之有道，得之有命，是求无益于得也，求在外者也。”(13.3) 第一句是指“义”的领域，第二句则是指“命”的领域，两者各有所属。笛卡尔在其《心灵的激情》一书中说道：“在我看来，我们在欲求方面最常犯的错误，是无法充分区别完全操之在我们的事物与并非操之在我们的事物。”[3]儒家的义命之分正是要人正视“命非我们可以完全掌握”的事实，而在我们可以充分掌握的“义”方面尽其在我。

1 语见《论语·尧曰》篇第 3 章。以下引用《论语》文本时，均依据杨伯峻《论语译注》（北京：中华书局，2006 年），并将其篇章编号直接附于引文之后。

2 关于孔子的义命之分，参阅劳思光：《新编中国哲学史》（台北：三民书局，1984 年），第 1 卷，页 136—140。

3 *The Philosophical Works of Descartes*, trans. Elizabeth S. Haldane & G. R. T. Ross (Cambridge: Cambridge University Press, 1968), vol. 1, p. 395, Article CXLIV.

既然“利”之得失系于“命”，则显然我们无法以分析的方式由“义”抽绎出“利”来。

因此，“义”与“利”只能以综合的方式结合起来。然而，由上述的义命之分可知：“义”与“利”之间并无必然的因果关联；也就是说，“义”不必然产生“利”，作为其结果。但《孟子》书中有许多话却似乎肯定“义”与“利”之间的这种因果必然性，如上文所引过的：“未有仁而遗其亲者也，未有义而后其君者也。”“是君臣、父子、兄弟终去利，怀仁义以相接也。然而不王者，未之有也。何必曰利？”“仁者无敌。”又如：“仁则荣，不仁则辱。”(3.4)“苟不志于仁，终身忧辱，以陷于死亡。”(7.9)“得道者多助，失道者寡助。”(4.1)“天子不仁，不保四海；诸侯不仁，不保社稷；卿大夫不仁，不保宗庙；士庶人不仁，不保四体。”(7.3)这类的话在《孟子》书中还很多。但是孟子的义命之分若要有意义，我们就不宜认为这些话在表达客观的事实或规律，而应当视之为劝勉语、警戒语；即使认为它们表示一种必然性，这也是一种实践的必然性，而非因果的必然性。

此种实践的必然性显然包含于孟子的“天爵”、“人爵”说之中。孟子曰：“有天爵者，有人爵者。仁义忠信，乐善不倦，此天爵也；公卿大夫，此人爵也。古之人修其天爵，而人爵从之。今之人修其天爵，以要人爵；既得人爵，而弃其天爵，则惑之甚也，终亦必亡而已矣。”(11.16)“爵”本是指政治上之位，如公、卿、大夫等之位。有其位，即有其权，即享有尊荣，故“爵”表示一种价值。但政治上的爵位系由居上位者授予居下位者，他能授予，自亦必能撤销，此所谓“赵孟之所贵，赵孟能贱之”(11.17)。此“爵”之价值系由人所决定，而为相对的，故孟子名之曰“人爵”。至于“天爵”，则是我们借由道德实践而体现的绝对价值；这种价值既非由他人所授予，自然无虞为他人所撤销。此“天”字并无实指，既非指上天，亦非指自然，而是表示“绝对”、“无条件”之意。因此，“天爵”属于孟子所谓“所性”（相对于“所欲”、“所乐”）的范围，而天爵与人爵之关系实等于道德与幸福之关系，亦即义与利之关系。文中所谓“古之人”与“今之人”并非就历史事实而言，而是表示理想与现实之对比。儒家常托言三代，以表达其理想，故所谓“古之人”往往指一种理想状态。“古之人修其天爵，而人爵从之”意谓：就实践的理想而言，天爵应为人爵之先决条件，此犹如康德以道德为幸福之先决条件；而两者的关系是一种综合关系，包含一种实践的必然性。“今之人修其天爵，以要人爵；既得人爵，而弃其天爵”则表示意志的他律；道德只成了追求幸福的手段，而失去其绝对性，其实亦不成其为道德。孟子虽承认在道德与幸福的关系中存在一种实践的必然性，但他并未像康德那样，去说明这两者如何结合起来。牟宗三先生有《圆善论》一书，顺着儒、释、道三教的圆教模型，以“无限智心”来说明此种必然性，将此问题推至哲学思考之极限，可谓至矣尽矣。

九、义利之辨先于公利与私利之分

最后，我们再回到公利与私利的问题上。如上文所述，孟子在义利之辨中所轻之“利”不仅是指私利，亦包括公利在内。此点亦证之于它对杨朱、墨翟的批评。孟子曰：“杨氏取为我，拔一毛而利天下，不为也。墨子兼爱，摩顶放踵利天下，为之。子莫执中。执中为近之。执中无权，犹执一也。所恶执一者，为其贼道也，举一而废百也。”（13.26）杨朱与墨翟的道德观点皆属于所谓“目的论伦理学”，即以非道德意义的“善”来界定道德意义的“善”；而这非道德意义的“善”在墨翟是指公利，在杨朱则是指私利。今孟子同时批评这两项观点，可见公利与私利之分在孟子的义利之辨中是不相干的问题。孟子以子莫执中为近之。焦循《孟子正义》云：“杨子唯知为我，而不复虑及兼爱；墨子唯知兼爱，而不复虑及为我；子莫但知执中，而不复虑及有当为我、当兼爱之事。”[1]故义之所在，既非公利，亦非私利，但亦非公利、私利取其中。“执中”之失，在于仍纠缠于公利、私利之分，而不知另求义之标准。义之标准何在？唯在道德主体（本心），此所以孟子有“仁义内在”之说。

孟子的“仁义内在”说见于《告子上》篇第4、5章中孟子与告子、公都子（代表孟子）与孟季子（代表告子）之间的辩论。此二章之文句历来无确解。历代大儒纵有能解其义理者（如陆象山、王阳明），亦未必能顺通文句，而尽其论辩过程之曲折。及至牟宗三先生以康德的“自律”概念阐明之，其文句之语脉、义理之精微，始豁然而明。其疏解俱见于其《圆善论》一书中[2]，笔者在此无意转述，徒增篇幅。简言之，告子之主张“义外”，系代表他律伦理学的立场，以为道德法则是由客观的事实或对象所决定。他认为：我们之所以有“敬兄”的义务，系由于：“彼长而我长之，非有长于我也；犹彼白而我白之，从其白于外也，故谓之外也。”（11.4）

---

1 焦循著、沈文倬点校：《孟子正义》（北京：中华书局，1987年），下册，页919—920。

2 参阅牟宗三：《圆善论》（台北：台湾学生书局，1985年），页12—19〔22: 11—19〕；亦参阅拙作：《孟子与康德的自律伦理学》，《鹅湖月刊》，第155期，页8；《哲学与文化》，第169期，页6—7〔本书，页53—56〕。

孟季子也据此观点而说："所敬在此，所长在彼，果在外，非由内也。"（11.5）就他们的观点而言，"敬兄"的义务是基于"兄长于我"的客观事实；若无此事实，"敬兄"的义务亦无由产生。孟子则明白拒绝这个观点，以为道德法则系出于道德主体，而非由其对象所决定。因此，他说："君子所性，仁义礼智根于心。"（13.21）又说："仁义礼智，非由外铄我也，我固有之也。"（11.6）这显然是自律伦理学的观点。就此而言，孟子与康德系站在同一立场上。

笔者在前面详细阐释康德伦理学中的"幸福"概念，并且已显示：在康德的自律伦理学中，道德与幸福之区分系一项基本的区分，无关乎自身幸福与他人幸福之区分。这足以使我们了解：何以孟子的义利之辨无关乎公利与私利之分？在逻辑的次序上，他人幸福与自身幸福之区分后于道德与幸福之区分，这正如公利与私利之区分后于义利之辨。他人幸福与自身幸福之区分和公利与私利之区分并非完全重叠。私利未必即是自身的幸福，他人的幸福亦未必即是公利。依康德之见，他人的幸福与自身的幸福虽然均能成为道德法则的质料，但前者较后者有更基本的道德意涵：促进他人的幸福是"德行义务"；促进自身的幸福则只是由这类义务衍生出来的义务，而且必须扩展至他人的幸福，始能成为义务。孟子亦同时承认公利与私利的道德意涵。他主张公利的言论，在《孟子》书中俯拾皆是。他劝齐、梁之君行王道时，多强调百姓生活条件之改善，故曰："养生丧死无憾，王道之始也。"（1.3）他也说："分人以财谓之惠，教人以善谓之忠，为天下得人者谓之仁。"（5.4）又说："古之人，得志，泽加于民〔……〕达则兼善天下。"（13.9）这些话均显示：公利之促进本身即具有道德价值。

至于私利之追求，儒家并不一定视为不道德。在《论语》中，孔子便说过：“富而可求也，虽执鞭之士，吾亦为之。如不可求，从吾所好。”（7.12）《孟子 · 万章下》篇载孟子之言：“仕非为贫也，而有时乎为贫。”（10.5）又在《告子下》篇，他说：“〔……〕朝不食，夕不食，饥饿不能出门户。君闻之，曰：‘吾大者不能行其道，又不能从其言也，使饥饿于我土地，吾耻之。’周之，亦可受也，免死而已矣。”（12.14）但这些话仅表示：私利之追求在道德上是容许的，并非意谓：它是道德的义务。《尽心上》篇另有孟子的一段话：“莫非命也，顺受其正；是故知命者不立乎岩墙之下。尽其道而死者，正命也；桎梏死者，非正命也。”（13.2）故在其“正命”之说中包含“保全自身”的义务，但这项义务是在“尽道”之前提下始成其为义务。用康德的话来说，这是“间接的义务”，亦即衍生的义务。《孝经 · 开宗明义章》也载曾子之言：“身体发肤，受之父母，不敢毁伤，孝之始也。”据《礼记 · 檀弓上》篇所载，子夏丧其子而丧其明，曾子怒斥其罪[1]。另外，《论语》也载曾子临终前的话：“启予足！启予手！诗云：‘战战兢兢，如临深渊，如履薄冰。’而今而后，吾知免夫！小子！”（8.3）这些记载均证明：儒家把“保存自己的身体和生命”视为一项义务。但是这项义务毕竟不是直接的义务；在某些情况下，为了尽道，反而必须舍弃生命，所以孔子有“杀身成仁”之说，孟子有“舍生取义”之说。

最后，我们还有一个问题，即是：孟子如何理解公利与私利之关系呢？《孟子 · 梁惠王下》篇第 5 章所载孟子与齐宣王间的一段对话透露出孟子的看法。孟子劝齐宣王行王政，齐宣王自认为做不到，而一再找借口，一下说：“寡人有疾，寡人好货。”一

1　陈澔：《礼记集说》（台北：世界书局，1969 年），页 34。

下又说："寡人有疾，寡人好色。""好货"、"好色"均是私欲，其所追求的"货"、"色"均是私利。但孟子并未劝齐宣王禁绝私欲，摒弃私利，而是劝之以："王如好货，与百姓同之。〔……〕王如好色，与百姓同之。"换言之，孟子要求齐宣王将私利普遍化，扩展到他人身上，使之成为公利。这与康德对自身幸福与他人幸福之关系的看法何其相似！

在西方伦理学中，与以孔、孟为代表的儒家主流思想最能相契的，是康德的伦理学，因为两者在基本形态上均属于自律伦理学。因此，探讨康德对道德与幸福的看法，自必有助于理解儒家的义利之辨。本文的比较研究显示：在儒家的主流思想中，义利之辨不等于公私之分，因为这两项区分并不在同一个序列上。义利之辨是基本的、原则性的区分，而唯有在这项区分的前提下，公私之分才有意义。这两个序列之划分也有助于澄清儒家（尤其是孟子）与功利主义之间的关系。本文的探讨证明：我们并无充分的理由将孟子的伦理学归为功利主义。这或许也有助于解决南宋以来环绕着儒家义利之辨而产生的种种争论。

从康德的实践哲学论王阳明的“知行合一”说

一、阳明“知行合一”说的思想史背景

阳明学之纲领一般以“心即理”、“知行合一”、“致良知”三说概括之。“心即理”之说陆象山（九渊，1139—1192）已先提出[1]；但王阳明（守仁，1472—1529）之提出此说，并非直接承自象山，而是在他对朱子“格物致知”之说反复致疑之余，在他被贬谪至贵州龙场时（正德三年，1508 年，时阳明 37 岁）所悟得[2]。次年，

1 象山《与李宰》书云：“心于五官最尊大。〔……〕四端者，即此心也；天之所与我者，即此心也。人皆有是心，心皆具是理，心即理也，故曰：‘理义之悦我心，犹刍豢之悦我口。’所贵乎学者，为其欲穷此理，尽此心也。”语见《陆九渊集》（北京：中华书局，1980 年），卷 11，页 149。

2 据王阳明《年谱》记载，他于此时，“忽中夜大悟格物致知之旨，寤寐中若有人语之者，不觉呼跃，从者皆惊。始知圣人之道，吾性自足，向之求理于事物者误也。”此处虽未出现“心即理”之语，但就实质内容而言，他所悟得的正是“心即理”。引文见吴光等编校：《王阳明全集》（上海：上海古籍出版社，2011 年），下册，卷 33，《年谱一》，页 1354。

他又提出“知行合一”之说[1]。至于“致良知”之说，据王阳明《年谱》，系于正德十六年正式提出，但据陈来先生的考证，当于正德十五年（1520年，时阳明49岁）阳明居赣州时所提出[2]。此三说虽是先后提出，但就义理而言，均可上溯于孟子，有其理论上的一贯性。本文以讨论“知行合一”说之哲学意涵为主，其余二说仅在必要时始附带论及。

“知行合一”说在孟子学中的义理根据，便是其“良知、良能”之说。《孟子·尽心上》第15章载孟子之言曰：

> 人之所不学而能者，其良能也；所不虑而知者，其良知也。孩提之童无不知爱其亲者，及其长也，无不知敬其兄也。亲亲，仁也；敬长，义也；无他，达之天下也。

焦循《孟子正义》解释这段话说：

> 孟子言良能为不学而能，良知为不虑而知。其言“孩提之童，无不知爱其亲”，则不言无不能爱其亲也；其言“及其长也，无不知敬其兄”，则不言无不能敬其兄也。盖不虑而知，性之善也，人人所然也。不学而能，唯生知安行者有之，不

---

1 王阳明《年谱》是年条下云：“是年先生始论知行合一。始席元山书提督学政，问朱陆同异之辨。先生不语朱陆之学，而告之以其所悟。书怀疑而去。明日复来，举知行本体证之五经诸子，渐有省。往复数四，豁然大悟，谓：‘圣人之学复睹于今日；朱陆异同，各有得失，无事辩诘，求之吾性，本自明也。’遂与毛宪副修葺书院，身率贵阳诸生，以所事师礼事之。”（《王阳明全集》，下册，卷33，《年谱一》，页1355。）

2 《年谱》之说见《王阳明全集》，下册，卷34，《年谱二》，页1411—1412。陈先生之考证见其《有无之境》（北京：人民出版社，1991年），页160—164。

> 可概之人人。知爱其亲,性之仁也,而不可谓能仁也。知敬其兄,性之义也,而不可谓能义也。曰亲亲,则能爱其亲矣,仁矣,故曰“亲亲,仁也”。曰敬长,则能敬其兄矣,义矣,故曰“敬长,义也”。何以由知而能也?何以由无不知而无不能也?无他,有达之者也。圣人通神明之德,类万物之情,达之天下也。[1]

焦循将“良知”与“良能”视为二物,而将良知归诸所有人,却将良能仅归诸“生知安行者”(圣人)。由于孟子仅说:“孩提之童无不知爱其亲者,及其长也,无不知敬其兄也。”而不说:“孩提之童无不能爱其亲者,及其长也,无不能敬其兄也。”故焦循认为:由“知”到“能”之间有一段距离,须靠圣人之教化以达之。

然而,单就语法而言,焦循的解释就不能成立。孟子在这段话中根本未提及“圣人”二字。焦循说:“不学而能,唯生知安行者有之,不可概之人人。”所谓“生知安行者”即是指圣人,故这句话等于是说:唯有圣人才有良能。但是孟子明明说:“人之所不学而能者,其良能也。”这是就所有人而言,并不仅限于圣人。况且他接着说:“孩提之童无不知爱其亲者,及其长也,无不知敬其兄也。”“无不”二字即表示这是一个全称命题,正好否定了焦循的说法。最后,焦循解释“无他,达之天下也”这句话时亦毫不顾语法,而以“圣人”为主词。其实,这句话的主词当是“亲亲、敬长”。孟子的意思是说:亲亲、敬长之心能通达于天下,其效力具有普遍性。

焦循之所以误解这段话,主要在于他不知“良知”即是“良能”。

1 焦循著、沈文倬点校:《孟子正义》(北京:中华书局,1987 年),下册,页 900。

赵岐《孟子注》犹知此义，故其注曰："知亦犹是能也。"[1]"亲亲、敬长"之心即是孟子所谓的"本心"，就其为道德之"判断原则"而言，谓之"良知"；就其为道德之"践履原则"而言，谓之"良能"。故"良知"即涵着"良能"，单说"无不知"，即已涵"无不能"之义。这是阳明"知行合一"说之所本。王龙溪（畿，1498—1583）便一语道破孟子"良知、良能"说与阳明"知行合一"说之关联。其《华阳明伦堂会语》记载：

> 诸生问知行合一之旨。先生曰："天下只有个知，不行不足谓之知。知行有本体，有工夫。如眼见得是知，然已是见了，即是行；耳闻得是知，然已是闻了，即是行。要之，只此一个知，已自尽了。孟子说：'孩提之童无不知爱其亲，及其长，无不知敬其兄也。'止曰'知'而已，知便能了，更不消说能爱能敬。本体原是合一，阳明先师因后儒分知、行为两事，不得已说个合一。知非见解之谓，行非履蹈之谓，只从一念上取证。知之真切笃实即是行，行之明觉真察即是知。'知'、'行'两字皆指工夫而言，亦原是合一的，非故为立说，以强人之信也。"[2]

除了上述的引文之外，孟子在其他的场合也不时强调"知"与"能"之间的这种本质关联。例如，《孟子 · 梁惠王上》第 7 章所载孟子与齐宣王之间的对话。孟子试图说服齐宣王"保民而王"，

---

1 赵岐注、孙奭疏：《孟子注疏》（台北：台湾中华书局，四部备要本），卷 13 上，页 5 下。
2 王畿：《王龙溪语录》（台北：广文书局，1977 年），卷 7，页 8 上。

齐宣王则怀疑自己是否有能力做到。孟子举齐宣王见衅钟之牛过堂下，因不忍其觳觫而易之以羊之事为例，证明齐宣王确有不忍人之心，并且有能力推此心于百姓。孟子指出：“王之不王，不为也，非不能也。”并且解释道：

> 挟太山以超北海，语人曰：“我不能。”是诚不能也。为长者折枝，语人曰：“我不能。”是不为也，非不能也。故王之不王，非挟太山以超北海之类也；王之不王，是折枝之类也。

赵岐注：“折枝，案摩，折手节，解罢枝也。”[1]犹今言“按摩”。按摩，易事也。孟子指出：齐宣王有能力将不忍人之心推至于百姓，正如他有能力为长者按摩；若他说“不能”，乃是借口，其实是“不为”。这犹如《论语·述而》篇第30章中所谓“我欲仁，斯仁至矣”之意，表示良知本身即涵有自求实现的力量；就此而言，良知即是良能。

再如《孟子·梁惠王下》第5章所载孟子与齐宣王之间的对话。孟子向齐宣王宣扬文王之王政，宣王大为赞叹。孟子便趁此机会说服宣王：“王如善之，则何为不行？”宣王却提出借口说：“寡人有疾，寡人好货。”孟子则举公刘好货之事反驳道：“王如好货，与百姓同之，于王何有？”宣王又借口说：“寡人有疾，寡人好色。”孟子则举太王好色之事反驳道：“王如好色，与百姓同之，于王何有？”在孟子看来，只要齐宣王将其“与百姓同之”之心（普遍的仁心）扩而充之，便可行王政；以好货、好色为借口，是不为也，非不能也。又如《孟子·梁惠王下》第3章载孟子与齐

1 赵岐注、孙奭疏：《孟子注疏》，卷1上，页2下。

宣王之间的对话。齐宣王向孟子请教交邻国之道，孟子答以："惟仁者为能以大事小，是故汤事葛，文王事昆夷。惟智者为能以小事大，是故太王事獯鬻，勾践事吴。"宣王不欲行，借口道："寡人有疾，寡人好勇。"孟子则举文王一怒而安天下之民为例，劝宣王效之。依孟子之意，只要齐宣王能化其匹夫之勇为安天下之大勇，便可行此道；以好勇为借口，是不为也，非不能也。是故，《孟子·公孙丑上》第6章载孟子之言曰："人皆有不忍人之心。先王有不忍人之心，斯有不忍人之政矣。以不忍人之心，行不忍人之政，治天下可运之掌上。""运之掌上"亦言其易也。又在同章中，孟子论及恻隐、羞恶、辞让、是非四端之心后，明白表示："人之有是四端也，犹其有四体也。有是四端而自谓不能者，自贼者也；谓其君不能者，贼其君者也。"这些文献均可证明：孟子所说的"良知"、"良能"并非二物，"良知"即涵着"良能"。故阳明"知行合一"之说本于孟子，殆无疑义。

就直接的思想史背景而言，阳明"知行合一"之说系针对朱子"知先行后"之说而发。前引王龙溪之言曰："阳明先师因后儒分知、行为两事，不得已说个合一。"此处所说的"后儒"主要便是指朱子。朱子《答吴晦叔书》云：

> 熹伏承示及"先知后行"之说，反复详明，引据精密，警发多矣。所未能无疑者，方欲求教，又得南轩寄来书稿读之，则凡熹之所欲言者，盖皆已先得之矣。特其曲折之间，小有未备，请得而细论之。夫泛论知行之理，而就一事之中以观之，则知之为先，行之为后，无可疑者。〔……〕今就其一事之中

而论之，则先知后行，固各有其序矣。[1]

又其《答程正思》云：“致知、力行，论其先后，固当以致知为先；然论其轻重，则当以力行为重。”[2]又《语类》云：“知行常相须，如目无足不行，足无目不见。论先后，知为先；论轻重，行为重。”[3]类似的话头还有不少。但值得注意的是：“知先行后”之说并非只有朱子提出。与朱子同属一义理系统的程伊川（颐，1033—1107）亦有“先知后行”之说[4]，固无论矣。即使与朱子不属于同一义理系统的陆象山（九渊，1139—1192）和胡五峰（宏，1105—1161），亦有类似的说法。由上文所引朱子《答吴晦叔书》可知：五峰门人吴晦叔（翌，生卒年不详）、张南轩（栻，1133—1180）亦有“知先行后”之说，此系本于五峰“欲为仁，必先识仁之体”之说[5]。朱子本人虽持“知先行后”说，却不赞成五峰门人的“知先行后”说，可见此说在不同的义理系统中可以有不同的理解[6]。象山亦有“先讲

1　《朱子大全》（台北：台湾中华书局，四部备要本），第5册，《文集》，卷42，页16上至17上。

2　同上书，第6册，《文集》，卷50，页27下。

3　黎靖德编：《朱子语类》（北京：中华书局，1986年），第1册，卷9，页148。

4　伊川曰：“〔……〕人力行，先须要知。非特行难，知亦难也。《书》曰：‘知之非艰，行之为艰。’此固是也，然知之亦自艰。譬如人欲往京师，必知是出那门，行那路，然后可往。如不知，虽有欲往之心，其将何之？自古非无美材能力行者，然鲜能明道，以此见知之亦难也。”语见《二程集》（北京：中华书局，1981年），上册，《河南程氏遗书》，卷18，《伊川先生语四》，页187。

5　语见胡宏：《知言》，卷4；收入《文渊阁四库全书》（台湾商务印书馆影印本，1986年），第197册，页222。

6　关于朱子与五峰门人在这个问题上的争辩，请参阅牟宗三：《心体与性体》，第3册（台北：正中书局，1975年），页342—351〔7: 377—387〕。〔〕中是《牟宗三先生全集》（台北：联经出版公司，2003年）的册数及页码。

明，后践履”[1]及“致知在先，力行在后”[2]之说，而引起阳明友人之质疑[3]。反倒是朱子门人陈北溪（淳，1159—1223）视知、行为一事，其言曰：

> 致知、力行二事，当齐头着力并做，不是截然为二事，先致知然后行，只是一套底事。行之不力，非行之罪，皆知之者不真。须见善真如好好色，见恶真如恶恶臭，然后为知之至，而行之力即便在其中矣。[4]

从这些相互错杂的立场可知：无论是“知行合一”说，还是“知先行后”说，都不能从字面上来确定其真正意涵，而只能根据持论者的义理系统来判定之。因此，阳明“知行合一”说的意义只能透过其义理系统及它与朱子的义理系统间的根本区别来理解。

二、阳明“知行合一”说的形式意涵

现在我们便可开始讨论阳明“知行合一”之说。此说主要见于《传习录》上卷所载阳明与其弟子徐爱间的问答，以及中卷所

1 参阅《陆九渊集》，卷 12，页 160，《与赵咏道》之二。

2 参阅同上书，卷 45，《语录上》，页 421。

3 参阅《王阳明全集》，上册，卷 6，《文录三》，页 233—234，《答友人问》。关于阳明对象山此说的批评，参阅杨祖汉：《儒家的心学传统》（台北：文津出版社，1992 年），页 182—187。

4 黄宗羲：《宋元学案》，见沈善洪主编：《黄宗羲全集》（杭州：浙江古籍出版社，1985—1994 年），第 5 册，卷 68，《北溪学案》，页 690。

载阳明《答顾东桥书》[1]。因上卷所载的资料较为集中而完整,故将其全文录之于次，以为讨论之依据：

爱因未会先生“知行合一”之训,与宗贤、惟贤往复辩论，未能决，以问于先生。先生曰：“试举看。”爱曰：“如今人尽有知得父当孝、兄当弟者，却不能孝、不能弟，便是知与行分明是两件。”先生曰：“此已被私欲隔断，不是知行的本体了。未有知而不行者；知而不行，只是未知。圣人教人知行，正是要〔原作“安”，据台湾商务印书馆四部丛刊本校改〕复那本体,不是着你只恁的便罢。故《大学》指个真知行与人看，说‘如好好色，如恶恶臭’。见好色属知，好好色属行。只见那好色时已自好了，不是见了后又立个心去好。闻恶臭属知，恶恶臭属行。只闻那恶臭时已自恶了，不是闻了后别立个心去恶。如鼻塞人虽见恶臭在前，鼻中不曾闻得，便亦不甚恶，亦只是不曾知臭。就如称某人知孝、某人知弟，必是其人已曾行孝行弟，方可称他知孝知弟，不成只是晓得说些孝弟的话，便可称为知孝弟？又如知痛，必已自痛了方知痛；知寒，必已自寒了；知饥，必已自饥了。知、行如何分得开？此便是知行的本体，不曾有私意隔断的。圣人教人，必要是如此，

1 阳明与徐爱间的问答《年谱》系于“正德四年”(1509 年，时阳明 38 岁)，但载明“后徐爱因未会先生知行合一之训〔……〕”，故此当非是年之事。《答顾东桥书》《年谱》系于“嘉靖四年”(1525 年，时阳明 54 岁)，但据《年谱》所载，南大吉于前一年续刻《传习录》,又据《传习录》中卷《钱德洪序》,南大吉所刻《传习录》有《答人论学书》(即《答顾东桥书》)。学者因之怀疑《年谱》系此函于嘉靖四年有误，而有种种揣测，然迄今尚无定论。就本文的目的而言，我们只消肯定：阳明与徐爱间的问答为阳明中年之事，《答顾东桥书》为阳明晚年之作，即已足矣。

方可谓之知。不然，只是不曾知。此却是何等紧切着实的工夫！如今苦苦定要说知、行做两个，是甚么意？某要说做一个，是甚么意？若不知立言宗旨，只管说一个两个，是甚么意？”爱曰：“古人说知、行做两个，亦是要人见个分晓，一行做知的功夫，一行做行的功夫，即功夫始有下落。”先生曰：“此却失了古人宗旨也。某尝说知是行的主意，行是知的功夫；知是行之始，行是知之成。若会得时，只说一个知，已自有行在；只说一个行，已自有知在。古人所以既说一个知，又说一个行者，只为世间有一种人，懵懵懂懂的任意去做，全不解思惟省察，也只是个冥行妄作，所以必说个知，方纔行得是。又有一种人，茫茫荡荡悬空去思索，全不肯着实躬行，也只是个揣摸影响，所以必说一个行，方纔知得真。此是古人不得已补偏救弊的说话，若见得这个意时，即一言而足。今人却就将知、行分作两件去做，以为必先知了，然后能行；我如今且去讲习讨论做知的工夫，待知得真了，方去做行的工夫，故遂终身不行，亦遂终身不知。此不是小病痛，其来已非一日矣。某今说个知行合一，正是对病的药，又不是某凿空杜撰，知行本体原是如此。今若知得宗旨时，即说两个亦不妨，亦只是一个。若不会宗旨，便说一个，亦济得甚事？只是闲说话。”[1]

这段引文几乎包含阳明“知行合一”说的所有重要论点，包括：

（1）知行的本体；

1　《王阳明全集》，上册，卷1，《语录一》，页4—5。标点有所调整。

（2）未有知而不行者；知而不行，只是未知；

（3）知是行的主意，行是知的功夫；

（4）知是行之始，行是知之成。

他在《答顾东桥书》中亦提到“‘致知’之必在于行，而不行之不可以为‘致知’也”[1]，以及“真知即所以为行，不行不足谓之知”[2]的说法，可视为命题（2）的另一种表述方式。另外，在此函中，阳明亦提出另一项重要的论点：

（5）知之真切笃实处，即是行；行之明觉精察处，即是知。[3]

我们要完整地把握阳明“知行合一”之说，必须将这五项论点一并考虑。

首先我们要考虑：“知行合一”的“合一”到底是什么意思？是指概念上的“同一”吗？从命题（3）和（4）看来，显然不是。阳明虽然反对“说知、行做两个”，反对“将知、行分作两件去做”，但显然并非意谓“知”在概念上即等同于“行”，否则命题（3）和（4）便很难理解。就命题（3）而言，“知”与“行”有内外之别。“主意”是内心的意图、意向，“功夫”则是表现于外的行动。故由“知”到“行”构成一个由内而外的现实化历程。就命题（4）而言，“知”与“行”有先后之分，因为由“始”到“成”构成一种时间关系。

1 同上注，页 56。

2 同上注，页 47—48。

3 同上注，页 47。此语又见于其《答友人问》（《王阳明全集》，上册，卷 6，《文录三》，页 232—234）及《与道通书》之第四书（同上书，下册，卷 32，《补录》，页 1331）。

故在“知”与“行”之间包含一个时间上的历程。因此，单从字面上来看，阳明似乎没有理由反对“知先行后”之说。但从他一再反对“知先行后”之说看来，其中显然有更深一层的理由在。故他说：“今若知得宗旨时，即说两个亦不妨，亦只是一个。若不会宗旨，便说一个，亦济得甚事？只是闲说话。”显然这不是字面意义的争论。要了解其真正的争论点，就得了解他所谓的“知”、“行”到底何所指。

由命题(2)看来，阳明对“知”、“行”这两个概念有特殊的规定，与一般的理解不同。这个“知”即是他在《答顾东桥书》中所谓的“真知”，亦即“致知”之“知”。他便是根据“知”、“行”的这种特殊意义提出“知行合一”之说。但命题（2）之规定只是一种形式的说明；它仅指出“知”与“行”间的本质关联，而未说明这两者本身是什么。即使是命题（5），也未明白说出“知”、“行”本身是什么，只是指出它们是一事之两面，“真切笃实”与“明觉精察”是对这两个侧面的形容。但由这些形式的说明，我们至少可以知道：阳明肯定“知”与“行”之间存在一种本质的关联，正如孟子的良知学中“知”与“能”的关系一样。西方伦理学中有“应当涵着能够”的说法。这是一切有意义的“道德”概念之基本预设。因为一切道德上的要求均不得超出道德行动者的能力（譬如，“挟太山以超北海”），否则便是不合理的要求。我们不能由于一个道德行动者达不到这种要求而要他负道德责任，因为在道德上，“责任”与“能力”必须相当。就此而言，在道德上肯定“知”与“行”间的本质关联，只能说是满足了“应当涵着能够”这项基本的伦理学预设。阳明说：“未有知而不行者；知而不行，只是未知。”其实，伊川、朱子也有类似的说法。伊川便说：“知之深，则行之必至，无有知之而不能行者。知而不能行，只是知得浅。”[1] 朱子在其《杂学辨》中也说：“愚谓知而未能行，乃未得之于己，岂特未能用而已乎？然此所谓‘知’者，亦非真知也。真知则未有不能行者。”[2] 因此，由上述的命题（2）至（5），我们尚无法了解阳明“知行合一”说的完整意义，以及他反对“知先行后”说的真正理由。

三、康德论道德学中的“理论”与“实践”

在此，笔者想暂时将问题引到西方哲学中的一个相关问题上，这就是“理论”与“实践”的问题，因为我们可以用“理论”与“实践”的问题来涵盖“知”、“行”问题。徐爱指出一个常见的现象：“如今人尽有知得父当孝、兄当弟者，却不能孝、不能弟，便是知与行分明是两件。”这代表一般人对“知”、“行”的理解。同样的，一般人也往往认为“理论”和“实践”是两回事，理论上虽可行，实际上却未必可行。康德有《论俗语所谓：这在理论上可能是正确的，但不适于实践》一文，专门讨论这个问题，其中有些论点很值得我们参考。

他在这篇论文开宗明义便对“理论”（Theorie）与“实践”（Praxis）二词加以界定。他写道：

> 如果实践规则在某种程度的普遍性中被当作原则，并且在此从对其履行必然有所影响的诸多条件中抽离出来，我们

1 《二程集》，上册，《河南程氏遗书》，卷 15，《伊川先生语一》，页 164。

2 《朱子大全》，第 9 册，《文集》，卷 72，页 35。

> 就甚至把这些规则底总合称为**理论**。反之，并非所有的操作都称为实践，而是只有一项目的之促成——而这被视为对某些普遍设想的程式原则之遵循——才称为**实践**。[1]

根据这项定义，一切无意识的、无原则的、盲目的行动都不属于“实践”，而“理论”则可以由作为原则的实践规则抽取出来。在这种意义之下，“理论”与“实践”之间存在一种互涉的关系，也就是说，实践必须以理论为指导，而理论必须能在实践中应用。康德接着指出：在某些学问中，我们可能发现理论与实践脱节，但我们并无理由因此便否定理论本身的意义，因为这只是由于该项理论不完备——譬如，当机械师发现一般机械学的原理在实际上无效时，不必因此便否定一般机械学，而只消以摩擦理论补充之；当炮兵发现弹道的数学理论在实际上无效时，不必因此便否定这套理论，而只消以空气阻力理论补充之，便可以使理论与实践一致[2]。这种情形主要见于数学和经验科学中，因为这些学问的对象或是在直观中，或是在经验中被提供出来。但是在哲学中，有些对象完全是思想的产物，它们在实践中或是根本无法运用，或是其运用甚至对它们自己不利；在这种情况下，“这在理论上可能是正确的，但不适于实践”这个命题便有相当的正确性[3]。

---

1 “Über den Gemeinspruch: Das mag in der Theorie richtig sein, taugt aber nicht für die Praxis”, in: *Kants Gesammelte Schriften* (Akademieausgabe, Berlin: Walter de Gruyter, 1902ff.，以下简称 *KGS*), Bd. 8, S. 275；译文见笔者所译《康德历史哲学论文集》（台北：联经出版公司，2013 年增订版），页 96。以下引用此文时，一律以括号将译文的页码直接附于原文的页码之后。

2 参阅同上注，S. 275f.〔96f.〕。

3 参阅同上注，S. 276〔97f.〕。

就在这个脉络中，康德提出了一个对本文的探讨极有意义的论点。他写道：

> 然而，在一套以**义务底概念**为基础的理论中，对于这个概念底空洞的观念性之忧虑完全消失了。因为如果我们的意志底某项作用连在经验中（不论经验被设想为已完成的，还是被设想为不断趋近于完成）都是不可能的，那么，追求这项作用就不会是义务；而在本文中所谈的只是这种理论。[1]

由此可知，康德是在实践哲学中坚持理论与实践之一致性。依康德之见，在数学、经验科学，乃至于理论哲学中，理论与实践脱节的情况可能会发生，但在实践哲学中，这种情况却不可能发生。换言之，在实践哲学中，“这在理论上可能是正确的，但不适于实践”这个命题是无意义的。康德在此文中分别从道德学、国内法、国际法三个层面申论理论与实践之一致性。本文的探讨属于道德学的层面，故笔者仅阐述康德在这方面的论点。在道德学的层面上，康德主要是针对德国通俗哲学家加尔维（Christian Garve, 1742—1798）的论点而予以辩驳。

康德伦理学有一项基本预设，即是道德与幸福之区分。因此，他将“道德学”界定为“教导我们如何才会配得幸福，而非如何才会得到幸福的一门学问之引介”[2]。换言之，道德是“配得幸福”，而非幸福本身。依康德之见，道德代表绝对的“善”（价值），无

1　同上注，S. 276f.〔98〕。

2　同上注，S. 278〔100〕。

法化约为“幸福”概念所涵的任何成素。因此，他反对任何形态的“幸福主义”（Eudämonismus）——诸如功利主义、快乐主义等。康德对道德与幸福所作的区分其实相当于儒家的义利之辨[1]。不过，他在强调这项区分时，特地声明：

> 人并不因此被要求在攸关义务之遵循时，应当**放弃**其自然目的，即幸福；因为就像任何有限的有理性者一样，他根本做不到这点。而是他必须在义务底命令出现时，完全**排除**这种考虑；他必须完全不使这种考虑成为“遵从理性为他所规定的法则”一事之**条件**，甚至尽其所能地设法留意，不让任何由这种考虑衍生出来的**动机**不知不觉地混入，来决定义务。[2]

康德的意思是说：人作为一种有限的存有者，事实上不可能弃绝幸福，因为这是其自然生命之要求；但是这个事实无碍于道德义务之纯粹性——也就是说，道德义务之所以为义务，正在于它全无其他动机之掺入。

就在这一点，加尔维对康德提出质疑，借以显示理论与实践在道德学方面的不一致。加尔维质疑道：

> 就我来说，我承认：在我的**脑**中，我很能理解对于理念

1 参阅本书《从康德的“幸福”概念论儒家的义利之辨》。

2 “Über den Gemeinspruch: Das mag in der Theorie richtig sein, taugt aber nicht für die Praxis”, *KGS*, Bd. 8, S. 278f.〔101〕.

的这种划分，但是在我的**心**中，我却找不到对于愿望和志向的这种划分；我甚至无法理解，任何人如何能意识到自己已将其对幸福本身的期望清除殆尽，且因此完全无私地履行了义务。[1]

就本文的论题来说，加尔维在此所举的可以说是个“知而不能行”的例子。面对加尔维的质疑，康德固然承认：“没有人能确切地意识到自己完全无私地履行了他的义务。”[2] 但是问题的重点并不在这里，故他接着说：

但是，人**应当**完全无私地**履行**他的义务，并且**必须**将他对幸福的期望同义务底概念全然分离开来，以便完全纯粹地保有这个概念，这却是他以最大的清晰性所意识到的。否则，若他不相信自己是这样，我们可以要求他尽其所能地去做到；因为道德底真正价值正是见诸这种纯粹性之中，且因此他必定也做得到。或许从未有一个人完全无私地（无其他动机之掺入）履行了他所认识并且也尊崇的义务；或许也决不会有一个人在经过最大的努力之后，达到这个地步。但是，他在最审慎的自我省察当中能在自己心中察觉到，自己不但未意识到任何这类共同发生作用的动机，反倒是在许多与义务底理念相对立的动机方面意识到自我否定，因而意识到“力求这种纯粹性”的格律，这却是他做得到的；而这对于他之奉

1 同上注，S. 284〔107〕。

2 同上注。

行义务也足够了。反之,若是他以人性不容许这类的纯粹性(但他也无法确切地作此断言)为借口,使“助长这类动机之影响”成为自己的格律，这便是一切道德之沦亡。[1]

这段话可说是康德从其伦理学观点对“应当涵着能够”这个命题所作的诠释。为了说明理论与实践在道德学中的一致性，他在此作了一项精微的分辨。他指出：我们对于义务的意识并不必然保证我们会完全无私地履行自己的义务。他在《道德底形上学之基础》中有一段话清楚地表示了这个意思：

〔……〕固然有时在事实上，我们在最严厉的自我省察中，除了义务底道德根据外，完全找不到任何东西能有足够的力量，推动我们去做某项善的行为且承受极大的牺牲。但是由此我们决无法肯定地推断：实际上决无我爱底秘密冲动，仅伪装成义务底理念,成为意志底真正决定原因。在这种情况下,我们反而乐于以一个更高贵的虚矫的动因来自我陶醉，但事实上，纵使以最努力的省察，我们也决无法完全透入秘密的动机。因为当我们谈到道德价值时，问题并不在于我们看到的行为，而在于行为底那些我们看不到的内在原则。[2]

道德工夫是永无止境的,永远有退转之可能,亦永远有自欺之可能。

---

1 同上注，S. 284f.〔107f.〕。

2 同上书，Bd. 4, S. 407；译文见笔者所译《道德底形上学之基础》（台北：联经出版公司，1990 年），页 26。

伪古文《尚书 · 大禹谟》云：“人心惟危，道心惟微。”孔子自言：“若圣与仁，则吾岂敢？”（《论语 · 述而》第34章）明儒罗近溪（汝芳，1515—1588）也说过：“真正仲尼临终不免叹口气也。”[1] 均不外乎这个意思。如果我们就此而说理论与实践之一致性，显然与经验事实不合。因此，康德肯定理论与实践在道德学中的一致性，系就另一层意义来说，此即：在我们对于义务的意识中，“完全无私地履行我们的义务”的要求必然包含“我们有能力达成这种要求”的信念；只要我们的道德意识真实无妄，这种信念必然也是真实的。因此，在我们的道德意识中便涵有一种动力，促使我们去履行义务。这就是康德本人在这篇论文的另一处所说的：“人意识到：由于他应当这么做，他就能够做到。”[2] 在道德的领域之内，对于超乎我们的能力之事（如“挟太山以超北海”），我们不会形成“应当”的意识。反过来说，当我们对某事（如孝亲、敬长）形成义务的意识时，我们必然肯定我们有能力履行这项义务。这种“肯定”是一种意向、一种动力，可以将“应然”转换成“实然”。在康德伦理学中，这种动力即是意志的自由，故道德意识必然预设自由之意识。这正是孔子所谓“我欲仁，斯仁至矣”之意。

四、借康德的理论诠释阳明的“知行合一”说

现在我们可以回到本文的主题，看看康德的上述论点是否有

---

1 罗汝芳：《盱坛直诠》（台北：广文书局，1977年），下卷，页185。

2 “Über den Gemeinspruch: Das mag in der Theorie richtig sein, taugt aber nicht für die Praxis”, *KGS*, Bd. 8, S. 287〔111〕.

助于诠释阳明的“知行合一”说。首先我们要确定：“知行合一”说应该放在什么脉络中来理解？我们在此可以确定的是：这并非知识论中理论与实践的问题，因为如上一节所述，在一般的知识中理论与实践不必然一致[1]。康德系在“以义务底概念为基础的理论”中——亦即，在实践哲学中——肯定理论与实践之一致性。与此相类似的是，“知行合一”之“知”并非指一般意义的“知识”，而是宋儒所谓的“德性之知”，就王学而言，这种“知”根源于良知。《传习录》上卷载有阳明答徐爱的另一段话：

> 知是心之本体。心自然会知：见父自然知孝，见兄自然知弟，见孺子入井自然知恻隐。此便是良知，不假外求。若良知之发，更无私意障碍，即所谓“充其恻隐之心，而仁不可胜用矣”。然在常人，不能无私意障碍，所以须用格物致知之功，胜私复理。即心之良知更无障碍，得以充塞流行，便是致其知。知致则意诚。[2]

阳明“知行合一”之“知”即是“知是心之本体”之“知”，即是“致知”之“知”，亦即“良知”之“知”。阳明《年谱》“正德七年十二月”条下云：“〔徐爱〕与先生同舟归越，论《大学》宗旨。〔……〕今之《传习录》所载首卷是也。”[3] 据此推断，阳明这段话当是此时所

1 杜维明先生也认为：“‘知行合一’不应该理解为一项有关理论和实践之间关系的一般性陈述，虽然它肯定蕴涵着这意义。”语见其《人性与自我修养》（台北：联经出版公司，1992 年），页 197。

2 《王阳明全集》，上册，卷 1，《语录一》，页 7。标点有所调整。

3 《王阳明全集》，下册，卷 33，《年谱一》，页 1362。

说。其时阳明41岁，尚未正式提出“致良知”之说，但已得其意。故黄宗羲据此断言：“〔致良知〕三字之提，不始于江右明矣。但江右以后，以此为宗旨耳。”[1] 由此可见，阳明“知行合一”说与其“致良知”说之间有理论上的一贯性。

对于“行”，阳明亦有特殊的规定，与一般的理解不同。在“知行合一”说之中，“行”字的意涵一方面比通常的理解要来得窄。如上文所述，康德将一切无原则作为指导的盲目行动均排除于“实践”的概念之外。同样的，阳明亦将脱离良知明觉的盲目行动排除于“行”的概念之外。故其《答友人问》云：

> 行之明觉精察处，便是知；知之真切笃实处，便是行。若行而不能精察明觉，便是冥行，便是“学而不思则罔”，所以必须说个“知”〔……〕[2]

脱离良知明觉的活动（如出于生理本能的活动）阳明谓之“冥行”，冥行不属于“知行合一”说中的“行”。由此亦可知，阳明在与徐爱讨论“知行合一”之旨时（见第二节开头的引文），以好好色、恶恶臭、知痛、知寒、知饥等感觉活动为例，均只是类比的说法而已。

但在另一方面，阳明赋予“行”字的意涵又比通常的理解要更宽泛。《传习录》下卷有一段记载云：

---

1 黄宗羲:《宋元学案》，见沈善洪主编:《黄宗羲全集》，第7册，卷11，《浙中王门学案一》，页249。

2 《王阳明全集》，上册，卷6，《文录三》，页232。

> 问“知行合一”。先生曰:“此须识我立言宗旨。今人学问，只因知、行分作两件，故有一念发动，虽是不善，然却未曾行，便不去禁止。我今说个‘知行合一’，正要人晓得一念发动处，便即是行了。发动处有不善，就将这不善的念克倒了。须要彻根彻底，不使那一念不善潜伏在胸中。此是我立言宗旨。”[1]

根据“一念发动处，便即是行了”这个命题来说，作为道德的（或不道德的）行为之内在根据的动机已属于“行”了。就此而言，阳明“知行合一”说中的“行”其实相当于康德在《单在理性界限内的宗教》一书中所理解的“行动”（Tat）一词。康德在此书中为了解释人为何要为其“向恶的性癖”（他称之为“根本恶”）负责，特别对“行动”一词加以说明：

> 〔……〕除了我们自己的**行动**之外，并无任何道德上的恶（亦即能有责任的恶）。〔……〕但是一般而言，“行动”一词能在两种情况下适用于自由之运用：在第一种情况下，最高格律（按照或违反法则）被纳入意念中；在第二种情况下，行为本身（在其实质方面，亦即关乎意念底对象）按照那项格律被履行。如今，这种向恶的性癖是第一个意义的行动（原始的罪恶〔peccatum originarium〕），并且同时是就第二个意义而言的一切违背法则的行动之形式根据，而这种行动在实质方面与法则相抵牾，并且被称为“恶行”（衍生的罪恶〔peccatum derivativum〕）。而纵使第二种罪过（出乎并非存在于

1 同上书，上册，卷 3，《语录三》，页 109—110。

> 法则本身的动机）经常被避免，第一种罪过依然存在。前者是智思的行动（intelligibele Tat），可以仅借理性、脱离一切时间条件去认识；后者则是感性的、经验的、在时间中被给与的（事相底事实〔factum phaenomenon〕）。[1]

根据这段说明，“行动”与自由之运用有关，也就是说，它具有道德的意义，可以在道德上负责。其次，“行动”不但是指作为外在现象的事件，也是指意念的抉择，而后者是前者之内在根据。我们的意念可能选择了恶的格律，但却未付诸实现。在这种情况下，我们仍可以说是犯了道德上的罪过，决不可因为这个恶的格律尚未具现为外在世界中的事件，便可以免于指摘。“一念发动处，便即是行了”一语中的“行”字正是康德所谓“第一个意义的行动”，与“向恶的性癖”属于同一类[2]。这种“行动”本身已具有道德的意义，可以承担道德责任。因此，阳明才要求我们：“发动处有不善，就将这不善的念克倒了。须要彻根彻底，不使那一念不善潜伏在胸中。”

阳明如此理解“行”，亦符合他一贯的看法。譬如，在他与徐爱的讨论当中，他引《大学》中“如好好色，如恶恶臭”之语来说明“真知行”：“见好色属知，好好色属行。只见那好色时已自好了，不是见了后又立个心去好。闻恶臭属知，恶恶臭属行。只

---

1 *Die Religion innnerhalb der Grenzen der bloßen Vernunft*, *KGS*, Bd. 6, S. 31.

2 康德将这种“行动”视为“可以仅借理性、脱离一切时间条件去认识”的“智思的行动”，甚为不妥；因为无论是意念的抉择，还是向恶的性癖，均属于现象界，而不属于智思界。康德的说法系出于一种概念上的滑转。关于这点，请参阅拙作：《康德的“根本恶”说——兼与孟子的性善说相比较》，收入拙著：《康德伦理学与孟子道德思考之重建》（台北：中研院中国文哲研究所，1994 年），页 131—137。

闻那恶臭时已自恶了，不是闻了后别立个心去恶。”《大学》此语在于解释“诚意”,故“好好色”、“恶恶臭”之喻均是为了说明“意”之作用,而阳明已视之为“行”。可见将意、念之活动亦归于“行”，是他一贯的立场。上文曾引王龙溪之言曰：“知非见解之谓，行非履蹈之谓，只从一念上取证。”即是此意。

由以上的讨论可知，在阳明“知行合一”说当中，“行”具有双重意义，一是就具体的道德活动（如事亲、治民、读书、听讼）而言，一是就意、念之发动而言。由于“行”之双重意义，“知行合一”说也有两层涵义，一般学者在阐释此说时常忽略这点。《传习录》下卷载阳明之言曰:“良知只是个是非之心,是非只是个好恶。只好恶就尽了是非，只是非就尽了万事万变。”[1]从良知上说是非之心即好恶之心，这是“知行合一”说的第一层涵义，亦是其基本涵义。良知能知是知非，这种“知”并非一般意义的“知识”。一般意义的“知识”可以只是纯然的认知，本身不同时为道德行为之动机。良知之“知”则不同；其“知”本身即涵有要求其对象实现的力量，这种力量即表现为好恶之心。此种“好恶”并非一般所理解的感性上的“好恶”，而是“好善恶恶”之“好恶”。故“知是知非”与“好善恶恶”其实是一回事。换言之，良知同时是道德之“判断原则”与“践履原则”。在这种意义之下，我们可以说:“知”即是“行”，或者说:“知”与“行”是一事之两面。其次，就良知之“知”与事亲、治民、读书、听讼等道德活动之关系而言，这些行为不能脱离良知之明觉感应，而良知本身亦涵有实现这些活动的力量。就此而言，知、行之间是一种先后或内外的关系，

1 《王阳明全集》，上册，卷 3，《语录三》，页 126。

在此若要说“知先行后”，亦未尝不可。这是“知行合一”说的第二层涵义。此处的“合一”只表示一种本质上不可分离的关系。

当康德说：“人意识到：由于他应当这么做，他就能够做到。”他同时把握了“知行合一”的这两层涵义。但是他的伦理学系统不足以支持他的道德洞见。因为在其伦理学系统中，作为道德主体的“意志”虽是道德法则的制定者，但它只是实践理性，其本身欠缺使道德法则实现的力量，这种力量旁落在感性层面的道德情感。因此，在这种情感与理性二分的义理间架中，“意志”只是道德之“判断原则”，而不像孟子的“良知”一样，同时为其“践履原则”。这样一来，康德对于意志自由的肯定势必要落空[1]。

如果我们不区分“行”的双重意义与“知行合一”说的两层意涵，便很难理解阳明关于“知行合一”的说明，譬如，上述有关“知行合一”说的五个命题中，命题（3）（4）如何与其他的命题相协调？在诠释上的若干纠葛便由此而产生。陈来先生对“一念发动处，便即是行了”一语的理解即是一例。他说：

> 我们知道，在理学的伦理学中把道德修养分为“为善”和“去恶”两个方面，从这个角度来看，提出一念发动即是行，对于矫治“一念发动虽是**不善**，然却未曾行，便不去禁止”有正面的积极作用；然而，如果这个“一念发动”不是恶念，而是善念，能否说“一念发动是善，即是行善”了呢？如果人只停留在意念的善，而并不付诸社会行为，这不正是阳明所要批判的“知而不行”吗？可见，一念发动即是行，这个

1 关于康德伦理学的难题，参阅本书，页 101—119。

> 说法只体现了知行合一的一个方面，它只适用于“去恶”，并不适用于“为善”，阳明的知行合一思想显然是不能归结为“一念发动即是行”的。[1]

陈先生将“一念发动处，便即是行了”这个命题之涵义局限于“去恶”方面，其实是多此一举。根据这项命题，阳明固然会承认“一念发动是善，便即是行了”，但这是就康德所谓“第一个意义的行动”而言。陈先生担心这会使人误以为只要有善念就够了，不必付诸实际行为，因而会流于“知而不行”。但是我们不要忘记第二节所引的命题：“未有知而不行者；知而不行，只是未知。”如果善念真是发自良知，它自然涵有使自己具现为实际行为的力量，而不会只停留在意、念的层面。如果善念仅是一种主观的愿望，而不同时具有使自己客观化而成为实际行为的力量，则在阳明看来，此念不可能是纯粹发自良知，而必为私欲所隔断，故非真“行”，而此时之知亦非真“知”。故阳明《大学问》云：“意念之发，吾心之良知既知其为善矣，使其不能诚有以好之，而复背而去之，则是以善为恶，而自昧其知善之良知矣。”[2] 是故“知而不行”之“行”显然不是指意、念之发动，而是指具体的道德行为。只要将“行”字的双重意义疏解清楚，“一念发动处，便即是行了”这个命题自然也适用于“为善”方面。

1 陈来：《有无之境》，页 106—107。

2 《王阳明全集》，中册，卷 26，《续编一》，页 1070。

五、“心即理”、“知行合一”与“致良知”三说的逻辑关联

以上的讨论已清楚地显示“知行合一”说与“致良知”说之间的理论关联。据此我们可以了解：阳明所谓“知行的本体”即是良知本体，亦即心体。阳明答徐爱说：“圣人教人知行，正是要复那本体。”此“本体”正是指良知而言，“复那本体”即是孟子所谓“求其放心”之意，此即涵“致良知”之旨。阳明《答顾东桥书》云：

> 若鄙人所谓“致知格物”者，致吾心之良知于事事物物也。吾心之良知，即所谓天理也。致吾心良知之天理于事事物物，则事事物物皆得其理矣。致吾心之良知者，致知也；事事物物皆得其理者，格物也；是合心与理而为一者也。[1]

这是阳明本人对于“致良知”说最清楚的说明。阳明以“至”训“致”[2]，故“致”为“推扩至极”之意。因此，“致良知”即是将良知自身所涵的天理客观化于事事物物中。表面看来，“致”是向前推扩，“复”是向后回返，两者正好相反。但事实上，良知之推扩即是其自我实现，这需要冲破私欲之阻隔，使良知自身之力量充分发挥出来；而除去私欲之阻隔，即可回复良知之本然。故“致”与“复”其

1　同上书，上册，卷 2，《语录二》，页 51。标点有所调整。

2　《大学问》云：“致者，至也，如云‘丧致乎哀’之‘致’。”（同上书，中册，卷 26，《续编一》，页 1070）

实是同一工夫[1]。

由这段引文的最后一句可知："致良知"说预设"心即理"说。由此我们可以推断："知行合一"说亦必预设"心即理"说。事实上，阳明在《答顾东桥书》中已明白表示此意。他说：

> 夫物理不外于吾心，外吾心而求物理，无物理矣；遗物理而求吾心，吾心又何物邪？心之体，性也，性即理也。故有孝亲之心，即有孝之理；无孝亲之心，即无孝之理矣。有忠君之心，即有忠之理；无忠君之心，即无忠之理矣。理岂外于吾心邪？晦庵谓："人之所以为学者，心与理而已。心虽主乎一身，而实管乎天下之理；理虽散在万事，而实不外乎一人之心。"是其一分一合之间，而未免已启学者心、理为二之弊。此后世所以有"专求本心，遂遗物理"之患，正由不知心即理耳。夫外心以求物理，是以有闇而不达之处，此告子"义外"之说，孟子所以谓之"不知义"也。心，一而已矣。以其全体恻怛而言，谓之仁；以其得宜而言，谓之义；以其条理而言，谓之理。不可外心以求仁，不可外心以求义，独可外心以求理乎？外心以求理，此知、行之所以二也。求理于吾心，此圣门知行合一之教，吾子又何疑乎？[2]

1　牟宗三先生也说："〔……〕'致'字亦含有'复'字义。但'复'必须在'致'中复。复是复其本有，有后返的意思，但后返之复必须在向前推致中见，是积极地动态地复，不只是消极地静态地复。"（《从陆象山到刘蕺山》〔台北：台湾学生书局，1979年〕，页229〔8: 188—189〕）

2　《王阳明全集》，上册，卷2，《语录二》，页48。标点有所调整。

这段话除了指出“知行合一”说与“心即理”说之间的理论关联之外，同时也揭示了阳明所以反对朱子“知先行后”说的主要理由。简单地说，朱子的义理系统是一个心、性、情三分的系统，心与情属气，性即理。在这个系统中，心并非理之制定者，心之于理只是一种认知意义的“赅摄”。心若无法凭其“知觉”认识理，它便无法依理以御情，使理具现。故在朱子，“知先行后”之说有其理论上的必然性。但心既然属于气，它便无法超脱于气禀之决定，而心能否凭其“知觉”认识理，又取决于气禀之清浊。这样一来，心之认识理只是偶然之事，并非心本身所能完全作主，而理之具现亦成了偶然之事。因此，在朱子的义理间架中，“应当涵着能够”的伦理学原则势必落空[1]。反之，在“心即理”的义理间架中，仁、义、礼、智之理发自于良知，良知同时是理之“判断原则”与“践履原则”，其“知是知非”同时即是“好善恶恶”；良知本身即涵有使仁、义、礼、智之理具现的力量，就此而言，它即是良能。由此可见，“知行合一”说的上述两层意义只有在“心即理”的义理间架中才有充分的依据。

由以上的讨论可知：阳明的“心即理”、“知行合一”、“致良知”三说虽非同时提出，但在理论上却环环相扣，首尾相连，构成一个统一的整体。然而，陈来先生却认为：阳明晚年提出“致良知”说时已放弃了“知行合一”说。他说：

> 在致良知的思想中不再有良知（知）与致良知（行）相

1　关于朱子心性论所涉及的伦理学难题，参阅拙作《孟子的四端之心与康德的道德情感》及《朱子论恶之根源》。前者收入本书，页101—139；后者收入钟彩钧编：《国际朱子学会议论文集》（台北：中研院中国文哲研究所，1993年），上册，页551—580。

> 互包含、相互渗透的意义。在致良知学说中，至少在逻辑上良知是先于致知的，从这个方面说，阳明晚年的致良知思想中已不强调知中有行、行中有知、知即是行、行即是知的思想。[1]

这显然不合乎事实，因为在阳明晚年所撰的《答顾东桥书》中，不但一再提及“知行合一”说（如方才所引的那段话），甚至明白道出“致良知”说与“知行合一”说之间的理论关联。譬如，他在解释“学行合一”之旨时便说道：

> 〔……〕是故知不行之不可以为学，则知不行之不可以为穷理矣；知不行之不可以为穷理，则知知、行之合一并进，而不可以分为两节事矣。夫万事万物之理不外于吾心，而必曰穷天下之理，是殆以吾心之良知为未足，而必外求于天下之广，以裨补增益之，是犹析心与理而为二也。夫学、问、思、辨、笃行之功，虽其困勉至于人一己百，而扩充之极，至于尽性知天，亦不过致吾心之良知而已。[2]

阳明在此不但肯定“知行合一”说与“致良知”说间的逻辑关联，亦道出“知行合一”说与“心即理”说间的逻辑关联。这便直接否定了陈先生的上述说法。

不过，陈先生也注意到：“阳明晚年提出致良知宗旨之后，不仅没有放弃知行合一的说法，而且常常强调致良知本身就体现了

1 陈来：《有无之境》，页 112。

2 《王阳明全集》，上册，卷 2，《语录二》，页 46。标点有所调整。

知行合一。”[1] 或许是意识到他自己的前后说法有矛盾，陈先生又解释说：“致良知意义上的知行合一与壬申答徐爱所说的知行合一并不完全一致。”[2] 根据他的解释，阳明早期答徐爱时所说的“知行合一”是本体上的合一，强调“知行本体本来合一”；但他晚年提出“致良知”说，并且区分“良知”与“致良知”之后，他转而强调“知行工夫的合一”，即一方面承认知在逻辑上先于行，另一方面又提倡“知之必实行之”[3]。但只要我们回顾上文第四节有关“知行合一”的双重意义之讨论，便知陈先生的这种区分不能成立。再者，工夫上之合一在逻辑上必须预设本体上之合一。难道阳明与徐爱讨论知行合一时，不涵工夫意义，只是空谈理论？这岂合乎阳明提出“知行合一”说的初衷？更合理的解释或许是：阳明晚年将“知行合一”说吸纳入“致良知”说之中，系其原先论点之深化，而非其改变或转移。总而言之，尽管阳明的“知行合一”说与“心即理”、“致良知”之说并非同时提出，但此三说在理论上仍是互涵的。

1 陈来：《有无之境》，页 182。

2 同上注。

3 同上书，页 182—183。

从康德的“道德宗教”论儒家的宗教性

一、重新省思“儒学是否为宗教？”之问题

“儒学是否为宗教？”这个问题一直是中外学术界争论不休的问题。此一问题之出现，可远溯至明末清初来华传教的天主教传教士之内部争论。耶稣会士利玛窦（Matteo Ricci, 1552—1610）基于传教的策略，试图将儒学与耶教信仰加以融合；而为了弥合两者间的距离，他特别强调儒学不是宗教，使儒学不致与耶教教义产生直接的冲突[1]。但利玛窦的继任者却修改他的策略，而引发了教会内部及教廷与清廷之间的“礼仪之争”。清朝中叶以后，中西文化开始广泛接触，“宗教”（religion）一词亦随之输入汉字文化圈，再度引发关于“儒学是否为宗教？”的争论。根据日本学者铃木范久的研究，最初以汉语的“宗教”二字来翻译 religion 一词的是日本人，见于 1868 年美国公使向日本明治政府提交的抗议函

1　参阅林金水：《儒教不是宗教——试论利玛窦对儒教的看法》，收入任继愈编：《儒教问题争论集》（北京：宗教文化出版社，2000 年），页 163—170。

之日译本中[1]；此一用法其后逐渐流行于日本，并且为中国的知识界所采纳。

民初以来，由于受到启蒙思想及其所隐含的科学主义之影响，中国的知识分子往往将“宗教”与“迷信”相提并论，甚至等同起来。在这种背景之下，学者多半不愿将儒学视为一种宗教，而强调它是一种人文主义传统。唯一的例外或许是试图立“孔教”为国教的康有为及其追随者（如陈焕章）。但有趣的是，连康有为最重要的弟子梁启超都反对将儒学视为宗教，遑论立为国教。1902 年初，他在《新民丛报》发表了《保教非所以尊孔论》一文，在文中论述“儒学非宗教”之义。他在文中说：

> 西人所谓宗教者，专指迷信宗仰而言，其权力范围，乃在躯壳界之外，以魂灵为根据，以礼拜为仪式，以脱离尘世为目的，以涅槃天国为究竟，以来世祸福为法门。诸教虽有精粗大小之不同，而其概则一也。故奉其教者，莫要于起信，莫急于伏魔。起信者，禁人之怀疑，窒人思想自由也；伏魔者，持门户以排外也。故宗教者，非使人进步之具也。[2]

在当时中国的知识界，梁启超对于“宗教”的这种看法相当具有代表性。故无论是同情儒家的蔡元培、章太炎，还是主张“打倒孔家店”的陈独秀，都否定儒学是宗教，而且也坚决反对将“孔教”

1 参阅铃木范久：《明治宗教思潮の研究》（东京：东京大学出版会，1979 年），页 16。此项资料承蒙德国 Bochum 大学 Hans Martin Krämer 教授的指点，特此致谢。

2 《新民丛报》第 2 号（光绪二十八年一月十五日），页 61；亦见梁启超：《饮冰室文集》（台北：台湾中华书局，1970 年），9（第 2 册），页 52。

定为国教[1]。例如,蔡元培曾提出了有名的“以美育代宗教”之主张[2]。其主要论点如下:人类精神的作用主要包含知识、意志、感情三者,最初均由宗教包办。然随着社会文化之进步,知识作用逐渐脱离宗教,而让位于科学。继而近代学者应用生理学、心理学、社会学来研究道德伦理,使意志作用亦脱离宗教而独立。于是,与宗教关系最密切者仅剩下情感作用,即所谓“美感”。但美育附丽于宗教,常受宗教之累,而失其陶养之作用,反以刺激情感、禁锢思想为事,故美育宜由宗教独立出来。

甚至连当代新儒家第一代的代表人物熊十力、梁漱溟与冯友兰都不将儒学视为一种宗教[3]。举例而言,熊十力从人类文化发展的角度来理解宗教,并且指出:

> 人类思想由浑而之画。宗教在上世,只是哲学科学文学艺术等等底浑合物,后来这些学术发达,各自独立,宗教完全没有领域了。如今还有一部分人保存着他底形式,只是迷信神与灵魂,和原人底心理一般,这也无足怪。[4]

---

1 关于民初中国知识分子对于“宗教”的态度,请参阅苗润田、陈燕:《儒学:宗教与非宗教之争——一个学术史的检讨》,见任继愈编:《儒教问题争论集》,页439—448。

2 蔡元培先后有《以美育代宗教说》(1917年8月)、《以美育代宗教》(1930年12月)、《以美育代宗教——在上海基督教青年会讲演词》(1930年12月)、《美育》(1930年)、《美育与人生》(1931年左右)、《美育代宗教》(1932年)诸文,均收入《蔡元培文集:美育》(台北:锦绣出版公司,1995年)。

3 参阅丁为祥:《熊十力学术思想评传》(北京:北京图书馆出版社,1999年),页142—146;苗润田、陈燕:《儒学:宗教与非宗教之争——个学术史的检讨》,见任继愈编:《儒教问题争论集》,页448。

4 熊十力:《十力语要》,卷4,见萧萐父主编:《熊十力全集》(武汉:湖北教育出版社,2001年),第4卷,页353。

这种看法与蔡元培的上述观点极为类似。熊十力更基于中国文化的立场而强调："中国哲学亦可以《庄子》书中'自本自根'四字概括。因此，中国人用不着宗教。宗教是依他，是向外追求。"[1] 此外，梁漱溟在其《中国文化要义》一书第六章《以道德代宗教》中强调：周公、孔子之后，中国文化便"几乎没有宗教底人生"，因为"周孔教化非宗教"；儒家虽非宗教，但具有与宗教类似的功能，即"安排伦理名分以组织社会，设礼乐揖让以涵养理性"，故是"以道德代宗教"。

对于宗教的这种忌讳态度到了当代新儒家的第二代，才由于时代背景的改变而有根本的转变。1949 年之后，唐君毅、牟宗三、张君劢及徐复观流寓到台、港及海外，深切感受到中国传统文化"花果飘零"之痛。对他们而言，1949 年之际不仅仅是政权的转移，这使他们发心对中国传统文化进行彻底的反省。在反省的过程中，他们不免要面对西方人对于中国传统文化的误解或成见。这种成见之一是认为：中国人只重视现实的伦理道德，而缺乏宗教性的超越感情；中国的伦理道德思想只涉及规范外在行为的条文，而忽略精神活动的内在依据。笔者在《儒家思想中的内在性与超越性》一文中曾指出：这种成见可以追溯到黑格尔[2]。1958 年元月，他们四人共同发表《为中国文化敬告世界人士宣言》[3]。这篇《宣言》

1 熊十力：《答林同济》，《十力语要》，卷 3，见萧萐父主编：《熊十力全集》，第 4 卷，页 353。

2 参阅拙著：《当代儒学之自我转化》（台北：中研院中国文哲研究所，1994 年），页 129—130；简体字版（北京：中国社会科学出版社，2001 年），页 118—119。

3 这篇《宣言》最初刊载于《民主评论》，第 9 卷，第 1 期（1958 年 1 月 5 日）及《再生》，第 1 卷，第 1 期（1958 年 1 月），其后收入《唐君毅全集》（台北：台湾学生书局，1991 年），卷 4，易名为《中国文化与世界》。

共包括十二节，其中第五节《中国文化中之伦理道德与宗教精神》便特别针对这种成见加以澄清。他们虽然承认：中国文化中并无西方那种制度化的宗教与独立的宗教文化传统；但这并非意谓：中国民族只重现实的伦理道德，缺乏宗教性的超越感情。在他们看来，这反而可以证明“中国民族之宗教性的超越感情，及宗教精神，因与其所重之伦理道德，同来原于一本之文化，而与其伦理道德之精神，遂合一而不可分”[1]。这段话主要是针对儒家传统而说，强调儒家的伦理道德与宗教精神之一体性。由于这篇《宣言》实际上是由唐君毅先生执笔起草，故这段话正好呼应了唐先生在其《心物与人生》一书中所言：“宗教亦是人文世界之一领域。宗教之为文化，是整个人生或整个人格与宇宙真宰或真如，发生关系之一种文化，亦即是天人之际之一种文化。”[2]换言之，在儒家传统中，宗教与文化（人文）相即而不可分，即文化即宗教。如果说：儒家思想是一种人文主义，这也是一种具有宗教面向的人文主义，它可以通向宗教[3]。这种特色也正是美国学者芬格莱特(Herbert Fingarette) 所谓的“即凡而圣”（the secular as sacred）[4]。

牟宗三先生即根据此义将儒家视为“人文教”，意谓人文主义与宗教之合一。他撰有《人文主义与宗教》一文，阐述此义。他在文中将“人文教”亦称为“道德宗教”，并且解释说：

---

1 《中国文化与世界》（收入《唐君毅全集》，卷 4），页 19。

2 唐君毅：《心物与人生》（收入《唐君毅全集》，卷 2），页 211。

3 关于“儒教”的这种特色，特别参阅唐君毅：《儒家之学与教之树立及宗教纷争之根绝》，收入其《中华人文与当今世界》，下册（《唐君毅全集》，卷 8），页 58—94。

4 参阅 Herbert Fingarette: *Confucius — the Secular as Sacred* (New York: Harper Torchbook, 1971)。此书有彭国翔与张华的中译本：《孔子：即凡而圣》（南京：江苏人民出版社，2002 年）。

> 凡道德宗教足以为一民族立国之本，必有其两面：一，足以为日常生活轨道，（所谓道揆法守）。二，足以提撕精神，启发灵感，此即足以维创造文化之文化生命。[1]

根据这两项条件，他接着说明：以儒家为代表的“人文教”在何种意义下可以被视为一种“宗教”。他说：

> 人文教之所以为教，落下来为日常生活之轨道，提上去肯定一超越而普遍之道德精神实体。此实体通过祭天祭祖祭圣贤而成为一有宗教意义之“神性之实”，“价值之源”。基督教中之上帝，因耶稣一项而成为一崇拜之对象，故与人文世界为隔；而人文教中之实体，则因天、祖、圣贤三项所成之整个系统而成为一有宗教意义之崇敬对象，故与人文世界不隔：此其所以为人文教也，如何不可成一高级圆满之宗教？唯此所谓宗教不是西方传统中所意谓之宗教（Religion）而已。[2]

其后，牟先生在《心体与性体》中扩大“道德宗教”之涵义，以之涵盖儒、释、道三教。在此书第一册第一部《综论》中，他根据唐君毅先生的说法将中国思想史里所论之“理”区分为名理、物理、玄理、空理、性理、事理六种，而将玄理（属于道家）、空理（属于佛家）、性理（属于儒家）同归属于“道德宗教”，并且说明：

---

1 牟宗三：《生命的学问》（台北：三民书局，1970年），页75。

2 同上书，页76—77。关于儒家的宗教性，特别参阅牟宗三：《中国哲学的特质》（台北：台湾学生书局，1990年；收入《牟宗三先生全集》，第28册），第12章，《作为宗教的儒教》。

“宋、明儒所讲者即‘性理之学’也。此亦道德亦宗教，即道德即宗教，道德宗教通而一之者也。”[1] 他接着指出：此“性理之学”即“心性之学”，亦即“内圣之学”，而此“内圣之学”同时即是“成德之教”。他说：

> 此“内圣之学”亦曰“成德之教”。“成德”之最高目标是圣、是仁者、是大人，而其真实意义则在于个人有限之生命中取得一无限而圆满之意义。此则即宗教即道德，而为人类建立一“道德的宗教”也。此则既与佛教之以舍离为中心的灭度宗教不同，亦与基督教之以神为中心的救赎宗教不同。[2]

牟先生对于“人文教”或“道德宗教”的看法，基本上与唐先生对于儒家的看法并无二致。他们都承认：在儒家思想中，道德与宗教之间存在一种“即内在即超越，亦内在亦超越”的关系[3]。但是当时共同签署《宣言》的徐复观先生其实有不尽相同的看法。1980 年 8 月，徐先生接受林镇国等三人的访问时，作了如下的告白：

> 这篇宣言是由唐先生起稿，寄给张、牟两位先生。他们两人并没表示其他意见，就签署了。寄给我时，我作了两点修正：

---

1 牟宗三：《心体与性体》，第 1 册（台北：正中书局，1973 年），页 4〔5: 6〕。〔〕中为《牟宗三先生全集》（台北：联经出版公司，2003 年）之册数与页码。

2 同上书，页 6〔5: 8〕。

3 牟先生论儒家所肯定的普遍的道德实体时说道：“此普遍的道德实体，吾人不说为‘出世间法’，而只说为超越实体。然亦超越亦内在，并不隔离，亦内在亦外在，亦并不隔离。”（《生命的学问》，页 74）

（1）关于政治方面。我认为要将中国文化精神中可以与民主政治相通的疏导出来，推动中国的民主政治。这一点唐先生讲得不够，所以我就改了一部分。

（2）由于唐先生的宗教意识很浓厚，所以在“宣言”中也就强调了中国文化中的宗教意义。我则认为中国文化原亦有宗教性，也不反对宗教；然从春秋时代起就逐渐从宗教中脱出，在人的生命中扎根，不必回头走。便把唐先生这部分也改了。

改了之后，寄还给唐先生，唐先生接纳了我的第一项意见，第二项则未接受。这倒无所谓。就这样发表了。[1]

以上的告白涉及当代新儒家内部对于儒家天道的不同理解，这种不同的理解极为微妙，以致过去常为研究者所忽略。若说唐、牟二人在“即人文即宗教”的思维形态中见到儒学的本质，那么徐先生便是在由宗教意识到人文意识的转化中窥得儒学发展的基本方向。根据徐先生在其《中国人性论史·先秦篇》一书中的描述，儒家传统由西周初年到西汉初年的发展是一个由殷商原始宗教经由“忧患意识”之催化而逐渐理性化、人文化的过程。他将这个过程概述如下：

先秦儒家思想，是由古代的原始宗教，逐步脱化、落实，而成为以人的道德理性为中心，所发展，所建立起来的。从

1 林镇国等：《擎起这把香火——当代思想的俯视》，见《徐复观杂文·续集》（台北：时报文化出版公司，1981年），页408。

> 神意性质的天命，脱化而为春秋时代的道德法则性质的天命；从外在的道德法则性质的天命，落实而为孔子的内在于生命之中，成为人生命本质的性；从作为生命本质的性，落实而为孟子的在人生命之内，为人的生命作主，并由每一个人当下可以把握得到的心。心有德性与知性的两面。德性乃人的道德主体；孟子在这一方面显发得特为著明。知性是人的知识主体；这一方面，由荀子显发得相当的清楚。所以先秦儒家的人性论，到了孟荀而已大体分别发展成熟；由《大学》一篇而得到了一个**富有深度的综合**。也可以说是**先秦儒家人性论的完成**。[1]

对唐、牟二人而言，宗教与人文、超越与内在，在儒家思想之中，是一体之两面，彼此相即而不可分，然亦具有永恒的张力。但对徐先生而言，儒学的本质显然是落在人文与内在的一面。他固然不否认儒学原先具有宗教性，但此宗教性在历史发展的过程中却逐步为人文精神所转化，乃至取代。简言之，对唐、牟二人而言，宗教与人文、超越与内在之间的张力构成儒学的本质；但徐先生却仅赋予儒家的宗教性一种阶段性的历史意义，而非其本质要素。换言之，对徐先生而言，儒学是不折不扣的人文主义；至于其宗教性，仅是历史的残余而已。他在其《有关中国思想史中一个基题的考察——释论语“五十而知天命”》一文中便从这个观点去诠释孔子自述“五十而知天命”（《论语 · 为政》篇）之语：

---

1 徐复观：《中国人性论史 · 先秦篇》（台北：台湾商务印书馆，1969 年），页 263。

〔……〕知天命乃是将外在的他律性的道德，生根于经验中的道德，由不断的努力而将其内在化、自律化，以使其生根于超经验之上。借用康德的语气，这是哥白尼的大回转，由外向内的大回转。[1]

他进而根据这个观点去理解儒家所盛言的“天人合一”（此词首先出现于张载《正蒙 · 乾称》篇）：

人在反躬实践的过程中，便必然由宗教之心，显出其超经验的特性；而超经验的特性，依然是由经验之心所认取，以主宰于经验之心，于是乃真有所谓天人合一。故如实而论，所谓天人合一，只是心的二重性格之合一。除此而外，决无所谓天人合一。[2]

对唐、牟二人而言，儒家所言的“天人合一”意谓宗教与人文之相即而不可分；但徐先生却将此“天”字仅理解为“超经验”之义（如康德将道德法则视为超经验的），而完全抖落了其宗教意义。故徐先生在文中对朱熹、张载与熊十力的宇宙论颇有微词，视之为“思想史中的夹缠”[3]。正是在这一点上，徐先生对上述《宣言》的内容有所保留。无怪乎他后来会撰写《向孔子的思想性格回归》一文，批评熊十力、唐君毅二人从形上学的观点来诠释中国文化，

1 徐复观：《中国思想史论集续编》（台北：时报文化出版公司，1982 年），页 387。

2 同上书，页 393。

3 参阅同上书，页 390—393。

认为他们“把中国文化发展的方向弄颠倒了”[1]。

在前引的《有关中国思想史中一个基题的考察——释论语“五十而知天命”》一文中，徐先生除了将孔子的天命观所包含之思想转向比拟为康德所说的“哥白尼式转向”[2]之外，还引述了康德在《实践理性批判》一书的《结语》中的著名譬喻，来说明他自己的观点：

> 康德在他实践理性批导的结论中，将星辰粲列的天空，与法度森严的道德律相并列而加以赞叹。若是我们将康德此处所赞叹的天空，与他创造星云说时所说的天空，同一看待，那未免太幼稚了。这种由主观所转出的客观，由自律性所转出的他律性，与仅从经验中归纳出来的客观性和他律性有不同的性格，而对人的精神向上，有无限的推动提撕的力量。[3]

有趣的是，牟先生在其《人文主义与宗教》一文中也表示：“〔……〕西方哲学上之唯心论足以说明并肯定道德宗教。凡想积极说明并肯定道德宗教者，总于哲学上采取唯心论之立场。”[4]牟先生此处所说的“唯心论”显然包括康德哲学在内，甚至可能主要是就康德哲学而言，因为康德本人确有“道德宗教”之说。由上文的讨论可知：尽管唐、牟、徐三人对儒家与宗教的关系之理解有微妙的

1 同上书，页 433。

2 Immanuel Kant: *Kritik der reinen Vernunft* (以下简称 *KrV*), hrsg. von Raymund Schmidt (Hamburg: Felix Meiner, 1976), B XVI (A = 1781 年第 1 版，B = 1787 年第 2 版).

3 徐复观：《中国思想史论集续编》，页 389。

4 牟宗三：《生命的学问》，页 73。

不同，但他们都引康德为同调。在这个背景之下，进一步探讨康德的“道德宗教”之说，或许有助于我们厘清有关儒家与宗教的争论。

二、康德论“道德宗教”

康德以“启蒙”之子自居，他在《答“何谓启蒙？”之问题》一文中便表示：“如果现在有人问道：我们目前是否生活在一个已启蒙的时代？其答案为：不然！但我们生活在一个启蒙底时代。”[1]对他而言，在启蒙的时代，最重要的工作是宗教之启蒙。所以他说：

> 我把启蒙（人类之超脱于他们自己招致的未成年状态）底要点主要放在**宗教事务**上。因为对于艺术和科学，我们的统治者并无兴趣扮演其臣民的监护者；此外，在宗教上的未成年状态也是所有未成年状态中最有害且最可耻的。[2]

因此，康德是从启蒙的观点来理解“宗教”，其宗教观自然具有明显的启蒙色彩。

康德最主要的宗教哲学著作是1793年出版的《单在理性界限内的宗教》一书，这个标题即扼要地道出了其宗教观的启蒙色彩。

1 Immanuel Kant: “Beantwortung der Frage: Was ist Aufklärung?,” in: *Kants Gesammelte Schriften* (Akademieausgabe, 以下简称 *KGS*), Bd. 8, S. 40；李明辉译注：《康德历史哲学论文集》（台北：联经出版公司，2002年），页33。

2 Kant: “Beantwortung der Frage: Was ist Aufklärung?”, *KGS*, Bd. 8, S. 41；李明辉译注：《康德历史哲学论文集》，页34。

简言之，他所认可的“宗教”是建立在理性——更严格地说，实践理性——的基础上；或者换个方式说，它是建立在“理性信仰”（Vernunftglaube）或“道德信仰”（moralischer Galube）的基础上。康德将这种宗教称为“道德宗教”。进而言之，由于人的理性具有普遍的效力，那么建立在理性的基础上之宗教也应当是普遍的。因此，康德认为：“宗教”一词应当是单数，因为真正的宗教只有一种。他在《论永久和平》中谈到“宗教之不同”时，加上了一个脚注：

> **宗教之不同**：一个奇特的说法！就好像人们也谈到不同的道德一样。固然可能有不同的**信仰方式**（它们是历史的手段，不属于宗教，而属于为促进宗教而使用的手段之历史，因而属于“学识”底范围），而且也可能有不同的**宗教经典**（阿维斯塔经、吠陀经、可兰经等）。但是只有一种对所有人、在所有时代均有效的**宗教**。因此，信仰方式可能仅包含宗教底资具，而这种资具可能是偶然的，并且依时代与地点之不同而转移。[1]

康德在其《纯粹理性批判》一书中对西方传统的形上学进行全面的批判。他在此书的《先验辩证论》中不但反驳西方传统形上学关于“灵魂不灭”的论证，也反驳其上帝论证。西方传统的“理性心理学”（作为形上学的一支）肯定心灵（或灵魂）的实体性

1 I. Kant: *Zum ewigen Frieden*, *KGS*, Bd. 8, S. 367；李明辉译注：《康德历史哲学论文集》，页203。

(Substantialität)、单纯性(Simplizität)、人格性(Personalität)与观念性(Idealität);而由“单纯性”又衍生出“常住性”(Beharrlichkeit)或“不朽”(Inkorruptibilität/Unsterblichkeit)的概念。康德指出:这一切主张共同建立在一种“言语形式之诡辩”(sophisma figurae dictionis)(B 411)——或者说,“误推”(Paralogismus)——之上,亦即将“实体”范畴误用于作为一切思考之形式条件的“我思”,使之成为有具体知识内容的主体。这种推论是不合法的,因为“我思”只是我们的一切思考(因而知识)之形式条件,本身不包含任何知识内容;知识内容必须借由直观而被给与。因此,康德在对西方传统的“理性心理学”之全面批判中,也否定了“灵魂不灭”的命题。

其次,康德分析西方传统形上学的“上帝”概念。他指出:作为一个“最实在的存有者”(ens realissimum)之理念,这个概念是一个“先验的理想”(transzendentales Ideal)(A 576/B 604)。作为一切概念决定(Begriffsbestimmung)之形式条件,这个理念固然是理性本身必然要求的,但它既无法提供知识内容,亦无法成为知识的对象。然而,当理性将它先是“实在化”,继而“实体化”,最后“人格化”时,便产生了幻象。他分别批判西方传统形上学所提出的三种上帝论证(存有论论证、宇宙论论证、目的论论证),以显示:我们凭借思辨理性,既无法肯定、亦无法否定上帝之存在。在康德看来,这些上帝论证都是建立在上述的幻象之上。康德承认:在目的论的观点之下,“上帝”概念可以作为一个“规制原则”(regulatives Prinzip)而保有其意义,即在运用理性时要求万物之合目的性的统一(A 686ff./B 714)。这个意义的“上帝”概念——康德将它等同于“神意”(Vorsehung)的概念——后来在其《判断力批判》及有关历史哲学的论文中占有一个重要的地位。但如果我们将这种“上帝”概念当作一个“构造原则”(konstitutives Prinzip)，而试图将我们的知识扩展到经验范围之外时，我们的理性便误入了歧途。无论如何，我们无法从知识的观点去证明上帝的存在。

当康德在《纯粹理性批判》中否定了借由思辨理性去论证上帝存在的可能性之际，他也提出了一种“道德神学”，亦即“一种对于一个最高存有者的信仰，而此种信仰系建立在道德法则之上”(A 632/B 660, Anm.)。在此书的《先验方法论》中有一节题为《论作为纯粹理性底最后目的之一个决定根据的最高善底理想》，康德在此提出了“道德神学”的构想。他将人类理性的兴趣归纳为三个问题：我能够知道什么？我应当做什么？我可以期望什么？第一个问题是纯然思辨性的，涉及知识；第二个问题是纯然实践性的，涉及道德；第三个问题既是理论性的，又是实践性的，涉及宗教（A 804ff./B 832ff.）。“道德神学”的构想便是从第三个问题出发。依康德之见，我们的理性在其理论性运用方面必然假定：每个人依其行为之道德性，有理由期望同等程度的幸福；故道德的系统与幸福的系统会在纯粹理性之理念中结合起来（A 809/B 837）。这个理念康德称为“道德世界”(moralische Welt)（A 808/B 836)，是“衍生的最高善”，因为道德与幸福在其中的结合必须以“原始的最高善”——即上帝——为基础(A 810/B 838)。再者，这个“道德世界”并不存在于感性世界之中，而存在于“智思世界”之中，故对我们而言，是一个来世（A 811/B 839)。因此，上帝与来世是两项必要的预设，根据纯粹理性的原则，它们与纯粹理性加诸我们的责任无法分开（同上）。康德在此也将我们对于上帝与来世的信仰称为“道德信仰”（A 828/ B 856）。

接着，康德在他发表于1786年的《何谓“在思想中定向”？》（“Was heißt: Sich im Denken orientieren?”）一文中进一步说明这种“道德信仰”——在此文中，他称之为“理性信仰”——的性质。“定向”（sich orientieren）一词的原义是对地理方位（东西南北）的辨识（地理上的定向）。康德指出：要辨识地理方位，需要在我们自己的主体中有一种分辨左右手的“感受”（Gefühl）[1]。它之所以称为“感受”，是因为在我们的外在直观中，左右两边并无明显的区别，此种区别纯然是主观的[2]。同样的，当我们要在一个特定的空间（例如，于黑暗中在一个我们所熟悉的房间里）辨识我们所处的位置（数学上的定向）时，我们也需要一种主观的“感受”，以分辨左右[3]。最后，他才谈到“在思想中定向”（逻辑上的定向）。他写道：

> 我们能依类比轻易地猜到：这将是纯粹理性底一项工作，即是当纯粹理性从已知的（经验）对象出发，想要扩展到经验底一切界限之外，并且完全无直观底对象，而是仅有直观底空间之际，引导它自己的运用之工作。在这种情况下，它不再有办法根据知识底客观根据，而是仅根据一种主观的分辨底根据，在它自己的判断能力之决定中将其判断纳入一项特定的格律之下。在这种情况下还剩下来的主观工具不外是理性特有的**需求**之感觉。[4]

1 “Was heißt: sich im Denken orientieren?”, *KGS*, Bd. 8, S. 134.

2 同上注，S. 134f.。

3 同上注，S. 135。

4 同上注，S. 136。

简言之，所谓“在思想中定向”即是纯粹理性在超经验的领域中的定向。在这个领域中，理性并无任何直观的对象可为凭依，故欠缺知识的一切客观根据，此时理性之主观“需求”（Bedürfnis）便有发挥的余地。

康德分别就理性之理论性运用与实践性运用两方面来说明这种主观需求的意义。就理性之理论性运用而言，我们仅能从知识的观点，证明“上帝”的概念一方面与经验不相抵牾，另一方面其本身不包含矛盾；简言之，它在逻辑上是可能的。然而，我们却无法论断其实在性。此时，理性之主观需求却使我们有理由假设其实在性，而视之为理论上必然的对象。康德将这个假设称为“纯粹的理性假设”（reine Vernunfthypothese），亦即“一种意见，它基于主观的理由，足以确认”[1]。但是康德指出：理性在这方面的需求仅是有条件的，因为唯有当我们想要对一切偶然事物之最初原因加以判断时，我们才有必要假定上帝之存在；反之，理性在其实践性运用中的需求却是无条件的，因为“我们之所以不得不预设上帝之存在，并不仅是由于我们想要判断，而是由于我们必须判断”[2]。康德继续解释说：理性之纯粹实践性的运用在于道德法则之规定，而一切道德法则都会导向“最高善”的理念，即道德与幸福之成比例的合一；但这只是“依待的最高善”，理性为此进一步要求假定一个“最高的智性体”（上帝）作为“无待的最高善”[3]。康德将这种假定称为“理性信仰”[4]或“理性底设准”（Postulat der

1 同上注，S. 141。
2 同上注，S. 139。
3 同上注。
4 同上注，S. 140。

Vernunft)。

康德后来（1788 年）在《实践理性批判》一书中从实践的观点为上帝之存在与灵魂之不朽提出完整的论证，视之为“纯粹实践理性之设准”；但此书中的主要论点几乎都已包含于《纯粹理性批判》与《何谓“在思想中定向”？》之中。相关的讨论见于《实践理性批判》一书的《纯粹实践理性之辩证论》中。康德的论证由“最高善”的概念出发，而此概念意谓德行与幸福之成比例的结合。他认为：这种结合只能由德行导出幸福，而不能反过来，由幸福导出德行，因为前者才符合“自律”之义，后者只会形成“他律”。他接着说：

> 如今既然促进最高善（它在其概念中包含这种联结）是我们的意志底一个先天必然的对象，而且与道德法则相联系而不可分，则前者之不可能也证明后者之虚假。因此，如果根据实践的规则，最高善是不可能的，则道德法则（它要求去促进最高善）必然也是虚幻的且着眼于空洞的想象的目的，因而本身是虚假的。[1]

对康德而言，“道德法则仿佛作为纯粹理性底一项事实而被提供出来”，而且这项事实“为我们先天地所意识到，并且是确然可靠的”[2]。康德在《论俗语所谓:这在理论上可能是正确的，但不适于实践》一文中强调：“人意识到：由于他应当这么做，他就能够

1 Kant: *Kritik der praktischen Vernunft*, *KGS*, Bd. 5, S. 114.

2 同上注，S. 47。

做到。”[1] 换言之，我们的道德法则不可能要求我们去做超乎我们能力的事。因此，如果道德法则是一项“纯粹理性底事实”，则它所要求的“最高善”亦不可能是虚妄的。但在现实世界中，我们人类的意志不可能完全符合于道德法则，而有德者也未必有福，这便使我们不得不“设定”(postulieren) 灵魂在来世的继续存在，使德行与幸福有可能在来世达成一致，因而“最高善”的要求不致落空。这便是“灵魂不灭”的设准。而为了要保证德行与幸福之一致，我们又必须“设定”一个全知全能的智性体——即上帝——之存在。这就是“上帝存在”的设准。

康德在《实践理性批判》中将“灵魂不灭”、“上帝存在”与“意志自由”并列为纯粹实践理性的三个“设准”。所谓“设准”，他解释说：

> 这些设准并非理论性的教条，而是在必然的实践方面之**预设**。因此，它们固然并不扩展思辨性的知识，但是却为思辨理性底理念**一般性**地（借由这些理念与实践性事物之关系）提供客观实在性，并且使思辨理性有权拥有一些概念，而在其他情况下，思辨理性甚至仅是妄议这些概念底可能性都不成。[2]

简言之，我们借由思辨理性无法肯定上述理念的实在性，如今却因它们与道德法则（作为“纯粹理性底事实”）之关联，其实在性

1 *KGS*, Bd. 8, S. 287；李明辉译注：《康德历史哲学论文集》，页 111。

2 Kant: *Kritik der praktischen Vernunft*, *KGS*, Bd. 5, S. 132.

得到某种肯定。这种肯定并非知识意义的肯定，但却包含某种确然性，故康德以“设准”一词来表示。这种“设准”即是康德在《何谓“在思想中定向”？》中所谓的“理性信仰”。

德国诗人海涅（Heinrich Heine，1797—1856）在《论德国宗教和哲学的历史》（*Zur Geschichte der Religion und Philosophie in Deutschland*）一书中以诙谐的语气调侃康德，说他在《纯粹理性批判》中杀死上帝之后，由于怜悯其老仆人兰培（Lampe）的心理不安，便在《实践理性批判》中让上帝复活了[1]。这段调侃的话常被人当成事实，而引起误解。连牟先生在其《圆善论》中也受到误导，而说：“据说康德本想去掉这个人格神之上帝，只因可怜他的仆人之不安，遂终于又把祂肯定了。由此可见这信仰是情识决定，非理性决定。”[2] 其实，这段话之可靠性已为上文所提到的事实所否定，此即：康德在《实践理性批判》中对于上帝存在与灵魂不朽的道德论证之基本论点几乎都已包含于《纯粹理性批判》与《何谓“在思想中定向”？》之中。不仅如此，这些论点甚至可追溯到其前

1　书中写道：“〔……〕到这里为止康德扮演了一个铁面无私的哲学家，他袭击了天国，杀死了天国全体守备部队，这个世界的最高主宰未经证明便倒在血泊中了，现在再也无所谓大慈大悲了，无所谓天父的恩典了，无所谓今生受苦来世善报了，灵魂不死已经到了弥留的瞬间——发出阵阵的喘息和呻吟——而老兰培作为一个悲伤的旁观者，腋下挟着他的那把伞站在一旁，满脸淌着不安的汗水和眼泪。于是康德就怜悯起来，并表示，他不仅是一个伟大的哲学家，而且也是一个善良的人，于是，他考虑了一番之后，就一半善意、一半诙谐地说：‘老兰培一定要有一个上帝，否则这个可怜的人就不能幸福——但人生在世界上应当享有幸福——实践的理性这样说——我倒没有关系——那么实践的理性也不妨保证上帝的存在。’于是，康德就根据这些推论，在理论的理性和实践的理性之间作了区分并用实践的理性，就像用一根魔杖一般使得那个被理论的理性杀死了的自然神论的尸体复活了。”译文采自海涅著、海安译：《论德国宗教和哲学的历史》（北京：商务印书馆，2000 年），页 112—113；原文见 *Heines Werke* (Berlin/ Weimar: Aufbau-Verlag, 1978), Bd. 4, S. 110。

2　牟宗三：《圆善论》（台北：台湾学生书局，1985 年），页 254〔22: 248〕。

批判期的著作《通灵者之梦》(1766年出版)。在此书的《结论》中，康德写道：

> 难道只因为有个来世，“有德”才是善的吗？还是毋宁因为行为本身是善而有德的，它们才在将来得到报偿呢？人心岂非包含直接的道德规范，而我们为了使人在此世按照其本分而活动，必须在另一个世界发动机关吗？有一种人只要不受到未来的惩罚所威胁，便宁愿屈从他所嗜好的罪恶；这种人可算是正直吗？可算是有德吗？我们岂非更应说：他虽然不敢作恶，但其心灵却怀有邪恶的存心；而他喜好类乎德行的行为之好处，但却憎恶德行本身？而且事实上经验也证明：极多被教以来世且相信来世的人却耽于罪恶和卑劣，只知盘算以奸诈方式规避未来的威胁性报应的手段。但是从来没有一个正直的人能够忍受“一切事物均随着死亡而终结”这个想法，且其高贵的存心不奋而期望于未来。因此，将对于来世的期待建立在一个善良的人底感觉上，似乎比反过来将其良好品行建立在对于另一个世界的期望上，更合乎人性和道德底纯粹性。**道德的信仰**也是如此；其纯真可免除一些诡辩底烦琐辨析，并且只有这种信仰适合于在所有状态中的人，因为它把人直接引到其真正目的上。[1]

由上下文可以推断：这里所说的“道德的信仰”仅是指对于上帝

1 Kant: *Träume eines Geistersehers, erläutert durch Träume der Metaphysik*, *KGS*, Bd. 2, S. 372f.；康德著、李明辉译：《通灵者之梦》(台北：联经出版公司，1989年)，页77。

存在的信仰。故这段话显然包含了康德在《实践理性批判》中对于上帝存在与灵魂不朽的道德论证[1]，也包含了他在《何谓"在思想中定向"？》一文中所提到的"理性底需求"。

以上讨论的著作虽然为康德的宗教哲学定下了基调，但它们并非专门讨论宗教哲学的著作。为了完整地了解康德的宗教哲学，我们有必要进一步讨论其唯一专论宗教哲学的著作《单在理性界限内的宗教》。此书基本上是在上述著作的基础上进一步讨论与宗教相关的议题，不过它从一项新议题——"根本恶"（das radikale Böse）——出发。康德反对耶教传统的"原罪说"[2]，而代之以"根本恶"之说。所谓"根本恶"，是指"趋向于道德之恶的性癖"。康德解释道：

> 既然这种"恶"〔道德之恶〕只有作为自由意念底决定，才是可能的，但自由意念只能透过其格律而被判定为善或恶，故这种"恶"必须存在于"格律违背道德法则"的可能性之主观根据中。再者，如果这种性癖可被假定为普遍地属于人（因而属于其种属底性格），就被称为人类向恶的一种**自然的**性癖。[3]

---

1 参阅拙作：《康德的〈通灵者之梦〉在其早期哲学发展中的意义与地位》，收入康德著、李明辉译：《通灵者之梦》，页 35—40。

2 康德说："不论道德之恶在人内部的根源是什么情况，在一切关于'道德之恶在所有繁衍中通过我们的种属底所有成员而散播并延续'之想法当中，最不恰当的想法是将这种'恶'设想为通过遗传而从始祖传到我们。"见 Kant: *Die Religion innnerhalb der Grenzen der bloßen Vernunft*（以下简称 *Rel.*），*KGS*, Bd. 6, S. 40.

3 同上书，S. 29。

康德的“根本恶”说极为复杂而精微，无法仅用三言两语说清楚。拙作《康德的“根本恶”说——兼与孟子的性善说相比较》曾对这套理论作了详细的分析，读者可参阅[1]。在此我们只消指出：一、“根本恶”是一种“道德之恶”，它是人的自由意志之产物，所以人必须为此负责；二、“根本恶”是人违背道德法则的可能性之主观根据，就它共同属于人类而言，可视为人性的一部分。但我们不能据此而将康德视为性恶论者。因为既然“根本恶”是人的自由意志之产物，它就不是人的本然状态，正如康德在《人类史之臆测的起源》一文所说：“自然底历史由‘善’开始，因为它是上帝底创作；自由底历史由‘恶’开始，因为它是人类底创作。”[2]其次，康德也承认有三种“在人性中向善的原始禀赋”，此即“关于人（作为一个有生命的存有者）底动物性的禀赋”、“关于人（作为一个有生命且同时有理性的存有者）底人情性（Menschheit）的禀赋”，以及“关于人（作为一个有理性且同时能负责的存有者）底人格性的禀赋”[3]，而且他相信：

> 〔……〕在我们内部回复向善的原始禀赋，并非取得一个**已失去的**向善的动机。因为我们决无法失去这个存在于对道德法则的敬畏中的动机，而且如果此事有可能的话，我们也决不会重获这个动机。[4]

---

1 收入拙著：《康德伦理学与孟子道德思考之重建》（台北：中研院中国文哲研究所，1994 年），页 117—146。

2 Kant: “Muthmaßlicher Anfang der Menschengeschichte”, *KGS*, Bd. 8, S. 115；李明辉译注：《康德历史哲学论文集》，页 82。

3 *Rel.*, *KGS*, Bd. 6, S. 26.

4 同上注，S. 46。

现在的问题是：人如何在堕落之后改过迁善呢？上述三种“在人性中向善的原始禀赋”是否能提供充分的力量，使人改过迁善呢？康德一方面承认：“在意念采取格律时违反原始的道德禀赋”之“性癖”——亦即，“根本恶”——是“无法根除的”，故我们必须不断地对抗这种性癖[1]。但在另一方面，他又表示：

> 如今既然这只是导致一种由“坏”到“较佳”之无止尽的进展，其结果便是：恶人底存心之转变为一个善人底存心，必然在于他根据道德法则采纳一切格律时最高的内在根据之改变——只要这个新的根据（新的心）本身如今是不变的。然而，人固然无法自然地达到这种确信，无论是通过直接的意识，还是借由他迄今所过的生活之证明；因为内心之深处（其格律之主观的最初根据）对他自己来说，是不可究诘的。但是他必定能够**期望**借由使用**自己的**力量而走上通往此处，且由一种业已根本改善的存心指示于他的道路；因为他应当成为一个善人，但只能根据可以被算作他自己所做的事而被判定为**道德上**善的。[2]

一方面，康德对于人心之幽微有很深刻的警觉，认为我们无法在自省中完全肯定自己无一念之私；但在另一方面，他又相信我们凭自己的力量改过迁善的可能性。故他说：“如果道德法则要求：我们现在应当是更好的人，其必然的结论是：我们必定

1　同上注，S. 51。
2　同上注。

也能够如此。”[1]

这就牵涉到康德如何看待道德与宗教之关系。他一方面说：“道德为了自身之故（无论在客观方面就“意欲”而言，还是在主观方面就“能够”而言），决不需要宗教，而是由于纯粹实践理性，它是自足的。”[2]在另一方面，他又说：“道德必然通向宗教。借此，道德扩展到一个在人之外掌权的道德立法者之理念；在这个道德立法者底意志中，（创世底）终极目的就是能够且应当也是人底终极目的的东西。”[3]这里所说的“道德立法者”显然是指上帝。他在这里所谈的“宗教”亦未超出“理性信仰”或“道德信仰”的范围。

在这个脉络下，他提出了“道德宗教”的概念。他写道：

> 〔……〕我们可以将所有宗教区分为**邀恩**底（纯然礼拜底）宗教与**道德的**宗教，亦即**良好品行**底宗教。就前者而言，人或者自许上帝能（借由赦免其咎责）使他永远幸福，而他却不必**成为一个更好的人**，或者，如果这对他似乎是不可能的，则甚至自许上帝能**使**他**成为更好的人**，而他自己除了为此而**祈求**之外，不必再做任何事。既然对一个无所不知的存有者而言，祈求不过是**愿望**而已，则祈求根本等于什么都没有做；因为如果单凭愿望就能做到这点的话，那么每个人都会是好人。但是就道德的宗教（在所有存在过的公开的宗教中，唯有耶教属于此类）而言，有一项原则是：每个人得尽其一切

1　同上注，S. 50。
2　同上注，S. 3。
3　同上注，S. 6。

> 力量，以成为一个更好的人；唯有他为了成为一个更好的人，而发挥了其天赋（《路加福音》第19章第12—16节），运用了其向善的原始禀赋之后，他才能期望其能力不及之处会由更高的协助得到弥补。人甚至完全没有必要知道：这种协助存在于何处；或许根本无法避免的是：如果这种协助发生的方式在某一时刻被启示出来，则不同的人在另一时刻会对此形成不同的概念，而且是完全出于真诚。但这样一来，以下的原则也能成立："对每个人而言，知道上帝为其至福做什么或做了什么，并非重要的，且因此不是必要的"；反倒是他应当知道：为了要配得这种援助，**他自己做了什么**。[1]

对康德而言，"道德宗教"才是真正的宗教，而来自超自然力量（如上帝）的协助由于超出了理性之界限，并不属于道德宗教的本质因素。凭借上帝之协助而成为善人或得到至福，康德称为"恩宠底作用"(Gnadenwirkung)。他将"恩宠底作用"与"奇迹"(Wunder)、"秘密"(Geheimnis)、"得到恩宠的手段"(Gnadenmittel)并列为"理性界限内的宗教之补遗（Parerga）"[2]。所谓"奇迹"，是指"世界中的事件，其原因底作用法则我们绝对不知道，而且必定始终不知道"[3]。"秘密"是指那种"虽能为每个个人所知，但却无法为公众所知，亦即无法普遍传达的神圣之事"[4]，如召唤、救赎、拣选等。"得到恩宠的手段"则是指为获得上帝的特别协助而采取的手段，如

1 同上注，S. 51f.。
2 同上注，S. 52。
3 同上注，S. 86。
4 同上注，S. 137。

祈祷、上教堂、洗礼、领圣餐等。

在耶教历史的发展过程中，这四种“补遗”无疑均发挥过一定的功能，但是在康德看来，它们属于“历史的信仰”（historischer Glaube）或“教会底信仰”（Kirchenglaube），而非“纯粹的理性信仰”[1]。在这个脉络下，康德谈到了“教会”，亦即“在上帝的道德立法之下的伦理共同体”[2]。他将教会区分为“无形的教会”与“有形的教会”[3]。简言之，“有形的教会”是在历史上现实存在的教会，带有历史的偶然性。但真正的教会是“无形的教会”，它是“有形的教会”之理想与原型。“无形的教会”具有以下四项特征：

一、它是普遍的、因而唯一的教会；

二、它是纯粹的，换言之，除了道德的动机之外，它不服从任何其他的动机；

三、其成员内部的关系及它与政治权力的外在关系都符合自由原则；

四、其宪章是不变的。[4]

总而言之，“无形的教会”是以“纯粹的理性信仰”为基础，故康德说：“唯有完全建立在理性底基础之上的纯粹宗教信仰才能被视为必然的，因而被视为唯一标识真正教会的信仰。”[5]在这种意义之下，“有形的教会”至多仅具有历史的意义，具有一种过渡性的功能，如康德所说：

---

1 参阅同上注，S. 104 & 106。

2 同上注，S. 101。

3 同上注。

4 同上注，S. 101f.。

5 同上注，S. 115。

> 纵使（基于人类理性之无法避免的限制）一种历史性的信仰作为接引手段而影响纯粹宗教——但意识到它仅是一种接引手段——，而且这种信仰作为教会信仰，具有一项原则，即“不断地接近纯粹的宗教信仰，以便最后能不需要这种接引手段”，这样一种教会依然可以称为**真正的**教会。但既然对于历史性的教义，争论决无法避免，则它只能称为**争论的**教会，但却有一种前景，即最后会发展成不变的且一统的**凯旋的**教会！[1]

一言以蔽之，对于康德而言，在历史上存在的一切“有形的教会”至多只是过渡到“真正的宗教”之接引手段，它与一切随之而生的历史性产物（恩宠底作用、奇迹、秘密、邀恩的手段、启示等）均不属于宗教的本质因素。随着“道德宗教”之发展，这些东西终究都会被历史所扬弃。

三、从先秦儒学的转折看儒家的宗教性

现在我们回到“儒家与宗教”的课题上。一项不可否认的事实是：在周代以前，中国人具有强烈的宗教意识，并且有频繁的祭祀活动，祭祀的对象包括上帝、天地、祖先、鬼神、日月星辰、自然现象（如四时寒暑、水旱）、四方等。西方传教士及中国的耶教徒也往往注意到：这套原始信仰包含一种对于至高的人格神之信仰，并在此见到儒家传统与耶教信仰相通之处。譬如，利玛窦

1 同上注。

的《天主实义》一书中便有如下的一段文字：

> 吾天主乃古经书所称上帝也。《中庸》引孔子曰：“郊社之礼，以事上帝也。”朱注曰：“不言后土者，省文也。”窃意仲尼明一之，以不可为二，何独省文乎？《周颂》曰：“执兢武王，无兢维烈。不显成康，上帝是皇。”又曰：“于皇来牟，将受厥明，明昭上帝。”《商颂》云：“圣敬日跻，昭假迟迟，上帝是祇。”《雅》云:“维此文王，小心翼翼，昭事上帝。”《易》曰：“帝出乎震。”夫帝也者，非天之谓。苍天者抱八方，何能出于一乎？《礼》云：“五者备当，上帝其飨。”又云：“天子亲耕，粢盛秬鬯，以事上帝。”《汤誓》曰：“夏氏有罪，予畏上帝，不敢不正。”又曰：“惟皇上帝，降衷于下民。若有恒性，克绥厥犹，惟后。”《金縢》周公曰：“乃命于帝庭，敷佑四方。”上帝有庭，则不以苍天为上帝可知。历观古书，而知上帝与天主特异以名也。[1]

先秦儒家经典中所说“天”与“上帝”是否如利玛窦所言，即是天主教徒所崇奉的“天主”，此处姑且不论[2]；但可以肯定的是：在古代中国人的原始宗教意识中的确存在一种对于至高的人格神之信仰。不过，我们也要同时指出：这种信仰并不排斥对于其他对

---

1 《天主实义》，上卷，第 2 篇，页 20；见《天学初函》（台北：台湾学生书局，1965 年影印本），第 1 册，页 415—416。“惟皇上帝，降衷于下民。若有恒性，克绥厥犹，惟后。”系《汤诰》文，非《汤誓》文。

2 关于利玛窦此说所受到的质疑与批判，请参阅吕实强：《由明清之际中国知识分子反教言论看中西文化交流（一五八三～一七二三）》，见《纪念利玛窦来华四百周年中西文化交流国际学术会议论文集》（台北县：辅仁大学出版社，1983 年），页 420—422。

象（如祖先、其他神祇）的崇拜，而是与之同时并存。

然而，以上的事实并非本文所要探讨的重点。我们的主要兴趣在于孔子在儒家传统发展过程中的关键性地位，此即：透过他的学说与道德实践，他一方面将周文中之外在的礼乐秩序，另一方面将《诗》、《书》中作为人格神之超越的“天”或“上帝”，一起内在化于人的本性及其道德实践之中。孔子在这两方面的转向与康德在西方伦理学与宗教哲学的发展中的转向如出一辙。康德在伦理学中透过“自律”概念之提出，将道德规范的根源收摄于道德主体（实践理性）之中，而造成了所谓“伦理学中的哥白尼式革命”[1]。同样的，孔子也在人的道德主体及其所表现的“仁”之中发现外在的礼乐秩序之根源与判准，所以他说：“礼云礼云，玉帛云乎哉？乐云乐云，钟鼓云乎哉？”（《论语·阳货》第9章）“人而不仁，如礼何？人而不仁，如乐何？”（《论语·八佾》第3章）而且他发现这种实践“仁”的力量就在我们自己的主体之中，所以说：“克己复礼为仁。一日克己复礼，天下归仁焉。为仁由己，而由人乎哉？”（《论语·颜渊》第1章）

其次，康德的“自律伦理学”与其“道德宗教”之间具有逻辑的关联；我们甚至可以说：“道德宗教”是建立在“自律伦理学”的基础之上。因此，尽管康德承认：我们对于“最高善”的期望必须预设上帝之存在，但这并不影响到他的另一项信念：人除了凭自己的理性能力从事道德实践之外，并无其他的义务，也不应

1　参阅 John R. Silber: “The Copernican Revolution in Ethics: The Good Reexamined”, in: Robert Paul Wolff, ed., *Kant: A Collection of Critical Essays* (Notre Dame: University of Notre Dame Press, 1967), pp. 266-290.

指望其他力量之协助。在孔子身上，我们也见到类似的情形。一方面，孔子对于“天”或“天命”具有强烈的意识；在若干例子中，他所理解的“天”甚至带有人格神的色彩。试看《论语》中所记载的以下言论：

(1) 子曰："吾十有五而志于学，三十而立，四十而不惑，五十而知天命，六十而耳顺，七十而从心所欲，不踰矩。"(《为政》第4章)

(2) 孔子曰："君子有三畏：畏天命，畏大人，畏圣人之言。小人不知天命而不畏也，狎大人，侮圣人之言。"(《季氏》第8章)

(3) 子曰："大哉！尧之为君也！巍巍乎！唯天为大，唯尧则之。荡荡乎！民无能名焉。巍巍乎！其有成功也。焕乎！其有文章。"(《泰伯》第19章)

(4) 子曰："天生德于予，桓魋其如予何？"(《述而》第23章)

(5) 子曰："予欲无言。"子贡曰："子如不言，则小子何述焉？"子曰："天何言哉？四时行焉，百物生焉。天何言哉？"(《阳货》第19章)

(6) 子曰："莫我知也夫！"子贡曰："何为其莫知子也？"子曰："不怨天，不由人，下学而上达。知我者，其天乎！"(《宪问》第35章)

(7) 子见南子，子路不说。夫子矢之曰："予所否者，天厌之！天厌之！"(《雍也》第28章)

(8) 子畏于匡，曰："文王既没，文不在兹乎？天之将丧斯文也，后死者不得与于斯文也。天之未丧斯文也，匡人其

如予何？”（《子罕》第9章）

（9）仪封人请见，曰：“君子之至于斯也，吾未尝不得见也。”从者见之。出曰：“二三子何患于丧乎？天下之无道也久矣！天将以夫子为木铎。”（《八佾》第24章）

（10）子疾病，子路使门人为臣。病间，曰：“久矣哉，由之行诈也！无臣而为有臣。吾谁欺？欺天乎？〔……〕”（《子罕》第11章）

在这十则文字当中，孔子及其同时代的人都表现出对于“天”或“天命”之超越的宗教意识；在第（6）至（10）则中出现的“天”字至少就字面来看，似乎还意指一个具有理智与意志的人格神。就这点而言，孔子对于“天”的理解显然与《诗》、《书》中所表现的原始宗教意识有历史关联。

但在另一方面，“天”的概念在孔子那里也同时出现理性化与人文化的转向。我们不妨再看《论语》中的一些其他文字：

（11）子不语怪、力、乱、神。（《述而》第21章）

（12）樊迟问知。子曰：“务民之义，敬鬼神而远之，可谓知矣。”（《雍也》第22章）

（13）季路问事鬼神。子曰：“未能事人，焉能事鬼？”曰：“敢问死。”曰：“未知生，焉知死。”（《先进》第12章）

（14）子曰：“非其鬼而祭之，谄也。见义不为，无勇也。”（《为政》第24章）

（15）祭如在，祭神如神在。子曰：“吾不与祭，如不祭。”（《八佾》第12章）

（16）子疾病，子路请祷。子曰：“有诸？”子路对曰：“有之。诔曰：‘祷尔于上下神祇。’”子曰：“丘之祷久矣。”（《述而》第35章）

（17）王孙贾问曰：“‘与其媚于奥，宁昧于灶’，何谓也？”子曰：“不然！获罪于天，无所祷也。”（《八佾》第13章）

这些文字经常被引用来说明孔子的人文思想，因为它们显示出孔子将宗教活动（祭祀、祈祷）功能化的倾向。第（11）至（13）则显示：孔子对传统的宗教活动采取不反对亦不提倡的消极态度，因为他并不认可这些活动所代表的传统意义。孔子对于传统礼制的基本态度是将新的意义注入旧的形式中，可说是“旧瓶装新酒”，而不采取革命性的手段。因为他知道：“礼”的功能只能在形式的连续性中维系下来，而“礼”的变革也只能在这种连续性之前提下进行。因此当子贡欲废除“告朔之饩羊”时，孔子答以“尔爱其羊，我爱其礼”（《论语·八佾》第17章）。第（14）、（15）两则显示孔子如何对传统的祭礼进行意义的转化。第（14）则所说的“非其鬼而祭之”意谓以他人的祖先为祭祀对象。因为祭祖的意义当在于报本返始，故不宜以他人的祖先为对象，如《左传·僖公十年》所载狐突之言：“臣闻之：神不歆非类，民不祀非族。”《僖公三十一年》所载宁武子之言：“鬼神非其族类，不歆其祀。”若有人以他人的祖先为祭祀对象，其中必有非分的动机（如祈福、避祸）。由《左传》的记载推断，这可能是当时常见的现象。尽管在孔子看来，这扭曲了祭祖的真正意义，但他也承认祭祖有其道德教化的功能，如曾子所说：“慎终追远，民德归厚矣。”（《论语·学而》第9章）第（15）则中所说的“祭”是指祭祖。朱子《集注》

引程子（颐）曰："祭，祭先祖也；祭神，祭外神也。祭先主于孝，祭神主于敬。"文中的"如"字表示对鬼神之存在与否存而不论。对孔子而言，鬼神之存在与否并非重点之所在，重要的是要借"祭"的仪式来表达孝与敬之心。在此，孝与敬之心的实质必须借由"祭"的形式来表达，而孝与敬只能发自自己的内心，不能由他人代为表示。故当孔子未能亲自参与祭礼，而由他人代行时，即无由表达孝与敬之心，而与不祭无异。总而言之，祭鬼神的意义在于借其仪式来表达我们内心的孝与敬之心，而非祈福、避祸或其他非分之求。

第（16）、（17）两则显示孔子对于祈祷的看法。对于第（16）则，朱子《集注》解释道："祷者，悔过迁善，以祈神之佑也。无其理则不必祷。既曰有之，则圣人未尝有过，无善可迁，其素行固已合乎神明，故曰：'丘之祷久矣。'"显然在孔子看来，事神之道重在平素的道德实践，而非借祈祷以求神之佑助。这使我们不由得想到康德在《单在理性界限内的宗教》中区分"追求恩宠的宗教"（亦即"纯然礼拜底宗教"）与"道德的宗教"（亦即"良好品行底宗教"）。孔子对于祈祷的看法岂非正好符合康德所说的"良好品行底宗教"，而非"追求恩宠的宗教"？

第（17）则中所说的"奥"与"灶"都是当时流行的祭祀。《尔雅·释宫》云："西南隅谓之奥。"故"奥"指祭神之方位。"灶"即是今之所谓"灶神"。王孙贾是卫灵公之臣，故这段对话涉及当时卫国的朝政背景。但这段对话具体指涉的对象为何，历代注家有不同的说法，并无定论。此处姑且引述朱子《论语集注》之说："室西南隅为奥。灶者，五祀之一，夏所祭也。凡祭五祀，皆先设主而祭于其所，然后迎尸而祭于奥，略如祭宗庙之仪。如祀灶，则设主于灶陉；祭毕，则更设馔于奥，以迎尸也。故时俗之语，因以奥有常尊而非祭之主，灶虽卑贱而当时用事，喻自结于君，不如阿附权臣也。贾，卫之权臣，故以此讽孔子。”朱子的解读是否合乎当时的实情，此处姑且不论；重要的是：孔子的答语“获罪于天，无所祷也”当如何理解？对此，朱子《论语集注》解释道：“天即理也；其尊无对，非奥、灶之可比也。逆理，则获罪于天矣，岂媚于奥、灶所能祷而免乎？言但当顺理，非特不当媚灶，亦不可媚于奥也。”朱子在此以“理”来解释“天”字，崔述《论语余说》、钱大昕《十驾斋养新录》、毛奇龄《四书改错》均有所批评[1]。朱子的解释的确有过度诠释之嫌，因为可以成为祈祷对象的“天”更有可能是作为人格神的“天”，而不仅是抽象的“理”。除了这点之外，朱子的解释大体可从。如果将这一则文字与上一则配合起来看，则“获罪于天”当是意谓“行为悖理”，而全句的意思是说：如果我们的行为违背道德，即使祈祷于天，亦无任何意义。这与康德对于祈祷的态度如出一辙，亦合乎“良好品行底宗教”之理念。

综合以上所述，孔子对于天、天命、鬼神、祭礼、祈祷的态度使我们有充分的理由将其宗教观归入康德所说的“道德宗教”，这在中国古代文化的发展中代表一种根本的转向。单就“儒家与宗教”的课题而言，由孔子开始的转向到了《中庸》才取得最后的形式，此即“内在超越性”或“即内在即超越”的思考模式。有些现代学者已注意到《中庸》的这种思想特性。譬如，杜维明

1 参阅程树德：《论语集释》（北京：中华书局，1990年），第1册，卷6，页181—182。

先生便撰有《论中庸》一书[1]，以《中庸》为例，来说明儒家的宗教性。

笔者在研究台湾基督教思想家李春生（1838—1924）的著作时，发现他对《中庸》后半部的若干文句（如“赞天地之化育”、“与天地参”、“峻极于天”）特别反感。李春生是虔诚的长老会基督徒，对《圣经》采取一种基本教义式的诠释[2]，他不但相信《圣经》中所说的奇迹、启示、预言[3]，也严厉批判达尔文（Charles Darwin，1809—1882）、赫胥黎（Thomas H. Huxley，1825—1895）的演化论[4]。笔者在《转化抑或对话？——李春生所理解的中国经典》一文[5]中指出：李春生对《中庸》的反感其实来自耶教的一神论传统与《中庸》所代表的“内在超越性”思想模式间之冲突。在该文中，笔者也对《中庸》的材料与思想性格加以探讨，以下的阐述基本上以此为据。大体而言，《中庸》的材料是由在文体与内容上均显然不同的两个部分所组成，前半部以“中庸”的概念为中心，后半部则以“诚”的概念为中心，两者之间有其逻辑关联。由《中庸》前半部到后半部的思想发展系由强调“天”之超越性转而强调其

1 Tu Wei-ming: *Centrality and Commonality: An Essay on Chung-Yung* (Honolulu: University of Hawaii Press, 1976)；此书后经扩充并改名为：*Centrality and Commonality: An Essay on Confucian Religiousness* (Albany: State University of New York Press, 1989)。后者有段德智的中译本：《论儒学的宗教性——对“中庸”的现代诠释》，收入郭齐勇、郑文龙编：《杜维明文集》（武汉：武汉出版社，2002 年），第 3 卷，页 357—485。

2 李春生对于《圣经》的诠释见其《圣经阐要讲义》（台北：台湾日日新报出版，1914 年）。此书收入笔者与黄俊杰、黎汉基合编的《李春生著作集》（台北：南天书局，2004 年），第 3 册。

3 参阅其《宗教五德备考》（台北：台湾日日新报，1910 年）。此书亦收入《李春生著作集》，第 3 册。

4 李春生对演化论的批判见其《天演论书后》（福州：美华书局，1907 年），收入《李春生著作集》，第 4 册。

5 此文刊于“中央”大学《人文学报》，第 20/21 期（1999/2000 年），页 133—174；后收入李明辉编：《近代东亚变局中的李春生》（台北：台湾大学出版中心，2010 年），页 25—65。

内在性；但《中庸》在强调“天”之内在性时，并不否认其超越性。李春生从耶教一神论的宗教传统出发而反对的是《中庸》的“天人合一”观及其所涵蕴之“即内在即超越”的思想模式。

无独有偶，曾将《四书》译成英文的基督教传教士理雅各（James Legge，1815—1897）对于《中庸》也有类似的看法。他如此评论《中庸》：

> 它〔按：指《中庸》〕的开头极好，但是作者才刚道出序文中的箴言，就导入一种晦涩之中，使我们几乎无法摸索出道路；而当我们摆脱这种晦涩时，又会被作者对于圣人的圆满性之华而不实的图像所困惑。作者显然有助于助长其同胞的骄傲。他将他们的圣人提升到一切名为神或是被崇拜的东西之上，而且教导人民大众说：有了圣人，他们就不假外求了。在这当中，《中庸》与耶教是敌对的。不久之后，当耶教在中国广泛流行时，人们将会提及《中庸》，作为“他们的祖先凭其智慧，既不知上帝，亦不自知”之明证。[1]

在这段话中，理雅各对《中庸》的批评显然主要也是针对其后半部。然而，这也反显出《中庸》透过“诚”的概念所建立之天道观已步上了与耶教的一神论迥然不同的道路。

杜维明先生在《论中庸》一书中如此解释《中庸》所说的“诚”：“人之所以‘能够’学习而成为诚，并不是由于天的‘恩典’，而

1 James Legge: *The Life and Teachings of Confucius* (London: N. Trübner, 1872), p. 54.

是由于其本性原本就是按此被赋予的。"[1] 对于《中庸》所理解的天人关系，他也作了如下的说明：

> 诚然，人的本性是天所赋予的，但是，人并不仅仅是一种被创造物，而天也没有穷尽创造的全部过程。从终极的意义上讲，为了实现人性，人就必须充分地参与宇宙的创造过程。他们并不是从虚无中创造（就此而言，天也不是从虚无中创造），然而，他们却能够"赞天地之化育"。[2]

这种"天人合一"观与儒家"即内在即超越"的思想模式之间具有一种本质的关联。其结果是使中国传统的"天"（或"上帝"）的概念中之"人格神"意味逐渐脱去，而成为"天"（或"上帝"）的概念中之非本质因素。

牟宗三先生在其《中国哲学的特质》一书中对于儒家天道观由孔子到《中庸》的演变也作了类似的说明。他将先秦儒家遥契（印证）天道的方式区分为"超越的遥契"与"内在的遥契"两种，而以孔子代表"超越的遥契"，以《中庸》代表"内在的遥契"[3]。对于"超越的遥契"，牟先生解释道：

---

1 《杜维明文集》，第 3 卷，页 446；*Centrality and Commonality: An Essay on Confucian Religiousness*, p. 77。

2 《杜维明文集》，第 3 卷，页 447；*Centrality and Commonality: An Essay on Confucian Religiousness*, p. 78。

3 关于这两种"遥契"，参阅牟宗三：《中国哲学的特质》，页 37—45〔28: 40—50〕。

> 孔子在他与天遥契的精神境界中，不但没有把天拉下来，而且把天推远一点。虽在其自己生命中可与天遥契，但是天仍然保持它的超越性，高高在上而为人所敬畏。因此，孔子所说的天比较含有宗教上“人格神”（Personal God）的意味。[1]

至于“内在的遥契”，“不是把天命、天道推远，而是一方把它收进来作为他自己的性，一方又把它转化而为形上的实体”[2]。对于这两种遥契天道的方式，牟先生强调它们之间并无冲突矛盾，而且“由超越的遥契发展为内在的遥契，是一个极其自然的进程”[3]。他将这两种遥契方式的关系总括如下：

> 超越的遥契着重客体性（Objectivity），内在的遥契着重主体性（Subjectivity）。由客观性的着重过渡到主体性的着重，是人对天和合了解的一个大转进。而且，经此一转进，主体性与客观性取得一个“真实的统一”（Real Unification），成为一个“真实的统一体”（Real Unity）。[4]

在上述的脉络下，牟先生特别指出：“这种统一，不是儒教所独有，耶教亦有类似的发展过程”，并且以耶稣来代表耶教的主体性[5]。不过，他最后还是强调：“耶教始终为重客体性的宗教。孔子

---

1 同上书，页 39—40〔28: 38〕。
2 同上书，页 40〔28: 38〕。
3 同上书，页 44〔28: 41〕。
4 同上书，页 44—45〔28: 42—43〕。
5 同上注，页 45〔28: 43〕。

未使他的思想成为耶教式的宗教，完全由于他对于主体性仁、智、圣的重视。”[1] 然则，在《中庸》的“内在遥契”所体现的主体性与耶稣透过“道成肉身”（incarnation）所体现的主体性之间究竟有何本质上的区别，以致儒教无法发展成耶教的形态呢？牟先生在《中国哲学的特质》第十二讲《作为宗教的儒教》中有一节题为“儒教何以未成为普通宗教的形式”，即试图回答这个问题，并且指出：其关键就在人格化的“上帝”概念。他承认：在中国文化中并非没有人格化的“上帝”概念及因此而形成的祈祷之情。但他接着指出：

> 〔……〕儒家并没有把意识全幅灌注在客观的天道之转为上帝上，使其形式地站立起来，由之而展开其教义。在主观方面也没有把呼求之情使其形式地站立起来。如使其形式地站立起来，即成为祈祷。此两方面在儒家并非没有，他只是把它轻松了。因为儒家的中心点不落在这里，其重点亦不落在这里。[2]

在《圆善论》中，牟先生甚至点明人格化的“上帝”概念之虚妄性[3]。从他的儒家观点看来，“圆善”之可能性只需要靠“无限的智心”，而毋须将此“无限的智心”人格化而成为“上帝”的概念。他一再强调：一个人格化的“上帝”概念并不在理性的界限之内，

1　同上注。

2　同上书，页 104〔28: 104〕。

3　参阅牟宗三：《圆善论》，页 243—255〔22: 237—248〕。

而是非理性的“情识作用”。但是否定人格化的“上帝”概念对于儒家之意义，并不等于否定儒学的超越性，乃至宗教性。徐复观先生将儒家之“天”的超越意义视为非本质的，无异于否定了儒学的宗教性；这并不符合孔子以后儒学发展的实情。

综合以上的讨论，我们可以将先秦儒学发展的基本方向归结如下：孔子首先将中国古代的原始宗教意识加以转化，使其中作为人格神之超越的“天”或“上帝”开始内在化于人的本性及其道德实践之中；但他仍然保留了“天”或“上帝”的人格性，以凸显其超越性。到了《中庸》，“天”或“上帝”的人格性进一步淡化，而确定了“即超越即内在”的思想模式及“天人合一”的观点。在孔子的学说里，我们见到与康德的“道德宗教”最为接近之宗教形态。《中庸》的天道观则是康德的“道德宗教”之进一步理性化。这便决定了日后宋明儒学的基本方向。由此，我们便不难理解何以来华的西方传教士（如利玛窦）及中国的基督徒（如李春生）均对宋明儒学有所不满，而要回到所谓的“原始儒学”（先秦儒学）、回到孔子，甚至回到《诗》、《书》中所表现的原始宗教意识。

四、从康德的宗教观所引发之批评看儒家的宗教性

笔者在上一节曾指出：康德的“道德宗教”是建立在“自律伦理学”的基础之上，两者之间具有逻辑的关联。更确切地说，康德的“道德宗教”说是他根据“自律伦理学”的观点对“宗教”的本质所作之说明。康德自己深信：“道德宗教”说在逻辑上可由“自律伦理学”推衍出来。但是在康德生前，就已有人对此提出质疑。

例如，德国图宾根（Tübingen）大学教授福拉特（Johann Friedrich von Flatt，1759—1821）于1789年出版《论一般而言的宗教之道德的认知依据之书简——特别就康德哲学而论》一书，对康德及其学派的宗教观提出质疑。全书共包含十封书简。在第三封书简中，福拉特将康德对于上帝的道德论证归纳为以下两项要点：

> 一、实践理性使我们不得不假定**最高善**——亦即幸福与道德之完全和谐（或是最精确地按照道德的比例去分配幸福）——之**实在性或可能性**。
>
> 二、幸福与道德之这种完全和谐只能在**上帝存在**之预设下被设想为实在的或可能的。[1]

他接着评论道："对于这两个命题，我必须对你们承认：对我而言，你们的学派为此所提出的理由，部分似乎本身就不充分，部分似乎与康德的其他原理不一致。"[2] 在福拉特看来，上述的第一个命题就提供了一个"与康德的其他原理不一致"之例。他指出：根据康德的原理，最高的道德原则之客观有效性与必然性所依靠的最后根据，只是一种"主观的理性底必然性"；而第一个命题却逾越此限，而赋予最高善一种"客观的有效性与必然性"，这便违背了康德的原理[3]。

---

1 J.F. von Flatt: *Briefe über den moralischen Erkenntnisgrund der Religion überhaupt, und besonders in Beziehung auf die Kantische Philosophie* (Tübingen: Johann Georg Cottaische Buchhandlung, 1789), S. 14f.

2 同上书，页14。

3 同上书，页15—16。

在第四封书简中，福拉特进一步指出：康德将“促进最高善”视为我们的道德义务，违背他自己对道德的看法。福拉特写道：

> 在第一个命题——**我们应当设法促进最高善**——当中似乎已有一项预设作为基础，而我们在康德的批判中找不到此项预设之保证。因为如果最高善（我相信可以如此假定）必须被理解为一个（在先验意义下）存在的**精神世界**之最高善，则我以为：除非预设**精神世界之存在**，否则我们无法设想“促进最高善”的责任，这是显而易见的。但是这项预设究竟有何依据呢？根据实践理性本身？还是根据理论理性呢？我们根据什么权利而能主张最高善呢？我都无法理解。因为即使我们承认：康德所提出的最高道德原则——**按照普遍有效的格律而行为**——系作为先天综合命题而独自责求我们，而且最高善的意识是纯粹实践理性之一项事实，我们仍无法由此推衍出一项**定言**命题：我有义务尽我的一切力量去促成精神世界之最高善，而是只能推衍出一项**假言**命题：如果有一个精神世界存在，我就有责任去促成精神世界之最高善。[1]

换言之，福拉特认为：康德主张我们有“促进最高善”的义务，与他主张道德法则是无条件的“定言令式”，是相互矛盾的；因为“最高善”的义务要求德行与幸福之连结，这无异使道德的要求成

1 同上书，页31—32。

为有条件的“假言令式”，而违反了康德伦理学的基本观点[1]。

无独有偶，当代知名的康德专家贝克也质疑康德将“促进最高善”视为我们的道德义务之合理性。贝克写道：

> 假定我尽我的一切力量去做（这是任何道德诫命所能要求我的极致），以促进最高善，则我该做什么呢？仅只是出于对法则的敬畏而行动，而我已知道这一点。我绝对无法做任何其他的事，以便依据功绩来分配幸福——这是一个道德的世界主宰之任务，而非一个葡萄园园丁之任务。这并非**我的**任务；我的任务是实现最高善的一个条件，而这是我的能力所能及〔……〕[2]

如第二节所述，康德对上帝存在的道德论证基本上预设了一项伦理学的前提：“应当涵着能够。”贝克的质疑正是从这一点出发。因为既然在构成“最高善”的两项因素——德行与幸福——当中，只有德行才是在我们人类（作为有限的存有者）的能力范围之内，而德行与幸福之一致必须靠上帝的保证，则“追求最高善”就不当成为我们人类的义务，否则就如同要求我们“挟太山以超北海”，这是非常荒谬的。而既然康德对上帝存在的道德论证是建立在“促进最高善”为“我们的意志底一个先天必然的对象”之前提上，

1 黄振华先生也有类似的批评，请参阅其《康德纯粹实践理性的辩证论批判》，收入其《论康德哲学》（台北：时英出版社，2005 年），特别是页 288—293。

2 L.W. Beck: *A Commentary on Kant's Critique of Practical Reason* (Chicago: University of Chicago Press, 1960), pp. 244f.《圣经·新约》以葡萄园园主与园丁来比喻人与上帝的关系，参阅《马太福音》第 22 章第 1—14 节、《马可福音》第 12 章第 1—12 节、《 路加福音》第 20 章第 9—19 节。

则否定“最高善”可以作为我们的意志追求之道德目标便意谓否定他的整个道德论证。

当代的天主教学者萨拉（Giovanni B. Sala）同意贝克的这项质疑，并进一步指出康德的道德论证必然要面临的“两难之局”(Dilemma)：如果康德承认：我们必须“设定”上帝的存在，才能使“追求最高善”的道德义务不致落空而成为虚妄的要求，这就意谓：道德法则的约束力并非完全系于人类的理性，而是系于能保证最高善之实现的上帝；这必然与其“道德自律”的伦理学观点相抵牾。反之，如果康德要坚持“道德自律”的观点，他就得承认：纵使上帝不存在，因而最高善可能永远无法实现，“追求最高善”的道德义务对我们人类依然有约束力；但这样一来，他的整个道德论证（包括对上帝存在与灵魂不灭的论证）都将失去着力点；而这也意谓：我们在道德上将面对一个无可期待的荒谬的世界[1]！萨拉的质疑与福拉特的批评如出一辙。在其《康德论人类理性》一书的结尾，萨拉喟然问道：

> 是否我们愿意承认：人的尊严在其最深层处系在于他可以因上帝的恩惠与恩宠而生活？——因此，正好不是一种依靠自己的自律。或者为了不落入对于上帝（唯有他能实现道德之目的）的依待之中，我们宁可将道德的意义置于“我们

1 参阅 Giovanni B. Sala: *Kant und die Frage nach Gott* (Berlin: Walter de Gruyter, 1990), S. 392-396；Sala: *Kant über die menschliche Vernunft. Die Kritik der reinen Vernunft und die Erkennbarkeit Gottes durch die praktische Vernunft* (Weilheim-Bierbronnen: Gustav-Siewerth-Akademie, 1993), S. 98-109.

充当为无意义之事而生死的英雄”之中？[1]

萨拉基于他的宗教立场选择了第一条路。但康德基于其自律伦理学的观点，不可能选择这条路。而在另一方面，康德基于其道德目的论，亦不可能选择第二条路。

康德当如何回应上述的质疑呢？他是否能摆脱萨拉所指出的“两难之局”呢？首先，针对贝克的质疑，我们可以代康德提出以下的辩解：我们的道德法则仅要求我们“促进”（befördern）而非“实现”最高善。尽管唯有上帝有能力“实现”最高善，但我们人类仍能“促进”最高善。因此，承认我们无能力“实现”最高善，并无碍于要求我们“促进”最高善的义务之合理性。这犹如依康德之见，人类不可能达到“神圣”（Heiligkeit），但却无碍于他将“努力趋近于神圣”视为人类的义务[2]。

然而，上述的辩解虽可说明“促进最高善”的义务之合理性，但却无助于化解萨拉所指出的“两难之局”。因为如果此项义务之合理性毋须预设最高善之可实现性，我们便无必要“设定”灵魂之不灭与上帝之存在，来保证最高善之实现，而使康德的道德论证出现一个逻辑上的缺口。然则，康德大可停留于人类理性之道德自律中，而毋须进入宗教的领域。笔者在第二节提过，康德在《单在理性界限内的宗教》中一方面说：“道德为了自身之故〔……〕，决不需要宗教，而是由于纯粹实践理性，它是自足的。”另一方面又说：“道德必然通向宗教。”在此，我们不禁会问：如果道德是

1 Sala: *Kant über die menschliche Vernunft*, S. 129-130.

2 Kant: *Kritik der praktischen Vernunft*, *KGS*, Bd. 5, S. 83, 122 & 128.

自足的，就意谓它毋须进入宗教的领域；如果它必须通往宗教，岂非意谓它不是自足的？此时康德所面对的，岂非正是萨拉所指出的“两难之局”？

为了化解这种两难之局，我们不妨回到“儒家的宗教性”之问题上。以第一节所述当代新儒家内部对于“儒家的宗教性”问题所持的两种不同观点来说，徐复观先生所采取的是萨拉所说的第二条路，即停留在人类的自律当中；这自然可以避免两难之局，但也消解了儒家的宗教性。如果这只是徐先生自己的观点，自然可以自圆其说。但如果徐先生要据此来说明宋明儒学的发展，他不免会尴尬地发现：在《中庸》、《孟子》、《易》传及日后宋明儒学中有关“天人合一”的所有论述都成了毫无实义的废话。至于牟宗三、唐君毅所采取的诠释观点，则接近康德的“道德宗教”说，因为他们一方面把握住儒家向“道德自律”的转向，另一方面又能正视儒家的宗教性，而不仅视之为历史的残余。但与康德不同的是，他们可以避免康德所面对的“两难之局”。其关键在于：儒家的“天人合一”说采取的是“即内在即超越”的思想模式，故天之超越性即内在于人性之中。因此，当儒家强调人的“道德自律”时，并无碍于他同时承认天之超越性；反之，承认天之超越性，亦无损于人的“道德自律”，因为“事天”并非侍奉一个外在的对象，而是借由提升自我来实现人性。不过，儒家的“天人合一”说并非一种天真的乐观主义，反而承认天人之间有一种永恒的张力。人固然可以参赞化育，但博施济众，“尧、舜其犹病诸？”孔子亦不敢自许为圣。儒家的“天人合一”犹如康德的“最高善”，是人类的神圣义务，追求其实现是一个永恒的历程。对儒家而言，“天人合一”的可能性就存在于人性之中，故追求它，并非如希腊的悲剧英雄西西弗斯推石上山，在追求一个毫无意义的目标。在这个意义下，儒家的道德既非“英雄道德”，亦非——套用萨拉的用语——“酬赏道德”（Lohnmoral）。

现在我们可以回到本文开头所提出的问题：儒学是否为宗教？长期以来，中外学者谈到“宗教”时，均有意无意地以犹太教–耶教的一神教传统为判准，来界定宗教的本质。在这个背景下，不但是儒家，甚至连佛教、道教都难以符合这项判准。然而，世界各文化之间的广泛交流与20世纪宗教研究的长足发展使得这种狭隘的宗教观面临改变的必要。英国宗教哲学家希克（John Hick，1922—2012）便承认：他无法界定“宗教”的本质，而只能将“宗教”当作“一个具有家族类似性的概念”（religion as a family resemblance concept）[1]。据此，他将宗教界定为“对于超越者的信念”（belief in the transcendent），并且说明道：

> 尽管这不属于宗教的本质，〔……〕大部分的宗教形式仍然都肯定了一种超越人类与世界（通常也被认为内在于其中）之救赎性的实在，而这种实在被分别设想为一个人格神或非人格的绝对者，或是被设想为宇宙之井然有序的结构或过程或基础。[2]

这个较为宽松的“宗教”定义自然可以将孔子以后的儒家传统包

---

1 John Hick: *An Interpretation of Religion: Human Responses to the Transcendent* (Houndmills: The Macmillan Press, 1989), pp. 3-5.

2 同上书，p. 6。

括进去，因为如上文所述，即使在经过人文化的转向之后，儒家仍然保有对于超越者（天）的信念。

近年来，刘述先先生也根据德裔美国神学家田立克（Paul Tillich，1886—1965）以“终极关怀”（ultimate concern）来界定“宗教”或“信仰”（faith）的观点，将儒学视为一种宗教[1]。田立克在《信仰的动力》一书开宗明义便说道：“信仰是终极地被关涉的状态：信仰的动力即是人的终极关怀之动力。”（“Faith is the state of being ultimately concerned: the dynamics of faith are the dynamics of man's ultimate concern.”）[2] 尽管田立克花了不少篇幅去解释“终极关怀”一词的涵义，但不可否认的是：这个定义并非一目了然，以致他必须花费不少篇幅将诸如国家主义或无神论的“信仰”排除在“终极关怀”之外。在此我们不妨指出：在田立克的德文著作里，“终极关怀”一词根本没有相对应的语汇；此词完全是个英文的语汇。在《信仰的动力》一书的德文本中，上述的引文译作：“信仰是被无条件地关涉我们的东西所感动。”（“Glaube ist das Ergriffensein von dem, was uns unbedingt angeht.”）[3] 相形之下，他在早期的德文著作《宗教哲学》中，借由宗教与文化之对比而为两者提出的定义显然清楚得多：“宗教是对于无条件者之祈向，文化

---

1 参阅 Shu-hsien Liu: “The Religious Import of Confucian Philosophy: Its Traditional Outlook and Contemporary Significance”, *Philosophy East and West*, Vol. 21, No. 2 (April 1971), pp. 157-175；刘述先：《由当代西方宗教思想如何面对现代化问题的角度论儒家传统的宗教意涵》，收入刘述先编：《当代儒学论集：传统与创新》（台北：中研院中国文哲研究所，1995 年），页 1—32。

2 Paul Tillich: *Dynamics of Faith* (New York: Harper & Row, 1957), p. 1.

3 Paul Tillich: *Wesen und Wandel des Glaubens*, in: Paul Tillich: *Gesammelte Schriften* (Stuttgart: Evangelisches Verlagswerk, 1970), Bd. 8, S. 111. 此德文本最初于 1961 年由法兰克福的 Ullstein 出版社出版。

是对于有条件的形式及其统一性之祈向。”（“Religion ist Richtung auf das Unbedingte, Kultur ist Richtung auf die bedingten Formen und ihre Einheit.”）[1] 他还进一步说明宗教与文化的关系：“文化是宗教的表现形式，而宗教是文化的内容。”[2] 这个早期的定义其实更适于说明儒学的宗教性及其“寓宗教于人文”的特性。

康德虽是一位启蒙哲学家，但其宗教哲学仍深受其耶教背景的影响。他本人虽然不上教堂，不重视宗教仪式，却仍怀有虔诚的宗教情感。他所提出的“道德宗教”基本上是耶教传统之产物，但在本质上却可与孔子所开启的儒家传统相会通、相印证。作为人格神的“上帝”概念在儒学日后的发展中逐渐被扬弃，这无碍于儒学之为“道德宗教”，反而能极成康德的“道德宗教”，避免康德所要面对的两难之局。对于“儒学是否为宗教？”这个问题，如今我们可以回答如下：就田立克所说的“宗教是对于无条件者之祈向”及“宗教是文化的内容”这两点而言，儒学无疑是一种宗教；进而言之，这种宗教极接近康德所理解的“道德宗教”。

1 Paul Tillich: *Religionsphilosophie*, in: Paul Tillich: *Gesammelte Schriften*, Bd. 1, S. 320. 此书原先包含于 Max Dessoir (Hg.): *Lehrbuch der Philosophie*, Bd. 2: “Die Philosophie in ihren Einzelgebieten” (Berlin: Ullstein, 1925), S. 765-835。此书之英译本收入 Paul Tillich: *What is Religion?* (New York: Harper & Row, 1969)。

2 Paul Tillich: *Religionsphilosophie*, in: Paul Tillich: *Gesammelte Schriften*, Bd. 1, S. 329.

余论

笔者相信：以上的讨论已充分证明了儒学与康德哲学的比较研究之意义，因为一项研究工作的成果最足以显示其意义。但是最近，友人冯耀明先生在其大作《中国哲学的方法论问题》中对这项比较研究工作提出质疑。他比较柏拉图（理型／具体事物）、亚里士多德（形式／质料）、康德（物自身／现象）、儒家（性理／气）、佛家（空理／法）的五种概念架构，分别就其内存性、分享性、超越性、主体性、恒常不变性、客观实在性、主客对立性、真实对比性、价值意味性、形上先在性各项特征评分，发现在理论性格上与儒家最接近的不是康德，而是柏拉图[1]。因此，他断言："要中国哲学的各个义理系统容纳或融摄康德的物自身概念之知识论的含义，或要康德的批判哲学容纳或融摄中国哲学各义理系统中的物概念之心性论的意味，同样是双方的负担。"[2]

依笔者之见，这种质疑其实并无多大的意义，因为儒学与康

---

1 冯耀明：《中国哲学的方法论问题》（台北：允晨文化实业公司，1989年），页303—306。

2 同上注，页307—308。

德哲学的相切点并不在于知识论或存有论，而在于伦理学或道德底形上学。如果我们另外拟出几项特征来比较上述五家的伦理学形态，必然得出与冯先生不同的结论。从以上《孟子与康德的自律伦理学》一文可知：就伦理学形态而言，儒家（至少就其主流而言）与康德最为接近。再者，即使就康德哲学中“物自身”与“现象”的概念架构而言，其重点亦不在冯先生所拟的这些特征中。因为正如笔者在以上《再论孟子的自律伦理学》一文中所指出的，康德的“物自身”概念究极而言，并非一个知识论的概念，而是一个伦理学的概念；或者说，这个概念的真正涵义只能在道德底形上学之脉络中充分彰显出来。这种解释并非笔者所杜撰，而是可证诸康德自己的话。譬如，康德在《道德底形上学之基础》一书中便诉诸“物自身”与“现象”的双重观点，以说明“定言令式（道德令式）如何可能”。他此书中写道：

> 有一项省察，其进行不太需要精微的思虑，反而我们可假定：最通常的知性也可能作这项省察（虽然是按照它自己的方式，借着它称作“情感”的判断力底一项模糊分别）。这项省察即是：一切非因我们的意念而来的表象（如感觉底表象）使我们认识的对象，只是触动我们的那些对象，而在此我们仍不知道这些对象自身可能是什么；因此，就这种表象而论，纵使知性加上最大的注意力和明晰性，我们以此方式仍只能得到现象底知识，决非物自身底知识。这项分别或许只是缘于我们注意到由他处所给与我们的表象（在此我们是被动的）与我们单凭自己产生的表象（在此我们表现我们的活动）间的差异。一旦我们作了这项分别，其自然的结果便是：

> 我们得承认且假定在现象背后还有某个不是现象的东西，即物自身——尽管我们自然会知道：既然我们决无法认识物自身，而永远只能认识它们触动我们的方式，则我们决无法更接近它们，并且知道它们本身是什么。这必然提供一项**感性世界**与**知性世界**底区别（虽然是粗糙的）；其前者依各种宇宙观察者内的感性之差异，也能有极大的差异，但是作为前者底基础的后者却始终保持不变。甚至对于自己，人也不可依据他由内在感觉所得到的自我认识，自以为认识他自己的本来面目。因为既然他的确并未仿佛创造自己，且并非先天地、而是经验地得到关于他自己的概念，则他甚至能透过内感——且因而仅透过其本性底现象，以及其意识被触动的方式——蒐取关于他自己的讯息，乃是自然之事。但除了他自己的主体之这种纯由现象所组成的特性外，他还必然假定另一个作为基础的东西，即他的自我（如它自身的可能情况一般）。因此，就纯然的知觉及对感觉的感受性而言，他得将自己归入**感性世界**；但就可能在他之内作为纯粹活动的东西（它决不经由感觉之触动、而是直接进入意识中）而言，他得将自己归入**智性世界**（intellektuelle Welt），但他对这个世界无进一步的认识。[1]

在此，“现象”与“物自身”的区分显然不再像在《纯粹理性批判》中一样，表示一种知识论的区分。如今在康德看来，这项区分及人的双重身份系隐含于一般人的实践判断力之中，而这项区分的

---

1 *Grundlegung zur Metaphysik der Sitten,* in: *Kants Gesammelte Schriften* (Akademieausgabe), Bd. 4, S. 450f.

真实涵义只能透过其道德意识彰显出来，故物自身即是真正的道德主体。这就显示:冯先生的质疑并非基于对康德哲学的深入了解。

最后，笔者要强调：儒家与康德的比较研究之可能成果当不止于此，本书仅是初步的成果而已。在两千多年来的儒学发展史中,尚有许多问题可以由这种比较研究得到相当程度的澄清。譬如，董仲舒的宇宙观涉及天人之际，陈同甫与朱子关于汉、唐的争论涉及义利之辨，戴震对宋儒的批评涉及理欲之分，康德的哲学架构可为这些问题的解决提供极有用的视域。当然，还有不少其他问题属于这个范围。这需要我们同时对儒学与康德哲学作深入的探讨。笔者希望将来能在这方面提出进一步的成果。

参考书目

一、中文著作

丁为祥：《熊十力学术思想评传》，北京：北京图书馆出版社，1999 年。
王畿：《王龙溪语录》，台北：广文书局，1977 年。
王懋竑：《宋朱子年谱》，台北：台湾商务印书馆，1987 年。
王守仁著、吴光等编校：《王阳明全集》（3 册），上海：上海古籍出版社，2011 年。
牟宗三：《生命的学问》，台北：三民书局，1970 年。
——：《心体与性体》（3 册），台北：正中书局，1973—1975 年。
——：《智的直觉与中国哲学》，台北：台湾商务印书馆，1974 年。
——：《现象与物自身》，台北：台湾学生书局，1975 年。
——：《从陆象山到刘蕺山》，台北：台湾学生书局，1979 年。
——（译注）：《康德的道德哲学》，台北：台湾学生书局，1982 年。
——：《圆善论》，台北：台湾学生书局，1985 年。
——：《中国哲学的特质》，台北：台湾学生书局，1990 年。
——：《牟宗三先生全集》（33 册），台北：联经出版公司，2003 年。
克朗纳（Richard Kroner）：《康德的世界观》，收入关子尹译：《论康德与黑格尔》（台北：联经出版公司，1985 年），页 45—164。
朱熹：《朱子大全》（12 册），台北：台湾中华书局，四部备要本。
——：《四书集注》，台北：台湾中华书局，四部备要本。
李春生：《天演论书后》，福州：美华书局，1907 年。

——：《宗教五德备考》，台北：台湾日日新报，1910 年。

——：《圣经阐要讲义》，台北：台湾日日新报，1914 年。

李春生著，李明辉、黄俊杰、黎汉基编：《李春生著作集》（5 册），台北：南天书局，2004 年。

李明辉：《独白的伦理学抑或对话的伦理学？——论哈贝马斯对康德伦理学的重建》，《科学发展月刊》，第 18 卷第 1 期（1990 年 1 月），页 29—47；收入李明辉：《儒学与现代意识》（台北：台湾大学出版中心，2016 年增订版），页 333—373。

——：《朱子论恶之根源》，收入《国际朱子学会议论文集》（台北：中研院中国文哲研究所，1993 年），页 551—580。

——：《康德的“根本恶”说——兼与孟子的性善说相比较》。收入李明辉：《康德伦理学与孟子道德思考之重建》（台北：中研院中国文哲研究所，1994 年），页 117—146。

——：《转化抑或对话？——李春生所理解的中国经典》，“中央”大学《人文学报》，第 20/21 期（1999/2000 年），页 133—174；收入李明辉编：《近代东亚变局中的李春生》（台北：台湾大学出版中心，2010 年），页 25—65。

——：《当代儒学之自我转化》，台北：中研院中国文哲研究所，1994 年；简体字版：北京：中国社会科学出版社，2001 年。

杜维明：《人性与自我修养》，台北：联经出版公司，1992 年。

杜维明著、段德志译：《论儒学的宗教性——对“中庸”的现代诠释》，收入郭齐勇、郑文龙编：《杜维明文集》（武汉：武汉出版社，2002 年），第 3 卷，页 361—485。

利玛窦：《天主实义》，收入李之藻编：《天学初函》（台北：台湾学生书局，1965 年影印本），第 1 册，页 351—635。

吕实强：《由明清之际中国知识分子反教言论看中西文化交流（一五八三～一七二三）》，收入《纪念利玛窦来华四百周年中西文化交流国际学术会议论文集》（台北县：辅仁大学出版社，1983 年），页 407—430。

林金水：《儒教不是宗教——试论利玛窦对儒教的看法》，收入任继愈编：《儒教问题争论集》（北京：宗教文化出版社，2000 年），页 163—170。

林镇国等：《擎起这把香火——当代思想的俯视》，收入《徐复观杂文·续集》（台北：时报文化出版公司，1981 年），页 407—414。

胡宏：《知言》，收入《文渊阁四库全书》（台北：台湾商务印书馆影印本，1986年），第197册，页109—158。

胡适：《戴东原的哲学》，台北：台湾商务印书馆，1971年。

苗润田、陈燕：《儒学：宗教与非宗教之争——一个学术史的检讨》，收入任继愈编：《儒教问题争论集》（北京：宗教文化出版社，2000年），页438—454。

韦政通（主编）：《中国哲学辞典大全》，台北：水牛出版社，1988年。

韦政通：《中国哲学辞典》，台北：大林出版社，1980年。

唐君毅：《中华人文与当今世界》，收入《唐君毅全集》（台北：台湾学生书局，1991年），卷7及8。

——：《心物与人生》，收入《唐君毅全集》（台北：台湾学生书局，1991年），卷2。

唐君毅等：《为中国文化敬告世界人士宣言》。最初刊载于《民主评论》，第9卷第1期（1958年1月5日）及《再生》，第1卷第1期（1958年1月）；其后易名为《中国文化与世界》，收入《唐君毅全集》（台北：台湾学生书局，1991年），卷4。

孙振青：《关于道德自律的反省》，《哲学与文化》，第15卷第6期（1988年6月），页17—19。

徐复观：《中国人性论史·先秦篇》，台北：台湾商务印书馆，1969年。

——：《学术与政治之间》，台北：台湾学生书局，1980年。

——：《中国思想史论集·续编》，台北：时报文化出版公司，1982年。

海涅（Heinrich Heine）著、海安译：《论德国宗教和哲学的历史》，北京：商务印书馆，2000年。

康德（Immanuel Kant）著、李明辉译：《通灵者之梦》，台北：联经出版公司，1989年。

——：《道德底形上学之基础》，台北：联经出版公司，1990年。

——：《康德历史哲学论文集》，台北：联经出版公司，2013年增订版。

——：《道德底形上学》，台北：联经出版公司，2015年。

张载：《张载集》，北京：中华书局，1978年。

梁启超：《保教非所以尊孔论》，《新民丛报》第2号，光绪二十八年一月一五日。收入《饮冰室文集》（台北：台湾中华书局，1970年），9（第2册），页50—59。

陈大齐：《孟子义利学说的探讨》。刊于《中国学术史论集》（一），台北：中华文化出版事业委员会，1956年；亦收入其《陈百年先生文集》（台北：台湾商务印书馆，1987 年），第 1 辑：孔孟荀学说，页 271—302。
——：《孟子待解录》，台北：台湾商务印书馆，1980 年。
陈来：《有无之境》，北京：人民出版社，1991 年。
陈亮：《龙川文集》，台北：台湾中华书局，四部备要本。
陈荣捷（编）：《王阳明传习录详注集评》，台北：台湾学生书局，1983 年。
陈澔：《礼记集说》，台北：世界书局，1969 年。
陆九渊：《陆九渊集》，北京：中华书局，1980 年。
劳思光：《新编中国哲学史》（3 卷 4 册），台北：三民书局，1984 年。
焦循著、沈文倬点校：《孟子正义》（2 册），北京：中华书局，1987 年。
程树德：《论语集释》（4 册），北京：中华书局，1990 年。
程颢、程颐：《二程集》（4 册），北京：中华书局，1981 年。
冯友兰：《三松堂全集》（14 卷），郑州：河南人民出版社，2001。
冯耀明：《中国哲学的方法论问题》，台北：允晨文化实业公司，1989 年。
黄宗羲著、沈善洪主编：《黄宗羲全集》（12 册），杭州：浙江古籍出版社，1985—1994 年。
黄俊杰：《先秦儒家义利观念的演变及其思想史的涵义》，《汉学研究》，第 4 卷第 1 期（1986 年 6 月），页 109—151。
黄振华：《康德与儒家哲学》，《鹅湖月刊》，第 117 期（1985 年 3 月），页 1—28。
——：《康德哲学论文集》，台北：自印本，1976 年。
黄振华著、李明辉编：《论康德哲学》，台北：时英出版社，2005 年。
黄进兴：《所谓“道德自主性”：以西方观念解释中国思想之限制的例证》，《食货》，复刊第 14 卷第 7/8 期（1984 年 10 月），页 77—88；收入其《优入圣域——权力、信仰与正当性》（台北：允晨文化实业公司，1994 年），页 3—24。
黄慧英：《后设伦理学之基本问题》，台北：东大图书公司，1988 年。
杨伯峻：《孟子译注》，北京：中华书局，1960 年。
——：《论语译注》，北京：中华书局，2006 年。
杨祖汉：《儒家的心学传统》，台北：文津出版社，1992 年。
叶适：《习学记言序目》（2 册），北京：中华书局，1977 年。
铃木范久：《明治宗教思潮の研究》，东京：东京大学出版会，1979 年。
熊十力著、萧萐父主编：《熊十力全集》（10 卷），武汉：湖北教育出版社，2001 年。
赵岐注、孙奭疏：《孟子注疏》，台北：中华书局，四部备要本。

刘述先：《朱子哲学思想的发展与完成》，台北：台湾学生书局，1982 年。

——：《由当代西方宗教思想如何面对现代化问题的角度论儒家传统的宗教意涵》，收入刘述先编：《当代儒学论集：传统与创新》（台北：中研院中国文哲研究所，1995 年），页 1—32。

蔡元培：《蔡元培文集：美育》，台北：锦绣出版公司，1995 年。

蔡信安：《论孟子的道德抉择》，《台湾大学哲学论评》，第 10 期（1987 年 1 月），页 135—175。

黎靖德编：《朱子语类》（8 册），北京：中华书局，1986 年。

卢梭著、何兆武译：《社会契约论》。北京：商务印书馆，1990 年。

颜元、李塨：《颜李丛书》，台北：广文书局，1965 年。

罗汝芳：《盱坛直诠》，台北：广文书局，1977 年。

二、西文著作

Beck, Lewis White: *A Commentary on Kant's Critique of Practical Reason.* Chicago: The University of Chicago Press, 1960.

——: "Kant's Two Conceptions of the Will in Their Political Context". In: idem, *Studies in the Philosophy of Kant* (Indianapolis: Bobbs-Merrill, 1965), pp. 215-229.

Descartes, René: *The Philosophical Works of Descartes.* Trans. Elizabeth S. Haldane & G. R. T. Ross, Cambridge: Cambridge University Press, 1968.

Fingarette, Herbert: *Confucius - the Secular as Sacred.* New York: Harper Torchbook, 1971.

彭国翔、张华译：《孔子：即凡而圣》。南京：江苏人民出版社，2002 年。

Flatt, J.F. von: *Briefe über den moralischen Erkenntnisgrund der Religion überhaupt, und besonders in Beziehung auf die Kantische Philosophie.* Tübingen: Johann Georg Cottaische Buchhandlung, 1789.

Frankena, Willame K.: *Ethics.* Englewood Cliffs/N.J.: Prentice-Hall, 1973, 2nd edition.

Hartmann, Nicolai: *Ethik.* Berlin: Walter de Gruyter, 1962.

Hegler, Alfred: *Die Psychologie in Kants Ethik.* Freiburg i. Br.: J.C.B. Mohr, 1891.

Heine, Heinrich: *Heines Werke*, Berlin/Weimar: Aufbau-Verlag, 1978.

Heinrichs, Jürgen: *Das Problem der Zeit in der praktischen Philosophie Kants* (Kantstudien-Ergänzungshefte 95), Bonn: Bouvier, 1968.

Henrich, Dieter: "Ethik der Autonomie". In: idem, *Selbstverhältnisse* (Stuttgart: Reclam,1982), S. 6-56.

Hick, John: *An Interpretation of Religion: Human Responses to the Transcendent*. Houndmills: The Macmillan Press, 1989.

Hildebrand, Dietrich von: *Die Idee der sittlichen Handlung/Sittlichkeit und ethische Werterkenntnis*. Darmstadt: Wissenschaftliche Buchgesellschaft, 1969.

Kant, Immanuel: *Träume eines Geistersehers, erläutert durch Träume der Metaphysik*. In: *Kants Gesammelte Schriften* (Akademieausgabe, Berlin: Walter de Gruyter, 1902ff.), Bd. 2, S. 315-373.

——: "Untersuchung über die Deutlichkeit der Grundsätze der natürlichen Theologie und der Moral". In: *Kants Gesammelete Schriften* (Akademieausgabe), Bd. 2, S. 273-301.

——: *Grundlegung zur Metaphysik der Sitten*. In: *Kants Gesammelte Schriften* (Akademieausgabe), Bd. 4, S. 385-463.

——: *Kritik der praktischen Vernunft*. In: *Kants Gesammelte Schriften* (Akademieausgabe), Bd. 5, S. 1-163.

——: *Kritik der Urteilskraft*. In: *Kants Gesammelte Schriften* (Akademieausgabe), Bd. 5, 165-485.

——: *Die Religion innnerhalb der Grenzen der bloßen Vernunft*. In: *Kants Gesammelte Schriften* (Akademieausgabe), Bd. 6, 1-202.

——: *Die Metaphysik der Sitten*. In: *Kants Gesammelte Schriften* (Akademieausgabe), Bd. 6, S. 203-493.

——: *Anthropologie in pragmatischer Hinsicht*. In: *Kants Gesammelte Schriften* (Akademieausgabe), Bd. 7, S. 117-333.

——: "Beantwortung der Frage: Was ist Aufklärung?". In: *Kants Gesammelte Schriften* (Akademieausgabe), Bd. 8, 33-42.

——: "Muthmaßlicher Anfang der Menschengeschichte". In: *Kants Gesammelte Schriften* (Akademieausgabe), Bd. 8, S. 107-123.

——: "Über den Gemeinspruch: Das mag in der Theorie richtig sein, taugt aber nicht für die Praxis". In: *Kants Gesammelte Schriften* (Akademieausgabe), Bd. 8, S. 273-313.

——: "Was heißt: Sich im Denken orientieren?". In: *Kants Gesammelte Schriften* (Akademieausgabe), Bd. 8, S. 131-147.

——: *Zum ewigen Frieden*. In: *Kants Gesammelte Schriften* (Akademieausgabe), Bd. 8, S. 341-386.

——: *Vorarbeiten zu Die Metaphysik der Sitten*. In: *Kants Gesammelte Schriften* (Akademieausgabe), Bd. 23, S. 207-419.

——: *Kritik der reinen Vernunft*. Hrsg. von Raymund Schmidt, Hamburg: Felix Meiner, 1976.

Lee, Ming-huei (李明辉): *Das Problem des moralischen Gefühls in der Entwicklung der Kantischen Ethik*. Taipei: Institute of Chinese Literature and Philosophy, Academia Sinica, 1994.

Legge, James: *The Life and Teachings of Confucius*. London: N. Trübner, 1872.

Liu, Shu-hsien (刘述先): "The Religious Import of Confucian Philosophy: Its Traditional Outlook and Contemporary Significance". *Philosophy East and West*, Vol. 21, No. 2 (April 1971), pp. 157-175.

Menzer, Paul (Hg.): *Eine Vorlesung Kants über Ethik*. Berlin: Pan Verlag Rolf Heise, 1924.

Nohl, Hermann (Hg.): *Hegels theologische Jugendschriften*. Tübingen: J.C.B. Mohr, 1907.

Polanyi, Michael: "Tacit Knowing". In: idem, *The Tacit Dimension*, Garden City/N.Y.: Anchor Books, 1967.

Reich, Klaus: *Rousseau und Kant*. Tübingen: J.C.B. Mohr, 1936.

Sala, Giovanni B.: *Kant und die Frage nach Gott*. Berlin: Walter de Gruyter, 1990.

——: *Kant über die menschliche Vernunft. Die Kritik der reinen Vernunft und die Erkennbarkeit Gottes durch die praktische Vernunft*. Weilheim-Bierbronnen: Gustav-Siewerth-Akademie, 1993.

Scheler, Max: *Der Formalismus in der Ethik und die materiale Wertethik*. Bern: Francke, 1966.

Schiller, Friedrich: "Über Anmut und Würde". In: Eduard von den Hellen (Hg.),

Shillers Sämtliche Werke (Säkular-Ausgabe, Stuttgart/Berlin: Cotta, 1904/5), Bd. 11, S. 180-245.

Schmucker, Josef: "Der Formalismus und die materialen Zweckprinzpien in der Ethik Kants". In: Johannes B. Lotz (Hg.), *Kant und die Scholastik heute* (Pullacher philosophische Forschungen, Bd. 1, Pullach bei München: Verlag Berchmanskolleg, 1955), S. 155-205.

Schwemmer, Oswald: *Philosophie der Praxis. Versuch zur Grundlegung einer Lehre vom moralischen Argumentieren in Verbindung mit einer Interpretation der praktischen Philosophie Kants*. Frankfurt/M.: Suhrkamp, 1980.

Silber, John R.: "The Copernican Revolution in Ethics: The Good Reexamined". In: Robert Paul Wolff (ed.), *Kant: A Collection of Critical Essays* (Notre Dame: University of Notre Dame Press, 1967), pp. 266-290.

Tillich, Paul: *Dynamics of Faith.* New York: Harper & Row, 1957.

——: *Religionsphilosophie.* In: Paul Tillich: *Gesammelte Schriften*, Bd. 1, S. 297-388; also included in: Max Dessoir (Hg.): *Lehrbuch der Philosophie*, Bd. 2: "Die Philosophie in ihren Einzelgebieten" (Berlin: Ullstein, 1925), S. 765-835; Paul Tillich: *What Is Religion?* (New York: Harper & Row, 1969), pp. 27-121.

——: *Wesen und Wandel des Glaubens.* In: Paul Tillich: *Gesammelte Schriften* (Stuttgart: Evangelisches Verlagswerk, 1970), Bd. 8, S. 111-196.

Tu Wei-ming (杜维明): *Centrality and Commonality: An Essay on Chung-Yung*, Honolulu: University of Hawaii Press, 1976.

——: *Centrality and Commonality: An Essay on Confucian Religiousness*. Albany: State University of New York Press, 1989.

Wolff, Christian: *Vernünftige Gedanken von der Menschen Thun und Lassen, zu Beförderung ihrer Glückseligkeit*. Frankfurt u. Leipzig, 1733.

人名索引

一、中文人名

三画

四画

五画

六画

七画

八画

九画

十画

十一画

十二画

十四画

十五画

十七画

二、西文人名

A

B

C

E

F

H

概念索引

五画

六画

七画

八画

九画

十画

十一画

十二画

十三画

十五画